中学班主任
家校沟通智慧

毕亚丽 主编

ZHONGXUEBANZHUREN

JIAXIAOGOUTONG

ZHIHUI

吉林文史出版社

图书在版编目（CIP）数据

中学班主任家校沟通智慧 / 毕亚丽主编 . ——长春：
吉林文史出版社，2012. 12（2021. 6重印）
（班主任必备丛书）
ISBN 978 - 7 - 5472 - 1357 - 5

Ⅰ . ①中… Ⅱ . ①毕… Ⅲ . ①中学 - 班主任工作
Ⅳ . ①G635. 1

中国版本图书馆 CIP 数据核字（2012）第 307030 号

班主任必备丛书

中学班主任家校沟通智慧

ZHONGXUE BANZHUREN JIAXIAOGOUTONG ZHIHUI

编著/毕亚丽

责任编辑/ 高冰若

封面设计/小徐书装

出版发行/ 吉林文史出版社

地址/长春市福祉大路5788号

邮编/130118

网址/www.jlws.com.cn

印刷/三河市燕春印务有限公司

开本/710mm×1000mm　1/16

印张/15　字数/180千字

版次/2013 年 2 月第 1 版　2021 年 6 月第 3 次印刷

书号/ISBN 978 - 7 - 5472 - 1357 - 5

定价/39. 80 元

目　录

1

多元化的激励，多元化的喜报

田菁菁

诚如德国著名教育家第斯多惠所言："教学的艺术不在于传授的本领，而在于激励、唤醒、鼓舞。"每一个孩子都是在不断的激励中逐渐自信，不断自强，不断超越的。所以，作为老师，就很有必要用心去发现他们迈出的每一步，及时地给予认可，提出表扬，给出建议！能够集三点于一起，应运而生的，便是喜报！

"喜报"这种表扬形式作为一种教育学生的手段，比"三好学生"的这样表扬形式更具有"广泛性"。"三好学生"评定多以学生间的横向比较、综合评定为标准而产生。而"喜报"是以学生个人某一方面的纵向比较为标准产生的。这种形式能使学生的点滴进步得到及时的表扬和鼓舞，使较落后的学生逐步建立起自信心，同时，家长也会通过喜报，迅速得知孩子在校的最佳表现信息，从而调动了家长积极参与教育教学的兴趣和责任心，也为家长与教师之间打开了相互融合、相互交往的窗口。

还记得三年前，我所在的秦皇岛市第一中学收到了北京大学发来的喜报，"感谢贵校多年来一直为北京大学输送优秀高中毕业生。希望贵校未来有更多优秀学子能走进北大！祝贺贵校在今年的高考中再创辉煌！"这是北京大学第一次以这样的方式来表达对学校的肯定。毫无疑问，北大这一做法更大的作用是对高中在校生起到鼓励作用。学长们优秀的表现、优异的成绩，很容易成为学弟、学妹们努力的目标和方向，激励他们取得更多更好的成绩。喜报对于秦皇岛一中而言，是一种认可！对于北京大学而言，无疑是招生的最好宣传，体现了一所大学对人才发展的一种长期关注！而对于三个年级的在校学生而

言是最好的激励方式!

（一）喜报——表扬的方式

真是因为这样的鲜活的例子，我才意识到自己的表扬方式太单一了。以往的表扬中，虽然也是当面表扬，只靠嘴来说的确有一定的效果，但是并不够正式！而且在影响力上也缺乏持久性和连续性！于是，照葫芦画瓢，新的学期开始，我也设计了几份喜报的模版，给那些在成绩、参与班级活动、发言等方面有了明显进步和提高的孩子发喜报，而且采用直接寄给孩子的家长这种方式。例如：

喜　　报

_____家长：

您的孩子_____在本次考试（化学）单科成绩进步150名，表现出色，是他刻苦努力的结果，也与您的关心与督促分不开，非常感谢您培养了这么有进取意识的孩子！希望在未来的日子里，我们共同努力，收获更大的进步！

班主任：

"哇，我儿子的成绩单变成红色喜报了！进步这么大！太让我骄傲了……"一位家长在月考考试结束收到我寄去的喜报后高兴地说。家长的高兴，不仅有对学生成绩的高兴，还有对学生成绩单"变脸"的满意与肯定。而孩子也是喜不自禁，有的孩子小心翼翼地把它放在书包里，有的还特地用纸把它包了起来，有的甚至直接用手拿回了家。有一天，一个孩子还特地跑来跟我说："老师，谢谢您！谢谢您让妈妈看到了我的进步，没有什么比这更让我期待了，而且还是由您亲自告诉她的！"其实，我只是在学生成绩单上做了文章：把学生考试成绩单粘在了一张红色的打印纸上变成了"喜报"，只是喜报上的内容也发生了变化。具体表现在以下方面：一、由单一的成绩变成了对学生的鼓励与肯定。二、向家长汇报了学生每次考试的详细情况。三、对家长提出了希望（希望家长和学校一起共同关注学生的成长与发展）。学生成绩单的大"变脸"，深受学生和家长称赞。

其实，孩子们的身上总有各种各样的缺点，大多数时候我们对待后进生的常规武器是批评，而在实际工作中我发现此举往往失效。心理学家告诉我们赏比罚更有力量。作为老师不应该抓住学生的缺点不放，应该时常关注学生的优点和长处。要从积极的方面、从好的角度去审视学生，努力发掘学生身上细微的闪光点，给予表扬，让学生体会到被尊重、被信任的温暖，给他们表现特长的机会。

老师表扬的目的是为了强化学生良好的行为模式，当看到学生良好行为发生时，只要抓住机会及时地给予表扬，那就找对了突破口。否则，事过境迁，表扬就失去了意义。老师的表扬应非常注意观察学生的具体行为，抓住具体的事例给予适当的表扬，使得学生对自己的行为有一个清醒的认识，那么就能督促学生自觉培养良好的行为品质。而且表扬需要多次强化。转化后进生是一个长期的过程，一次两次表扬往往不一定收到良好的教育效果，需要做长期复杂的教育工作。每次表扬的内容都不一样，要求要越来越严格，表扬是逐步升级的。而每一个收到喜报的孩子，他们心中的那股甜蜜劲，也会不知不觉流进你的心坎……由此让你去认识一个全新的他。

高二的时候，班里转来一个孩子，行为习惯不好，对于学习也没有任何兴趣，经过一段时间的观察，我找来这个学生谈话，在了解他的想法之后进行了思想上的引导，虽然有了一点点改观，但是效果并不大。但是我抓住了这一点点改观，为他发了一份喜报，肯定了他在短时间内的变化，并鼓励他说，"你的可塑性非常强，如果能坚持下去，你一定会成为更加优秀的孩子！"在同学们的羡慕目光中，他接喜报的手都有些颤抖。没想到，下个阶段他不仅没有懈怠，反而更加严格要求自己，从一点点的改观到一个良好的习惯的形成。高二一学期，我陪着他找到了他的目标，为他自己的人生做了一个大致的规划，高考结束后，他如愿地考入军校。还记得毕业后他来看望我，说道："老师，非常感谢您当年对我的鼓励，其实，我都怀疑自己能不能做好，也没有很用心地去做，可是您却很用心地发现了我，及时唤醒了我。以前过得太随意，太茫然了，今后的日子我一定会认真地学习和生活！"谁能说这不是小小喜报带来的巨大影响呢？后进生的转化关键是抓住契机，抓住他们来之不易的闪光点，及时地给予肯定和鼓励，我认为单有口头的表扬是不够的，在实践中，喜报对后进生的转化作用是不可低估的。很多后进生从此有了较大的改观。从长期心理的阴暗中解脱出来，久违的阳光般灿烂笑容再次浮现在脸上。

既然发现喜报的力量如此巨大，我就把这一手段应用到小集体、大集体中去。一日，我批改完50份随堂测试卷之后，全班同学没有一人出现错误，而且书写都很端正。我就给全班同学发了一张喜报：二(4)班全体同学：今天你们的随堂测试做得特别认真，老师很高兴，希望你们继续努力不松懈。我在班中读完喜报后，把它贴在教室后墙的班级宣传栏里。我想让喜报时时激励孩子们认真面对每一道试题，处处为二(4)班这个大集体着想，为她争光。

孩子们在鼓励中更加具有集体荣誉感，因此，在后来的班级活动中，每当我们班取得了优异的成绩，我都会以喜报的方式奖励那些在活动中突出的个人和集体。

这种方法对于低中年级确有成效，但在奖励的过程中，有些情况很难把握，就像上面所说，有时达到获奖标准的孩子很多，但教师不可能一下子发那么多的小喜报，不然就失去了鼓励的意义了。这时只能靠教师随机性，用言语来讲明原理，让学生乐于接受。至于小喜报的用处能持续多久，还要靠教师长久的尝试和摸索才能知道答案。而且对于高年级的学生来说，这种方式又略显幼稚！所以，何时何地采用喜报的方式是最恰当的，还要由老师们充分考虑到学生的情况后再进行。

(二)喜报亦是一种工作的总结

以今年为例，高考结束后，我将班级的成绩做了一个整理，设计了一份喜报，用来发给每位家长，让家长在收到学生的高考成绩单的同时，也能对我们班今年的高考情况做一个最基本的了解。应该说，这也是教师与家长的一种沟通方式，三年的交流与协助，我们也有必要给每一位家长一个交代，让家长们更了解并肯定我们的工作与付出！

喜报，作为激励、唤醒孩子不断前进的一种形式，其价值和影响是不容忽视的，它不仅是对学生的努力给予的一个肯定，也让这份肯定激励更多的孩子去努力和拼搏，让家长为自己的孩子而骄傲，当然，孩子也自然会为了父母的骄傲而更加的奋进与拼搏。它所促成的无疑是一个教育的良性循环。《人民教育》杂志社的任小艾老师说："正如医生不可以对病人说'你怎么得这种病？'一样，我们教师也不能对学生说'你怎么这么笨？怎么人家学好了，你学不好呢'？"世界上没有两片完全一样的树叶，何况是活生生的人。学生学不好，表现差，不能怪学生，只是我们老师和家长还没有找到适合他们的教育方法和策略。作为班主任，我们只有不断学习、不断实践、不断反思、不断研究，不断创造出班级管理的新方法，为学生的成长撑起一片晴空，才能让学生在老师们阳光雨露般的滋润下走得更好、走得更稳，走得更高。

（三）喜报——招生宣传的策略

同时，喜报在一中招生宣传方面也是一种独特的方式。秦皇岛一中作为一所省重点学校，却也面对着河北省其他市的重点中学抢夺生源的问题，每年流失的生源不在少数。基于此，在中考后的招生宣传就显得尤为重要。参考北京大学的喜报方式，一中也在中考招生的宣传中采用了喜报的方式，将最近几年在高考中的市文理状元或是考入北大、清华的学生进行了生源调查，分别向这些学生毕业的初中学校送去了喜报，例如：

喜　报

＿＿＿＿＿＿中学：

贵校培养的＿＿＿＿＿＿级学生＿＿＿＿＿＿＿在我校20＿＿＿年高考中总分＿＿＿＿分，成绩优异，被清华（北京）大学录取！

特发此报，以示祝贺！

秦皇岛市第一中学

发出的这些喜报，一方面是感谢这些初中学校为一中提供了优质的生源，另一方面，也向这些学校介绍了他们的学生在我校取得的可喜可贺的发展。为我校的中考招生做了充分的宣传！而当小升初招生开始，这些初中兄弟校非常自豪地把这些喜报挂出去，也成了他们招生时响当当的招牌！

不难看出，虽说是一份小小的喜报，所带来的收益却是无穷大，但是我

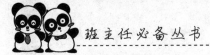

们在给学生发喜报的同时,也要从表扬、激励的特点出发,既不能有所偏颇,也不能滥发而无效。所以我认为在这个问题上,要考虑一下几个方面:

其一,激励评价要考虑到全体,不能有所偏颇

无论是公开表扬,还是发喜报的形式都应该面向全体学生,为了全体学生的发展服务是教育的重要目标之一。教育学、心理学以及赏识教育、成功教育的研究成果无不告诉我们:赏识与激励能使人由无意识行为走向有意识行为,由自卑走向自信,也能使人的心灵由灰暗走向光明。而小喜报有着不受人数限制,既可以面向单一同学,又可以面向一个团队或是面向全体学生进行激励的特点。无论是老师、家长心目中形成定势的优等生,还是老师、家长认定了的所谓无可救药的差生,只要你有着关爱每一位学生健康成长的心,去寻找每一位学生的闪光点,相信一个月、一学期、一学年,每位学生总会有可圈可点之处,总会有可报之喜,我们常说:"没有不成功的学生,只有不成功的教育!"只有实现教育的良性循环,才能形成万花齐放春满园的喜人愿景!

其二,激励评价应具有多样性,让每一个孩子的闪光点都得到关注

俗话说"金无足赤,人无完人"。很多时候,只要考试分数高就能一白遮百丑的现象在我们的校园里屡见不鲜,甚至有些家长会在好成绩的背后而忽略了孩子人格的发展。成绩好我们当然应当给予肯定和激励。那么,主动关爱帮助别人,在校园中有主人翁意识,在某次活动或竞赛中具有团队合作意识,面对成绩的失利和人生的困境可以自强乐观的面对,对于别人的求助能够毫不迟疑的帮助等诸多事情,如果我们用固有的观念和目光来审视当属微不足道,但正是这些看似不足道的小事,在人格形成过程中起着不可轻视的作用。特别是当"小悦悦事件""药家鑫事件"发生后,我们不能忽略对孩子人格发展的关注。反之,我们如果都能及时、全面地用小喜报的形式向家长报喜,并通过喜报上的"家长回音壁"栏目反馈家长的心声,增强了老师与家长的沟通,促进了全体学生的全面成长。况且学生某一方面的品行得到激励与加强;也能迁移和引发其他方面良好德行的形成,建立自信,向着我们所期待的方向发展。

所以，喜报的发放不应该仅仅局限于成绩的优异和进步，更多的应该关注学生人格发展，道德的提升和其他诸多单项特长的发展！

其三，低门槛，高效率的喜报才能真正实现激励的作用

在喜报的发放的过程中，很多老师为了能更好地鼓励学生可能会走向乱发滥发喜报，导致喜报贬值，亦或者把喜报门槛设得太高，让学生感到可望而不可即，从而丧失夺取的信心，两者均不利于学生身心的发展。

喜报当然是学生竞争优胜的结果表现，也可以是对学生付出努力和取得进步的鼓励，对此要给予积极的引导，让学生有个正确的认识，防止学生间不正当的竞争和恶性竞争，如谎报成绩，伪造进步等，减小负面的影响，促使学生健康发展。所以，要让学生树立正确的荣辱观，这至关重要。如果为了获得喜报而迫使学生走向虚荣、功利的路径，这绝对是教育的失误！希望每一位乐于表扬和激励的老师都能在用心发现孩子们闪光点的基础上，还能拿捏好尺度，为孩子们未来的发展起到关键而积极的推动作用！

其实，无论何种喜报，也无论何种表扬形式，我们只是需要做到"用心"二字！

如何做好家校沟通工作

巩洪涛

做好家校沟通工作，对于住宿制学校的班主任来说的确是个难题。一个班级五十多个学生，一百多个家长，所谓众口难调，无论班主任怎么努力，家长总会有不满意的，久而久之，难免产生矛盾、积怨，甚至产生对立，这就会影响班级工作的正常开展和家校关系的和谐。加上学生长期住校，家长不能随时掌握学生的学习和生活的动态，但是迫切的愿望往往会给老师和家长之间带来摩擦。因此，要求我们住宿制学校的班主任去思考切实有效的教育策略，提高处理问题的层次与境界，以先进的科学思想和方法应对千变万化的矛盾。

进行家校沟通的原则

一、了解家庭状况是第一要务

父母是孩子的第一任教师，也是孩子的终身教师。一个学生在什么样的家庭环境中成长，就会有什么样的性格，这就是说每一个孩子都是其所在家庭或是其父母的缩影。在住校期间，学生表现出来的性格，往往也都和家庭的因素和家庭的状况有着密切联系。因此，了解学生家庭情况，了解学生父母职业、文化程度，家庭结构等，是班主任与家长沟通的前提，有助于我们与家长沟通时对症下药，采取针对性的措施。只要家长是重视孩子学习的，那么我们就有沟通的机会和希望，所以我在家长会上跟家长说："孩子是你们的未来，是你们这一生最重要的作品，我们奋斗一辈子，其实就是为了孩子，在校时间我会尽心尽力地教育好孩子，在家时间请你们尽力而为，但你们一定要在思想上重视孩子的成长。"笔者在进行家校沟通之前，都会通过各种途径去了解学生的家庭背景。这样才有助于在沟通时，不至于瞎摸乱撞，有的放矢，也不至于在沟通时触及家长最脆弱的神经。因此，在了解家庭背景时，我一般采取填写家长联系表格的形式，在开学伊始就尽可能充分地去了解学生的家庭情况，把自己想要掌握的信息以表格的形式出现。其次，我还尝试过开学每个学生写一篇作文，来介绍自己的家庭情况的日记。当然，这样的日记，一定要保密。

二、沟通时要以尊重家长为前提

教师是我们的职业角色，生活中我们也是孩子的家长，或未来是孩子的家长，我们在工作的时候一定要换位思考，许多教师是爱学生的，但在"恨铁不成钢"的时候，说话会不选择用词，有的时候说出来的话很伤害家长的自尊心。"如果你想得到一个人的认同和好感就夸他的孩子吧；如果你想最大可能地伤害一个人，使你们的关系中止就责骂他的孩子吧。"这一句直白的话揭示了人际交往的原则。另外，随着社会的进步，现在很多学生家长世面见得多，虽然学历不高，但理论一套一套，很有自己的个性和特色，比如发张告家长书，这样就能征求到很多学生家长的意见。如果有个别的小情况，我会通过短信个别交流，这会让家长感觉到我们当班主任的责任心、民主、诚实可信感，有利于班主任和家长的联系沟通。

三、用真心诚意和家长进行沟通

对学生家长要像对待同事、朋友一样平等友好，和家长谈话，发短信要客气，要注意礼节，不起高调，不发火。要有包容心，以平常心对待学生的冒失和错误，与学生家长沟通，讲究一个"诚"字。只有诚心诚意，才能打动家长的心，使他愉快地与你合作，班主任应用诚心架起与家长沟通的桥梁。我觉得只有家校一体，共同努力，你就不会为教育所累，而是能切实享受教育。交流、信任是班主任实现与学生家长良好沟通的基础，这样常联系的一个好处是：你在与家长交流时，就能让他感觉到老师对他的孩子特别关心、重视，留下你工作细致、认真负责的好印象，家长也会提升其责任心；另一个直接好处是，有助于达到效果。这样从情感上容易迅速沟通。构筑信任，就要充分发挥"爱"在教育中的特殊而奇妙的功能。"教育植根于爱"，爱是班主任工作的根本，只有爱学生的教师，他才可能教育好学生。"爱"主要体现在关心学生、爱护学生、帮助学生解决学习和生活中的困难，消除学习心理障碍，为学生创造一个舒适的学习环境。班主任在与学生家长沟通中，若能流露出对学生的爱，往往会迅速、有效地缩短家长与班主任的心理距离，"亲其师而信其道"，大大增强家长的信任感。班主任对学生的真心实意的关怀，要体现诚恳的态度。教师与家长谈话时，千万要避免只"告状"，除将孩子的问题告诉家长，对孩子的进步也要实事求是地谈。在谈孩子的缺点时，教师还应主动、坦诚地检视自身在工作中的失误，商讨纠正、改进的措施。让家长觉得你是在真心实意地爱护他们的孩子，从而接受你的意见并积极合作。

例如，有一次，在笔者想要对一个学生进行批评教育的时候，我事先跟家长进行了真诚的沟通，表明自己想要运用一些手段对孩子进行教育的想法。家长听得出老师对于孩子教育的真诚，便欣然许诺。果然，当孩子犯了错误的时候，虽然采取了一些较为严厉的辞藻，家长也还是理解老师的一片苦心，较好地完成了对孩子的批评教育。足可以看得出教师和家长在沟通时，真诚所起到的重要作用。

四、对学生的评价要真实客观

教师要树立正确的"学生观"，客观地、全面、公正地评价每个学生，使学生家长听后，觉得这是教师的肺腑之言，感到学校教育的目的和任务是与学生家长的愿望相一致的，从而做到心理相容，共同教育学生。班主任在对家长介绍学生情况时，不可以漫不经心或是毫无根据地对其子女做出能力和行为评价。班主任对学生任何不尊重、不客观的评价，都不会被家长疏漏或遗忘，而只有伤害家长的感情，使他们为此而感到伤心。因为家长都有一个"望子成龙，望女成凤"的思想，假如教师向家长过多列举学生不好的方面，会严重挫伤家长的自尊心，造成一种"无药可救"的印象。这不仅无助于问题的解决，也是一种极不合理、极不负责任的做法，最差的学生也还有他的闪光之处。班主任和家长谈话时，一般应先讲学生的优点，后讲缺点，对孩子的缺点也不要一下讲得过多。应该给家长一种感觉：孩子每天都在进步。唯如此，家长才会欢迎班主任，愿意接受班主任的建议，愉快地与班主任合作，对孩子的优缺点也能正确认识和正确对待。要把握好沟通步骤的时序。"哪壶先开提哪壶"，先说说孩子的优点和进步，等家长有了愉快的情绪，再逐渐提一些建议，家长会更乐于接受。可以采取"避逆取顺"的策略，避免触动对方的逆反心理而迎合其顺情心理的策略；也可以采用变换语言或变换角度的手法来叙述。因为同一件事，往往可以从多个角度来描述它，为了使人们乐意接受，我们就可尽量从人们的心理易于接受的那一个角度去叙述，尽量避免那种容易引起人们反感的角度。要注意了解各种讳语，尽量不说别人忌讳的话语。掌握上述心理策略，在沟通中就可减少一些产生逆反心理的可能。其实学生的学习成绩不仅取决于他本身的能力,也与教师及同伴对他的期望有密切的关系。在角色互换教学的实施过程中,学生能真切地感受到教师的期望,这是比期望本身更有威力的持久推动力。学生自然后产生一种自尊、自爱、自信、自强的心理,在这种心理的推动下,他们会有显著进步。

五、选择沟通内容

沟通的内容取决于沟通的目的。家长们通常认为,沟通的目的就是使自己的孩子在学校能更好地学习生活,于是,有些家长就问问老师学习成绩如何,如果好的话就感谢一下老师,如果有问题的就请老师多关心、多教育,等等。其实,这样的沟通内容非常平淡、单一、表面化,因此,沟通的内容成为家校有效沟通的阻碍。

沟通的内容首先应从与自己孩子的交流中来寻找。孩子从进入天一实验学校就开始了寄宿生活,作为初次离开父母的孩子,将开始全新的生活学习方式。作为家长,总是有些担忧,有些不放心。因此,家长要利用好孩子每星期回家的两天时间,耐心地倾听自己孩子的话语,多与孩子交流,在倾听和交流中了解孩子在校学习、生活的情况,尽可能地在倾听和交流中来找到孩子成长中的困惑、变化等。平时孩子在校时家长与孩子也可以通过电话的形式进行联系,在电话交流中来了解孩子。其次应从孩子的行为表现与作业情况来寻找。孩子在家,作为父母要细心观察,全面了解,对于孩子的一举一动,都要留心观察,比较分析。另外,家长要关心孩子在家的作业,可以翻阅一下孩子的作业本、试卷等,从中了解孩子行为习惯和学习情况的动态。

在全面了解孩子的基础上,家长与老师沟通时在内容上就会比较深入、比较全面。但是,作为家长在全面了解孩子的基础上,在与教师沟通时往往会过多注重问题,而忽略孩子好的方面,这是非常不可取的。因此,作为家长有了沟通的内容如何选择则成为关键问题。首先,家长在与教师沟通中也应表达孩子进步、成长的一方面,这也是家校共同教育的成果,也是孩子更好成长的动力。其次,作为家长,如果孩子有变化、困惑、问题,也应做一个梳理,先自己进行分析,从中找到关键的或是主要的矛盾,然后在与教师沟通时

进行交流、探讨,这样目的性就更强,从而提高沟通的效果。

进行家校沟通的方法

要教育好一个学生,不能只靠班主任一个人,要调动一切可调动的力量,形成教育合力。学校领导、任课教师,学生家长及同学等都是直接参与转化学生工作的相关人员。要形成一种"包围"的教育环境,学生家长的力量是最为重要的。班主任一定要把与家长的联系、沟通当作一项重要的日常工作来做。

一、家访制度

班主任如果不习惯主动和家长取得联系,只是在学生出了问题时才会想到家长,长此以往会导致很多不良后果。其一,可能会导致一些家长一接到班主任电话或是约见通知,就会本能地担心,以为孩子一定在学校闯了祸,见面时,心理上总是忐忑不安,处在这种心理状态下的家长,很难与班主任进行深入的交流和沟通。其二,联系沟通的范围只限于那些常犯错误的学生的家长,这种联系随意性大,家长大多缺乏足够的思想准备,面对孩子出现的问题,常常情绪激动,采取简单粗暴的教育方法。我建议的做法是利用寒暑假与周末时间,一学期至少到每个学生家中家访一次。与家长交流的话题很多,包括学生的学习、习惯、兴趣爱好、与人相处、思想动向等。家访,不仅仅是与家长的交流,更重要的是与学生的沟通,平日班主任与学生都是在学校里接触,突然改变了环境,学生的心理感觉与在校时完全不同。班主任也可以换一种身份、换一种语气与学生交流,也许会收到意想不到的效果。家访活动的效果,可能比找学生谈话要好很多倍。

二、电话互访

班主任还要建立一本家校联系通讯录,以备不时之需。现代社会,大多数家长事务繁忙,如果要及时与家长取得联系,必须保持电话联系。很多家长由于工作的原因,与自己的孩子见面接触机会很少。所以,学生在校的学习情况和思想动态, 有些家长无从知晓。而班主任与家长的电话联系是家长掌握自己孩子的一个重要纽带。

三、家长会

一学期一次的家长会必不可少, 家长会上, 班主任除了告诉家长成绩之外, 还可以总结学生一学期的德育情况。家长会虽好, 但间隔时间较长, 所以可设立若干家长接待日。具体操作是: 班主任根据自己的工作实际, 以周为单位, 确定家长接待日的具体时间、地点; 要求家长按时间表到学校与班主任见面, 交流孩子的情况。在家长接待日那天, 班主任要认真准备好和家长交流的内容, 一定要让每个家长都能有所收获, 只有这样, 家长才会坚持到会, 并认真对待与班主任的沟通交流。

四、让家长参与主题班会

虽然每个家长都觉得对自己的孩子比较熟悉, 但有时并未真正了解他。有时候想去了解, 孩子又不一定愿意开口。我们可以邀请一些家长参加班会课, 在课堂上听听自己孩子的心声。

五、家长参与记录学生职业生涯规划

每学期由学生、家长、教师共同填写学生学习生活的各个方面的表现, 一个学期下来编辑成册, 期末总结, 根据学生的成长轨迹分析优缺点并做出评价。在这里, 特别需要指出的是学生把自己每一次的阶段反思和总结完整地记录下来, 然后寄给家长或在家长会上交给家长。

六、与家长密切配合转化和提高后进生的成绩

一个班级好、中、差生的存在是难免的, 转变一个"后进生"并非是"朽木不可雕"。"浇花浇根, 育人育心"。我在转化"后进生"的教育中是这样做的, 首先了解他们的学习兴趣、基础知识的掌握, 根据"后进生"的接受能力特点, 因材施教。其次是多与家长联系, 互通在校、在家的表现, 并有针对性地、有计划地布置每天的作业, 让家长督促孩子作业的完成情况, 作业全部完成且做对的, 我就在其作业本上写一些鼓励性的评语, 大大增强了他们的自信心, 对连续三次作业全做对的就给其"加星", 学生的积极性有了提高,

经过一段时间的磨炼,学生进步了并尝到了成功的喜悦,家长也很感激,称这个办法真有效,我也感到很高兴。

总之,在家校联系的过程中,教师可以对学生在学校的各种行为表现、思想动态等等,与家长及时交流沟通,取得家长对学校教育的深刻了解和对教师工作的理解与配合。同时,教师通过家校联系能及时掌握家长对学校教育工作中的要求与建议,全面听取社会各方面的意见,积极弥补教学过程中的不足之处,自觉改进教学方法,提高教学水平。因此,有计划、有目的地搞好家校联系工作,是全面提高教学成绩和班级工作的重要手段。

家校沟通,注重"朋辈"交流

李立国

【摘要】面对新时期学生教育的新问题,家校沟通至关重要,"朋辈"教育,不仅是教育者和被教者如朋友般沟通,而且也要求教育者与家长的沟通交流如朋友般亲密,抓住各种契机教育家长应该和自己的孩子也应如朋友般交流,共同面对问题,化解矛盾,形成家校教育合力,共同为了孩子的成长与未来而努力!

90后的新生代学生,有自己独特的个性,并且肩负着新时代赋予的使命,但是由于新时期经济的高速发展和网络的迅速普及,使得这些孩子身上有着鲜明的个性与气质,以及一些特殊家庭等原因,也造成了90后孩子的心理状况也很特殊。

在以往的传统教育中,大多只注重"父辈"教育,教师大多有父母般的想法,那就是对孩子有种"恨铁不成钢"的期望,并且以"棍棒低下出孝子"的方式进行教育,出发点是好的,但是方式方法未免有些过激,虽然在以往的传统教育中,起到了一定明显的效果,但是在新时代教育环境中,这种略显粗糙的教育方式，种种弊端渐渐显露出来，使得很多孩子逆反心理和行为越发明显，更有些令人惋惜的悲剧频繁发生。

新时代所发生的急剧变革，面对这些随之而来的新的教育难题，就要摸清新时期孩子的心理规律，走近他们的学习生活，走入他们的内心世界，这就要蹲下来和孩子们做沟通交流。如朋友般谈心，让孩子们在轻松愉快的氛围中，放下心理的戒备，敞开心扉，能够畅所欲言，积极地配合教育者的疏导教育。只有如此，做好"朋辈"教育，才能很好地达到教育目的。

学校教育学生面对的各种难题，很多源于家庭教育的失败，如今随着市场经济的高速发展，社会上也产生了越来越多"功能不健全"的家庭，很多家长在教育孩子的问题上表现得十分"不成熟"，经常走向极端。有些家长在教育孩子时，角色没有准确的定位，在不同的环境氛围中，没有及时转变，在外面是老板，喜欢训斥指挥别人，在家里仍然是一副老板的面孔，对孩子的种种行为怎么做都是看不顺眼，横加干涉，冷漠否定或者包办代劳；有些家长在教育孩子时又是角色缺失，应该父母做的事情，没有去做或者做得不到位，完全信任孩子，任凭思想和行为还没有成熟的孩子放任自流。如此种种，无论哪种教育方式，都使人生观、世界观还未成型的孩子生活在"水深火热"之中。

这些问题的出现，就要打破教师和家长松散不定的沟通关系，打破原来只教育孩子的局面，要求教育者不光光是要教育好学生，教育好学生的前提还要"教育"好家长，这样，家校的沟通便显得尤其重要。"朋辈"教育，不仅是教育者和被教者如朋友般沟通，而且也要求教育者与家长的沟通交流如朋友般亲密，抓住各种契机教育家长应该和自己的孩子也应如朋友般交流，共同面对问题，化解矛盾，形成家校教育合力，共同为了孩子的成长与未来而努力！

邓白（化名）便是一个生活在特殊家庭、身上充满着新时代气质的学生，个性鲜明，时而冷漠孤僻，时而亢奋躁狂。

在高一刚入学的新生教育会上，这个学生理着怪异的发型，侧身坐在椅子上，斜着眼睛盯着在讲台上宣讲各种日常行为规范的我，这是第一次见面，他便给我留下了深刻的印象,在我心中也隐隐地觉得,在日后的教育中,他将成为一个烫手的"山芋"。

不出所料,在新生军训期间,由于初中藕断丝连的个人过节和恩怨,几名同年级其他班的学生冲到他的宿舍,不问青红皂白便将他打了一顿,生性争强好胜的邓白,不甘心忍受如此的窝囊气,便在事后与几个打他的学生约架。军训刚结束的一个周末放学,在学校门口,邓白召集了一群初中结识浪迹社会的闲散青年,对打自己的孩子围追堵截。幸好被学校保安发现,及时制止了这场冲突。虽然这场"战争"的发生被制止了,但是他们之间的矛盾却没有得到解决。随后,保安将这件事情上报了学生处,由于在学校门口聚众寻衅滋事,社会影响很大,邓白在刚刚进入高中生活两个月,就领到了一份严重违纪的"全校通报批评"。

在发现学生的问题时,及时与家长沟通,尽量当下问题当天解决。主动地了解孩子在家庭中的有关情况,与家长商讨教育孩子的方法,同时也为了帮助家长了解学校对学生的教育要求,对学生的教育情况以及了解学生的学习情况。教师有时也要站在家长的角度,谈自己对孩子的看法,需要家长协助的方式。教师与家长的目标一致,就会让家长感到你是在关心他的孩子而非告状。因此,在这次事件的处理期间,我第一次单独约谈了邓白的父母,但当邓白得知我要约谈他父母时,情绪波动比受到处分决定时还要大。这让我感觉到,邓白和他父母之间一定有着不可调和的矛盾,若想使邓白这个孩子尽早步入学习生活的正轨,与家长及时有效的沟通这些"课下功夫"必做不可了!

在与邓白父母电话约谈时,发现二位是潮州人,普通话讲起来困难很大,便约在下班后到我办公室见面详谈。到了约定的时间,只有邓白爸爸一个人来到了办公室,邓白妈妈不知什么原因没有出现,随着多次接触,以及了解的深入,慢慢的明了她缺席的原因。

与邓爸爸见面之后,他便开门见山地谈起了邓白的成长,明确表态,作为家长愿意积极配合学校工作,一起教育好孩子,接受并服从学校的各种处理决定。他作为家长的这种态度，为日后很好地与邓白沟通和教育好他打下了坚实的基础。

通过约谈邓爸爸了解到，邓白生活在一个典型的"潮汕家庭"，爸爸在外面做生意打拼，妈妈在家里负责做家务和带孩子，邓白在家里排行第三，上面有一个哥哥和一个姐姐。本来一家人，相亲相爱，可谓模范家庭。邓白从小身体素质很好，邓爸爸便要求他和哥哥参加羽毛球的专业培训，并亲自陪练督导，对他和哥哥的各种行为习惯要求很高，有时还不免对生性倔强、好动贪玩的邓白进行体罚，比如，常常在培训完回家的路上，邓爸爸开车在后面跟着，邓白和哥哥在前面跑步回家。对邓白的学习管理更是严格，经常翻阅检查作业，动辄打骂。爸爸的这些做法，爸爸觉得是为了他好，为了他的成才，在年纪小时，邓白对爸爸很是敬畏，甚至有时是恐惧。但是随着时间的推移，邓白慢慢长大，进入青春逆反期，而爸爸对邓白的严格管理和过多干涉这种沟通方式却没有改变，使得他们之间的矛盾越来越激化，越来越尖锐。这也就不难理解邓白先前得知爸爸将要来校约谈时情绪波动很大的原因了。

了解到这些情况，我觉得面对邓白所犯的错误和他们父子间的矛盾，首先应该从邓爸爸身上下手，虽然他表态愿意积极配合学校的工作，但还是要说服其能尽快尽早改正他认为是为了孩子好的"父辈"式教育。要让邓爸爸认识到为了孩子好，就要无论从出发点，还是方式方法上都应有利于孩子的心理以及性格发展，顺应孩子各个成长时期的发展规律。而不是以自己的经历或者成长经验作为衡量孩子在成长过程中行为的准绳。更不应一味地强硬压制，不加疏导的交流沟通。对于孩子的教育，不应把孩子看作是自己的一份"私有财产"，认为怎样处理都可以，而应把孩子看作是一个与自己一样，有着鲜明个性，完全人格的社会独立个体来看待。还应蹲下身来和孩子做交流，以"朋辈"教育的方式，走进孩子的内心世界，了解孩子的各种想法。犯了错误是要接受惩罚的，但是惩罚不是教育的目的。只有如此，才能有的放矢进行教育，使孩子真正有所转变。但是，冰冻三尺非一日之寒，要想邓爸爸在教育态度和教育方式上有明显改变，孩子马上接受也是不现实的。

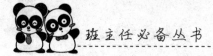

　　通过和邓爸爸的约谈，邓白也意识到了我还是对他好，有心要帮助他改正缺点。虽然他还是不能一时很快接受和愿意同他爸爸做交流，但是经过这次"打架"事件，他在学校的表现明显有所收敛。

　　邓白和爸爸强烈的对立态度，使我意识到，他和爸爸之间，不仅仅是由于爸爸强硬的管教方式，而是可能有更深层的矛盾存在。经过一段时间的"沉潜"，邓白又不安分起来，邓白和新结识的"仗义哥们儿"在厕所吸烟，被学生处主任抓了现形。主任批评教育后，我找到邓白进行谈话，但这一次我没有板着面孔进行训斥，而是如朋友一般，语重心长地同他摆事实、讲道理，由于吸烟可能引起火灾，是对健康有害的不良嗜好，并且也不是什么令人羡慕、感觉很帅气的时尚，因此在学校教育中明令禁止，而且通过吸烟这种方式，也不能解决任何问题，包括排遣不良情绪。年轻人犯错误在所难免，但是要明白，只有自身的强大，特别是心理的强大，才能成为一个令人尊敬的人，才有能力解决身边的各种问题和排除困扰。邓白听到这些，没有以前那种不以为然的抗衡态度，但是一直低着头一言不发。由此可以看出，他应该存在着一些难以言表的困惑。我一直很想打开他的心理防线，走进他的内心世界，倾听他的困惑，帮他走出困境，但是无论我如何发问或者是引导，他仍然一言不发。

　　教育好学生的关键之一，仍然是家校沟通，教师和家长的极力配合才能取得效果，而在家校沟通中，坦诚相待，实话实说又显得格外重要。家长对老师的信任来自老师对他们孩子的关心和帮助。这也是老师对家长最好的回馈和帮助。只要教师把自己对学生的那份爱心、耐心和责任心充分地流露给家长，让家长觉得你是真心实意地关心爱护孩子，你所做的一切都是为了让孩子能有进步，并以平常人的心态，用朋友的方式与家长交谈，就一定能得到家长的理解、支持和配合的。按照教育常规，也出于帮助他尽快摆脱困扰的考虑，我再一次联系到了邓白的父母，经过几次家长会和私下的沟通，我和邓白的父母也有了较深入的接触，但是这次我希望邓白的父母能够为了孩子，坦诚相待，把隐藏的事情与我实话实说，于是，我有了出人意料的收获，也证实了我先前的猜想。

邓白的叛逆和异于常规的情绪表现，原因在于正处青春期的他，在人生观和价值观尚未形成时，就要面对家庭急剧变化的矛盾，而自己却没有办法解决。可能也是由于问题的根源没有被发掘和彻底铲除，所以，邓白对我的教导无动于衷。

除了邓爸爸的严格教导，让父子关系雪上加霜，直至走向破裂的事，是随着邓爸爸生意越做越大，到邓白上初中时，邓爸爸已经到省城发展，直至他上高中，邓爸爸就很少回家，只是经常在电话中对邓白的学习生活进行简单的过问和督促，有时回家也是未改以往强硬的管教方式。这些还未使邓白记恨爸爸，让他对爸爸产生仇恨的是，很少回家的爸爸回来后，便与妈妈吵个不停，由原来的冷战，到演变为后来大打出手的热暴力。我从邓妈妈的口中也了解到，邓妈妈是很传统的家庭主妇，不善于言谈，每天忙于照顾孩子和处理家庭杂务，没有自己的事业，现在和丈夫关系的恶化，让她感觉到了婚姻关系的危机，但是又没有办法解决。直到偶然的机会，邓妈妈发现并在三个孩子面前揭发了邓爸爸的婚外情，邓爸爸觉得生意场上的逢场作戏而已，不足以离婚或是在孩子面前让自己出丑，于是与邓妈妈吵得更凶了。邓妈妈觉得十分委屈，便在邓白和哥哥面前哭诉，要求他俩到乡下爷爷那里去告爸爸的状，并在爷爷面前，两个血气方刚的年轻人和爸爸发生了肢体冲突，使得邓白父母恩断义绝，邓白与爸爸的父子关系几近走向决裂。面对急剧发生的家庭变故，彻底颠覆了邓白的人生观和世界观，让他对亲情和眼前的一切都产生了怀疑，虽然有哥哥姐姐，但是，父母在他们面前各执一词，各自说自己的委屈和难处，同时向他们灌输彼此的"恶行"。于是都尚未成年的兄妹三人，也分成了不同"派别"，哥哥和邓白站到了妈妈这边，姐姐站到了爸爸那边。父母吵个不停，兄妹三人也有时争论不休。而且更特殊的是，哥哥姐姐年龄大一些，都在外地读书，不经常回家，就剩邓白一人生活在妈妈的身边，又由于妈妈没有自己的事业，也没有自己的生活圈子，每天都在数落爸爸的种种"恶行"，邓白经历了这些家庭变故，虽然很痛恨爸爸，但是毕竟年纪还小，希望能有一个完整和谐的家庭，有时不想去想这些让自己无法忍受也无法承受的事情，但是妈妈又在自己的耳边喋喋不休，这让邓白心理遭受了极大的打击，终日情绪不稳，几近崩溃绝望。面对如此压抑的家庭氛围，难以排解的困扰，心智还未成熟的邓白选择了折磨并放纵自己，经常一个人偷偷以泪洗面，并一包接一包地吸烟，还背着父母和老师到外面，和一些社会上的"朋友"喝酒，参与打架斗殴。这次在学校厕所吸烟，对于"恶行累累"的邓白来说已经是家常便饭。

听到这些陈述，我不仅埋怨邓白父母作为家长的失职，同时也为孩子无奈的堕落感到痛惜。但简单的指责，无法解决眼前棘手的问题，拯救邓白这个鲜活的生命，首先要做通父母双方的工作，但二人为了各自的利益，即使面对孩子的问题，也不愿坐下来暂时的握手言和，这也就不难理解第一次约谈时二人为什么未同时到场的原因了。

在和邓爸爸的交谈中，当他询问我父子矛盾解决之道时，我从孩子当前和未来的发展，觉得作为父亲，应该担起父亲应负的责任，同时，放下自己的姿态，即使自己是对方的父亲，也应该主动承认自己的错误，以自己的实际行动，真正地从内心关心自己的孩子，让孩子感觉到，爸爸虽然和妈妈婚姻关系不存在了，但是父子关系还存在，自己仍然是爸爸的孩子，也可以像争吵过后的朋友一样，通过真诚感动对方，而不是为了某种目的，不停地去要求孩子，实则是变相地在折磨孩子，疏远孩子。

和邓妈妈的交流中，我也如朋友一般，对她不幸的遭遇深感同情，但是，这些都不能成为把不幸转嫁到孩子身上的理由和借口。我把孩子在学校的种种不尽如人意的表现，一一和邓妈妈做了交代，也让她清醒地认识到，孩子沦落到如此地步，和她的情绪波动与行为表现有很大关系，自己面对自己的不幸应该坚强起来，用有效的方式去解决问题，最基本要在孩子面前做到洒脱与大度，通过自己的一言一行去影响孩子，重塑孩子人生观和世界观。

家校沟通取得了实质性的进展，让我掌握了宝贵的真实的第一手资料，同时，同邓爸爸与邓妈妈为了孩子应当有所牺牲的思想工作也基本做通，这样一来，与邓白的交流，转变他的思想，扭转不良行为便成为了教育好他的重中之重，因为他是解决问题最关键的环节。

罗马城不是一日建成，因此，扭转邓白的思想，平衡他的心态，也不是一次两次谈话就能解决的。于是我在日常教育教学中，如同朋友一般，用朋友的身份去关注他，用"朋辈"的教育思想去感化他，从他感兴趣的话题引入，慢慢地深入到他的内心世界。让他懂得他是一个独立的社会个体，他应该有自己的思想和生活，虽然为人子，但是不是父母不幸婚姻的牺牲品，父母的事情应该由他们自己去处理，自己要做的事情就是做好现在应完成的学业。同时，要做一个心理强大的人，勇敢地去追逐自己的理想，懂得为了理想而付出。只有自己强大了，才能改变别人，包括父母对自己的看法，才不会成为附庸，成为受害者。通过持久的交流和沟通，邓白和我的关系也日渐亲近，也愿意和我表露自己的心迹，同时在日常的行为上也有了明显的变化，变得开朗阳光起来，并且在学习上也慢慢的步入了正轨。

通过邓白的故事，我们可以看到，教育好学生的关键因素之一就是家校沟通，教会那些功能失常的家庭能营造同样和谐的家庭氛围，具有一个完整的家庭教育方案。与家长的沟通不亚于外交策略，要有平等的基础，这就要我们与家长的沟通如朋友一般，只有用"朋辈"的交流才有可能真正深入地影响一个家庭。教育中，"赢得了家长，就赢得了教育的主动权。"无论何时何地，只要教师以爱为出发点，同时也以爱为终点，把教师对学生的那份浓浓的爱心、耐心和责任心充分地展露给家长，让家长深切地感受到教师是真心实意地关心爱护他的孩子，那么我们的家校沟通就一定能够得到家长的理解、支持和配合，最终取得教育的圆满。

家校交流现阶段问题剖析与突围尝试

陈思宇

家长与学校的交流对于学生的发展具有重要的意义,但是现阶段我国基础教育中的家校交流存在着不少的问题,这些问题影响了家庭教育与学校教育的效果。本文总结了现阶段家校交流的问题并进行分析,试图提出一些有益的解决之道。

一、家校交流现阶段的主要问题

1. 认识问题

①地位不对等

家庭和学校在教育孩子过程中充当不同的角色,承担不同的责任,但双方应该是平等合作的。我们现在的家校交流,校方往往以教育权威的姿态面对家长,对话和协商变成了"训导"和"指挥"。家长在家校交流中几乎失去了发言权,也失去了主动交流的意愿。我们平常采用的家校交流方式都是以学校为中心的,如家长会、"找家长"、开放日等,而家访这种亲和有效的交流方式却逐渐被老师抛弃。家长见老师的主要内容往往是被质问和训斥。家长会的时间、地点、内容全由教师决定,家长只有听的义务。很多教师苦口婆心地对家长讲了一大堆,费了好大力气却发现收效甚微。很多家长一旦孩子上学,就把教育孩子的责任全推给学校,认为教育孩子主要是学校的事情,自己只管孩子的生活就行。还有很多家长只关心子女的学习成绩,能督促孩子做功课,在其他方面却问题百出,或是娇惯,或是粗暴。另外,有家长认为自己文化水平一般,不懂教育,没有能力参与学校教育。

②关注重心差异

家校交流的目的是促进对学生的教育,但教师更关注孩子的共性,家长更关注孩子的个性。家长和老师关注的重心有着相当大的差异,家长对孩子的评价一般较高,更易对孩子报以高期望也更易失望。这种现象在我们的独子文化中尤为突出,老师在学校要对学生做出许多纪律要求,而其中除了认真学习受到家长认可与支持,其他如积极劳动、尊敬师长、维护集体荣誉等,家长们根本漠不关心。

③围绕学生而又忽视学生

学生的发展是家校交流的目的,双方为了促进孩子发展而共同致力于提供尽可能多的物质和精神支持。但在交流过程中,双方常常围绕学生却又忽视学生,总是从自己的立场出发,不去考虑学生的感受。这种认识偏差常导致两种看似相反而实际同质的现象。一种是双方把注意力放在对孩子的问题进行问责上,孩子出了问题,老师怨家长,家长怪老师;另一种现象表面上很和谐,家长和教师团结一致、互通有无,对学生实行"联合管制",完全无视孩子的独立人格和尊严。无论是哪一种情况,学生都是受害者,这让许多学生对家长和教师的交流产生了恐惧与敌视。

2. 操作问题

①形式呆板、内容单一

在我们目前的家校交流中,占最大比例的活动仍是传统的家长会,即类似于课堂教学的方式,家长聚集在教室里听校方的广播和教师讲。校方总是呼吁家长对学校进行支持和监督,教师和家长则往往只就学生的成绩和违纪问题进行交流。家长会的一般内容为,班主任先简要介绍班级整体情况,然后重点介绍学生这次考试的成绩,继班主任之后,可能会有主科教师轮流走上讲台,或是对自己所教科目的成绩进行总结,提出表扬与批评,或是反复强调自己所教科目的重要性。这种内容单一的家长会效率极低,几个小时下来,家长只记住了自己孩子的成绩和名次。孩子在身体、心理、生活技能等方面是否和谐发展得不到应有的重视。本应重视的学生家庭基本情况,尤其是家庭中的特殊情况、家长的特殊需求以及学生的特殊经历,都很少得到教师和学校的关注。

万年不变的家长会形式与内容使成绩较差的学生的家长都不太愿意参加家长会,而大多数同学在家长会后都要面对家长一段持续的管教甚至责罚,这使学生对家长会甚至对教师产生厌烦和排斥心理。

②计划性差、连续性差

当前,我国的家校交流合作还处在即事、即时的阶段上,很少有学校把家校交流纳入学校制度,写入学校工作计划。没有制度和计划的保证,双方都会出现考虑不周、准备不足的情况,校、级、班层面上的家校合作难以相互配合,难以形成时间上的连续和效果上的强化,班级层面的家校交流也往往是班主任认为孩子有了问题才想起家长,属于"救火"而非"防火"。在家长教育方面,家长获得的只是些零碎的知识和简单的技能,无法形成一套相对完整的家庭教育观念,很难将其应用到对孩子的日常家庭教育中。计划性差导致交流效果不理想,致使双方的合作积极性下降。

计划性差也导致连续性差,许多学校的家校交流都集中在学期初、末,其他时间则似乎把家校交流给抛到脑后去了。家长和教师除了通过学校组织的家长会进行接触,几乎从来不联系,即使是班主任老师,和班级里中等水平学生的家长也少有接触。

连续性差还表现在各学段家校交流合作各自为政,很少有按照儿童年龄特点和发展规律制订的家校交流合作计划。各学段学校采用的家校交流形式如出一辙,简单重复,难有进展。

③单向灌输

理论上家校交流当然是双方互相了解、互相合作,共同促进对学生的教育。然而在我们家校交流的操作层面,学校向家庭的单向灌输代替了互动交流。还是以家校交流最常用的形式——家长会为例。家长会的经典模式在全国几乎是通用的:首先是学校领导讲话,向家长介绍学校情况,宣传学校取得的成绩,传达学校对家长的要求,灌输教育理念和方式,这类讲话往往是大话、空话、套话,家长们很少认真听,不少人都感到厌烦。校领导讲完话就到了班主任向家长讲话,把学生的成绩通报一番,对几个成绩优秀的学生提出表扬，对落后的同学批评一番，家长只能坐在座位上默默地听老师讲。而老师一旦单独找上某个家长，那情况可是更惨，家长一到老师办公室就要被劈头盖脸地训斥一番，家长一头雾水，只能低头认错，老师几乎得不到家长关于学生情况的任何有用反馈。

④缺少总结与落实

当前家长会普遍缺乏会后总结与反思，让人觉得虎头蛇尾，有始无终。通常教师在家长会之前都会做准备工作，如确定会议时间和地点，设计会议内容等。但鲜有教师在会后认真进行反思、总结和落实工作。家长会存在哪些问题？效果怎样？可以做出哪些改进？这些都不在教师的考虑范围之内。即便有的教师能发现问题，也不会给予足够的重视或将这些想法记录下来，全面深入的思考和总结就更加无从谈起。没有后续跟进强化，家长有关家长会的记忆会很快消退，这就使得家长会的成效大打折扣。对于教师而言，不进行反思就不能发现问题进而解决问题，家长会将一直停留在因循守旧、抱残守缺的状态。

二、从权威、角色意识两方面分析现阶段家校交流问题

中国人的传统意识是权威取向的，大家崇拜和依赖权威，而中国的"尊师重道"传统赋予教师权威与崇高的地位。中国人还强调中庸、和谐，强调集体高于个人，强调顺从和顾虑他人。因此，家长大都避免参与学校教育，他们视学校为集体，视教师为权威，认为参与学校教育是挑战权威、破坏和谐，倒不如让老师在校内全权管教子女，自己留在家中对他们进行辅导就好。权威意识使家长心安理得地放弃了参与学校教育的权利与义务，使老师们习惯于发号施令。

在家校合作中，家长、教师和学校管理人员担任着不同的角色。参与学校教育过程中的家长角色一般可以分为三类：第一类是支持和学习者，第二类是活动参与者，第三类是决策参与者。在我国的家校交流，无论是家长会、个别家长约见还是电话联系等等活动中，家长的角色长期地固定在第一类，也即是支持和学习者。扮演这类角色令家长感到轻松自在，家长只对自己孩子的学习感兴趣。由于家长只是支持者和学习者，所以家校交流的联络基本由学校安排，家长处于被动，不懂也不敢向学校提要求。当家长以这种角色参与学校教育时，他们或许能增强学生的学习动机，提高学习技能。但是只有当家长能够扮演学校活动的资源参与者甚至学习决策的参与者时，家长才会与学校真正地产生深入的交流，交流的着力点才能从学生的成绩扩展到整个学校的教育，促成家长和学校互相学习。但是要想扮演好第二、第三类角色，需要家长有较高的文化素质和修养，甚至是某方面的专家，要有更积极的参与欲望。而要与这种角色的家长交流，要求教师或其他专职人员要有较强的组织才能和合作技能。

目前我们的家校双方都无法达到这种要求，这导致家长始终在第一类角色上徘徊不前。这样的角色决定了家长只能被动地参与家校交流，难以互动式、管理式的参与。在很多西方发达国家，决定有关学校事务的时候家长教师有同等权利。一些家长组织独立家长联合会，直接参与课堂教学，甚至主动要求参加校董事会。这种管理式的参与需要完善的行政决策机制。我国的现状与实施管理式参与的条件尚有一大段距离，虽然也有家长参与校务委员会的例子，但实属凤毛麟角。

三、从班主任角度对现阶段家校交流问题的突围尝试

1. 转变思想，平等互助

教师和家长要平等。在沟通过程中，教师应本着互相尊重的原则，理解包容每个家庭的文化背景，多倾听家长的意见，不能把学校的意志强加在家长身上。教师应该帮家长发现家庭教育中的优势，尽量指导家长组织好家庭教育，帮助提高家长教育素养。为此，可以开办家长学校，对家长进行相应的教育知识宣传，解答家长在教育孩子过程中遇到的困惑。

2. 改良家长会

①不告状、不点名批评、不责备家长

教师用语应远离语言暴力，绝不应使用伤害家长自尊，导致家长与教师冲突的侮辱性语言。家长会从欢迎词到结束语都应该真诚而亲切，减少家长

和学生对于家长会的戒备和抵触。会前可以向家长发放邀请函，在内容中充分体现对家长和学生的尊重。

②内容丰富，重点突出

家长会的内容绝不应只是学生的成绩，一个全面发展的人才能成为社会的栋梁之才。而全面发展绝不是求全责备，而是要充分重视学生各种优点与才能。家长会应该审时度势，帮助家长解决眼前的难题。家长会也不该局限于学校范围内的主题，如社区教育主题家长会也是不错的选择。在内容的选择上，教师一定要有所取舍，突出重点和典型即可，可说可不说的尽量不说，如宣读成绩和排名这种内容完全可以由家长自己看成绩单。老师要对症下药，首先可以提出针对大部分学生的建议，然后具体学生具体分析，会后个别交流，这样有针对性和操作性的建议才能真正发挥实效。

③家长会形式多样化

家长会不必拘泥于形式，互动讨论、亲子游戏、专家报告以及视频博客和论坛等媒介交流都是很好的方式。可以有针对性地搞一些门诊型家长会，具体分析某些同学的问题。学校可以固定某天为家长问诊日，当天家长可在规定时间内到学校与相关教师交流孩子的情况，然后对症下药，共同探讨帮助孩子改进的策略和方法。目前，网络已经在我国家庭普及，家长和孩子都已具备上网的条件和技能，这为召开网络型家长会创造了条件。网络型家长会可以节省家长的时间和精力，开会时间更加灵活，交流氛围也更加随意轻松。对于教师来说，组织网络型家长会也更容易。教师可以利用班级博客、网络论坛、QQ群讨论等多种方式组织家长会，可以是全体家长，也可以是部分家长与会，可以组织定期的集体研讨，也可以随时解答家长的问题。

④会后总结落实

为了使家长会发挥持久的效果，教师在会后应该认真进行总结、反思、落实的工作。落实的方法很多，教师最基本应该做到会后询问家长的意见，反思本次家长会的不足。教师还可以在会后给家长写一封信，感谢家长的出席，同时重申家长会的重点。此外，将家长会相关内容整理成文字发给家长也是很好的方法。

3. "生长作业"与"家长委员会"

目前已有很多学校力求让家长在教育孩子方面起关键作用。从前被认为无关紧要的家长们成了中心人物。很多学校都在进行有益的尝试，杭州市卖鱼桥小学采取了不少有参考价值的改革措施。例如，他们在新生一入学，便为家长开设了"怎样当好一年级新生家长"的讲座，指导家长帮助孩子守纪律、自理生活、安排学习和游戏的方法。二年级开始让学生每周带三本书回家，请家长在一周内向孩子朗读或评价这三本书，还把品德课本发给家长，要求家长结合实际讲授。他们的措施使家长和学校构成了一个教育网络，这个教育网络将会对学生的成长发挥巨大的作用，我认为这种做法的核心是一种家长与学生共同完成的作业，所以我给这种做法起了一个名字："生长作业"。

他们另一个探索是"班级家长委员会"制度。根据协商，实验班班主任每年选出四至五名学生家长组成家长委员会，委员会主要任务有三项：一是帮助组织家长会，沟通科任教师与家长的联系，定期例会共同商讨本班教育问题；二是给教师当参谋，协助解决工作中的具体困难；三是利用工休时间和学生一起上课，一起参加课外、校外活动。

这两个探索我认为都是非常有价值的，要采取这两个措施，难度并不是特别大，甚至只需要班主任自己进行一番设计，并与家长们良好沟通就可以尝试。生长作业的难度与频率可以根据家长实际情况调节，家长委员会的职能与例会频率也可以随机应变。

我们最终的目的是加强家长的参与意识，让家长在家校交流中主动担当活动甚至是决策的参与者。

【结语】

辜鸿铭先生曾经有一句话："我的辫子在脑后，各位的辫子在心中。"要改善家校交流的现状，首先还是需要我们广大教师解放思想，在心中把家长摆在与自己平等的位置上。只要有心，方法总会有的。

家校关于高考报考信息方面的沟通探究

王　虹

【摘要】

一直以来，家校之间的沟通都是基于学生这座桥梁的基础上的，如今现代化方式不断出现，校方逾越学生这一链接直接与家长沟通变得很有必要。对高三的学生来讲，高考报考信息是否全面、科学，关系到孩子未来的发展，这方面的家校沟通又显得尤为重要，本文从这个角度入手，探究家校关于高考报考信息方面的沟通。

近年来，通过邮件、QQ、手机都可以实现家校沟通，但是学生对教师和学校的评价会直接影响家长的印象。高效和谐的家校沟通是基于学生正确传达双方意见的基础上的。高中三年时间，家长与任课老师通过各种形式的接触，也会对双方有些了解，但对于高三才任课或者接班的老师而言，相互了解的时间很少，又是学习紧张的时候，这样的情况下，就给高考报考时家校沟通带来了问题。

高考对于每一个高中生来说都是最后的战役，成绩辉煌或是衰败，都是为这多年的学习画上了句号。而战役的胜利取决于两个方面，一是努力程度，二是方向选择。全国一千多所高校，四百多个专业，报考时我们有几十万种选择，如何在这些选择上既考虑地区、专业，又要考虑未来发展的情况下做出最适合学生的选择，是一个值得思考的问题。

我们常说：方向不对，努力白费。学生努力三年甚至说十二年背水一战，为了分数拼搏，而家长则应在报考的选择上多下些功夫。但是家长有自己的工作和生活，对报考信息又不是特别了解，这时就需要家长和校方一个良好的沟通。那么家校在高考报考信息方面的沟通合作也成为需要探讨的问题。

家校关于高考报考信息方面的沟通呈现多样化,情况和结果也各有不同,以下从家长的角度来探究,大体有三种情况:

一、主动索取型

这一类型的家长,非常积极主动地和老师沟通,而且自学能力很强,将自己了解到的报考信息和自己孩子的情况做匹配,遇到问题就问老师,甚至一些资料也不断向老师索取。这种家长对自己孩子的未来很负责,只是班主任显然没有办法也不能把精力分配得如此不均匀。

有这样一个学生成绩还不错,是重点线以上的分数,几次摸底下来,平均能比重点线高出40分左右,家长对其希望很高,从很早开始就有意识地去了解高考报考信息,院校排名,专业排名,报考技巧等,自学了很多相关知识,甚至还给孩子在网上报名了香港的院校,高三下学期,这个同学的班主任经常能接到这位家长的邮件和电话,且总是问一些很细致的问题,例如:北京某高校哪个专业好? 审计专业、会计专业有什么区别? 能看出来家长很用功,但高三紧张的复习,其实班主任没有过多的精力去与他沟通如此的细枝末节,只能尽可能地解决他提出的问题。

成绩出来以后,这个学生没有超常发挥,反而不是很理想,只比重本线高了几分,这样他不仅没有机会去香港读书,家长之前筛选的排名靠前的院校也希望不大,这时候家长就不知所措了,之前准备的一切仿佛都失去了意义,又要重新梳理思路,报考前显得手忙脚乱。

问题:家长与老师的沟通不够深入,自主的家长,可贵的是提前了解的意识,缺少的是科学的思路。另外,之前只依照摸底成绩了解报考信息不够全面,因为高考的不确定性很大。

措施:教师应在发现这一类型的家长时,对其有一个正确的方向引导,提前了解是好,但是不应该盲目广泛涉猎。最好按照专业、地区、院校这个顺序去了解,因为专业决定未来孩子的发展方向,院校决定其发展程度。但是对于不同的孩子,价值观不同,这三者在他心中的地位也不同,可按其选择有先后、主次顺序的调整。

一般来说，首先，根据学生的擅长和喜好，选择出适合孩子的专业，再去看孩子的分数能上几类的院校，分数方面一定要分好区间段，上下浮动几十分都有哪些合适的院校，以备不时之需。最后去选择城市，那是孩子未来四年学习和生活的平台。系统的指导之后，心里有了数据和方向，报考时才能有的放矢。

二、完全依赖型

这一类型的家长，可以说是完全放手，什么都听老师的，一方面可能家长是真的不了解或者没有时间了解，另一方面在我看来也可以说是推脱责任，孩子的未来可能是整个家庭的未来，对待高考报考，怎么可以草草了事。

接下来要举的例子是属于前者，家长不了解报考信息的情况。这个孩子家庭比较特殊，父母都在外地工作，孩子的学习、生活都由爷爷奶奶照顾，最后报考的时候更是爷爷一直参与，因为爷爷年龄比较大，虽然不懂报考方面的事，但是很用心地去记老师说的话，可以说是很依赖老师。这样教师所承担的责任和风险就不言而喻了。

这名学生高考的分数超出普通本科线十几分，这个分数段的学生特别集中，显然她被较好的二本院校录取的可能性不大，而一般二本院校的优秀专业也有一定风险，这个时候如果报考不科学，很有可能落到第三批次录取。那么就二级学院来说，学费较高，这个学生的家庭负担起来会有一定困难，这就又增加了其报考的难度和风险。

问题：家庭中没有可以做出抉择的家长，完全依赖老师。首先，班主任没有办法在一个学生身上花费大量的时间。其次，报考是可能影响整个家庭的未来方向和发展的，这个决策权老师不应拥有。

措施：教师应面对面帮助学生和家长去筛选院校，这个时候的主要沟通对象就是学生，首先向她讲清利害关系，其次帮助她缩小院校选择的范围，最后的专业和确定的院校由她和家人去沟通。

就这个学生来讲，教师跟她聊过未来的发展之后，她还是想留在长春本市，照顾家人方便，于是长春二本的院校一筛选下来就有一些眉目了。然后，告诉她如何去计算每一年普通本科线的分差，科学地衡量自己的分数处在什么位置，再进一步锁定院校以及专业。

个人观点，她的报考以稳妥为主。最后她报考的院校在专业选择上做了稳妥处理，最后一个专业志愿填了一个她能接受的但近几年的分数还跟普本线差不多的专业，这样她不出意外，一定能被这所学校录取。专业也都是她可以学的，上大学之后发现自己选错专业的几率比较小，录取结果比较理想，她被这所学校录取了，而且专业是二志愿。她和爷爷都露出了欣慰和感激的笑容。

三、过度自信型

这一类型的家长，或是有些学问，或是有自主学习的能力，或是有高考报考这方面比较了解的朋友。他们自信于自己的选择，老师也自然不必过多过问，但是出于教师的责任，有不合理的地方还是要提出来，只是采纳与否要看个人选择。这些都可以理解，我下面要举的例子不单纯是过度自信。

报考之前，有一位家长拿了一个写得密密麻麻的纸去找班主任，这名班主任是高三接的这个班，年龄比较年轻，连教了两届高三成绩都不错。这位家长把报考的每一个批次都写了好多学校，然后问老师每一个学校都有哪些优势专业，都处于什么分数段，报考时志愿这样排列顺序可不可以。以上这些老师都可以逐一讲解，哪怕家长提出再多的问题，老师也会耐心解答，问题是这名老师说出自己的观点之后，这位家长说：嗯，你说的跟我想的一样，看来你还挺专业。这句话让这位老师顿时感觉自己想参加考试一样。她给我讲述这件事情时，表情很无奈。

问题：家长的过度自信，体现在他本身对报考信息的了解，同时还体现在他对老师的不完全信任，甚至要像出题考老师一样的方式沟通，这个可能基于家长的年龄长于这名老师，家长出于阅历和经验考虑，会有这方面的顾虑。但是上面提到的这位家长的沟通方式貌似不太让人能接受。

措施：这种情况教师应该在之前的沟通中就尽量减少对方的担忧，年龄是没有办法改变的事实，但是术业有专攻，学历也好，接触的环境也好，对于高考报考方面的涉猎，毕竟教师会相对多于家长，家长应该明白一点就是，沟通是平等的，不应该有这样的态度出现。

在与家长沟通的过程中，会遇到各种各样的问题，关于高考报考信息，我认为学校，或者是教师，有以下几个方面需要做到：

首先，多方面了解学生。个人认为，专业选择比较重要，如果学生选择了一个他适合的专业，就可能用心去学习，因为兴趣是最好的老师。据调查，大一新生对自己专业的满意程度才达到4%，而每年毕业生就业从事本专业的学生也少之又少，面对这样的数字，问题出在哪里了？高考报考。所以，了解孩子，选对专业是应用高中三年时间去做的一件事。随着学生的成长，随着他接触人和事的变化，学生的想法会在这三年有所改变。所以每年都应为学生做性格兴趣测评，教师家长评定以及同学评价，这些保存好，在高考报考选择专业时有一定的参考作用。

其次，明确责任流程。在高考前几个月，在学生有了摸底成绩可供参考之后，学校就应该召开关于高考报考的家长会。现在很多学校都会这样做，目的是让家长重视起报考这件事，且知道该如何着手去做，去了解城市、了解院校。现在独生子女较多，学生未来的方向可能影响整个家庭的迁移，所以家长一定要有足够重视的态度。这个决定并不能完全依从孩子，毕竟他的人生阅历尚浅，家长要做适时的引导。也不能完全依赖老师，毕竟老师不是足够了解每一个孩子，家长要及时与老师沟通。

再次，信息及时有效。高考报考信息每年都有变化，老师要与家长建立有效的沟通平台和方式。比如事先就应该了解好哪些学生想出国或读港校，哪些学生有这样的条件，再比如，竞赛加分的情况。因为这些是需要提前准备报名的，还有每年政策的变动都要及时告知家长。

最后，报考技巧辅导。如果之前的几步，家长都做好了准备，拿到报考志愿表时，就要跟家长讲好每一批次A、B和每个批次里几个志愿都什么意思，专业是否存在极差，服从调剂意味着什么，吉林省一批次平行志愿，二批次垂直志愿在填写时需要注意什么，还有如何科学地计算每一年的分线差，从而衡量学生所处的位置。这些小的技巧问题,在做了充分的准备之后再去跟家长讲解,而且即使家长听不明白,学生此时已参加完考试,可以一起研究,最后得出结果。并且报考初稿之后,通过全校比较,通过网络侧面了解,衡量自己所报院校与招收名额的科学性。

以上是我个人观点,能够让家校在高考报考信息方面的沟通达到一种较为有效的方式,当然这是一种理想状态,要时间与条件都允许的情况下。也有学校是这样做的,目的都是一切为了孩子。

信任 尊重 合作

——构建和谐的家校关系

王讯飞

学生的健康成长离不开学校、社会和家庭等众多要素的参与,故教师在实施教育的过程中不仅需要和学生发生联系,而且还需要同社会、家长等多个个体共同构成一个和谐的教育环境,共同促进学生的健康成长。家长作为孩子的第一任老师,在孩子的成长中扮演着至关重要的角色。作为教师实施教育最好的合作者,家长和教师两者之间形成和谐的教育氛围,有利于家庭和学校形成真正有效的教育合力。班主任作为联系学校和家长的纽带和桥梁,在家校合作中起着至关重要的作用。班主任沟通能力的强弱,沟通水平的高低成为家长和学校形成教育合力促进学生健康成长的关键。加强班主任的交流沟通能力的修炼,已经成为现代教育的呼唤和学校发展的需求。作为一名班主任,在与家长的实际接触中,我认识到如何针对家长的不同情况,对症下药,"因家长制宜",实现与家长顺畅、有效的沟通,不仅是一门艺术,更是一种智慧。

一、家长会上的"一见钟情"

家长会是班主任和家长重要的沟通方式，尤其是第一次家长会，其成功与否决定着今后你和家长合作教育的成败。这一次破冰之旅是班主任和家长沟通的开始，也是初步建立互信的良好时机。

我参加工作之初的第一次家长会让我至今记忆犹新。当时我作为一名新上任的老师，学校让我担任初二（2）班的班主任。2班是一个实验班，原来这个班的班主任因为另有任用，所以不再担任班主任。但是校方这一次正常的人事安排却在家长中间引起一不小的震动。原来这个实验班的班主任是一个能力突出、经验丰富的老教师，经过和学生、家长一年的磨合，班级取得了良好的成绩，获得家长的好评。这一次突如其来的教师变动让家长有些心里没底，家长们认为我作为一位新老师，缺乏必要的经验，对于我的教学能力持怀疑态度，有些家长甚至直接向校长提出更换班主任的提议。应该说从家长的立场讲其担忧是合情合理的，家长对于班主任很高的期望值和强烈的学校管理干预意识也是家长负责任的表现。家长的担忧主要是对我缺乏信任感，我认为如果不能在学期初和家长建立必要的信任，获得初步的认可，今后我会很难开展教育教学工作。

鉴于这种情况，我认为和家长深入的交流非常必要，为此我提前召开了家长会。在这个家长会上，我的主要内容是向家长介绍自己的求学经历以及在学校的教学经验，分享了自己的教育理念，表达了自己能够带好这个班的信心和决心。而后我向他们展示了自己在实习带班期间的一些管理经验，比如向他们展示记录班级成长的班级日志，以及举行班会时的视频，和孩子写给我的信等等。在这一沟通过程中，家长对于我的基本情况有所了解，同时我也借此机会向他们展示了我的精神风貌和文化素养。会后有一些家长找到我，主动向我介绍了他们孩子的情况，希望我能够带好这届学生，创造佳绩。这一次的家长会取得了预期的效果，和家长建立了必要的信任，给他们吃下了一颗"定心丸"。一个学期过后，班里的成绩和各项工作取得了一定的成绩，我也得到了家长们的肯定。

二、"告状"的智慧

记得自己在上学时，经常会在伙伴之间开玩笑说："某某你这回考得这么差劲，小心老师请你的家长。"的确，在孩子和家长的意识中普遍存在着这样的想法，即孩子在犯了错误或者是学习成绩出现下滑时，往往是老师登门拜访和叫家长去学校的时候。家长这种期待视野的存在，往往让教师和家长的沟通呈现出一定的对抗性。尤其是一些后进生和顽皮的学生，这些孩子的家长由于孩子的学习成绩和品行方面的问题，家长自身就非常的敏感和脆弱，而班主任在和这些家长沟通的时候往往也是急于向家长诉说孩子的缺点和不足，这种"告状"式的沟通方式，往往让班主任和家长在沟通时出现场面上的紧张。在沟通过程中，很容易出现家长情绪失控，甚至当面斥责和打骂孩子的局面。这种情况违背了请家长的初衷。

在做班主任期间，自己碰到过许多这种情况，这样的家长往往抱着"恨铁不成钢"的心态，在对孩子的教育上往往表现出急功近利的情况，如果此时班主任一味地指责学生的劣迹，往往让家长面子上挂不住，出现不可控的情况。我所在的班级有一位叫烁辰的男生，非常调皮，上课很难集中精力，总是破坏纪律，课下批评过他很多次，但是维持几天后，依然我行我素。一次英语老师来找我，说上课批评完烁辰之后，公然顶撞老师。我当时非常生气，动用了杀手锏——"请家长"。在和他的爸爸沟通过程中，由于在气头上，我的火气很大，将烁辰平时在学校的种种"劣迹"一股脑全都说了出来，让他的爸爸回去一定要加强对烁辰的教育。当时我们在办公室，其他老师在场的也非常多，烁辰的父亲非常生气，当面打了孩子一巴掌，这一举动让我猝不及防，也让我在事后反思了自己的做法。的确，烁辰的爸爸在孩子犯了错被请到学校来时已经是火冒三丈，此时我对于孩子的缺点和劣迹滔滔不绝的讲述，触动了他敏感的神经，尤其是当时在许多老师在场的情况下，诸多因素造成了这种矛盾的激化。而且这种沟通方式会让孩子非常紧张，害怕回家后父母更加严厉的训斥，我们的目的不是让孩子遭受更多的皮肉之苦，而是希望能够改变他们目前的状态，提高成绩。另外如果在和家长沟通的时候，对学生的父母表现为居高临下的态度,也会让孩子的心中对你产生逆反心理,和班主任产生隔阂。面对这种情况,作为班主任必须对家长给予充分尊重,给他们信心和希望。

有了这一次的经验教训之后,我在今后与烁辰家长交流时候更注重方式。对于烁辰在学习和生活中的一点一滴进步都及时和他的家人分享,告诉他的爸爸孩子很聪明,如果能够遵守纪律,将心思更多放在学习上,会取得更加突出的成绩。在一次家长会结束后,我将烁辰的父亲单独约了出来,肯定了孩子这学期取得的进步,希望家长能够继续配合学校的工作,争取让孩子的成绩更上一层楼。趁他的父亲心情好,我趁热打铁,指出在教育孩子时,切忌打骂,要多鼓励,多表扬孩子。这一次的沟通取得良好的效果,他的父亲今后经常和我联系,过问孩子的学习情况。烁辰的学习成绩有了很大的提高,课堂纪律也有了很大的改观。

相比较"恨铁不成钢"的家长,还有一些家长存在"溺爱"孩子的状况。和这种家长的沟通更要讲究策略,他们喜欢看到、听到自己孩子的长处、优点,而往往忽视其短处、缺点。因此,班主任在与家长沟通时,要避免伤害家长的感情,不要使用讽刺、挖苦的语言。沟通过程中通常应先讲学生的优点,再提缺点,即先肯定学生的长处,再指出他们的不足,最后提出帮助和教育学生的建议和措施。切忌"上门告状",滔滔不绝地大谈学生的缺点和过失,这样易激起学生家长的怒气和反感,不利于获得家长的配合。班主任"报喜又报忧"的"告状策略"更容易让家长接受,有利于家长主动配合教育工作。

三、和家长"话家常"

在班主任的工作中,还经常会遇到一些看起来比较被动,沟通困难的家长。由于种种原因他们和老师的沟通显得很冷淡,对孩子的教育显示出漠不关心的态度。对于这种家长我认为班主任必须采取主动出击的方式,从寒暄和聊天开始,建立必要的感情和信任的基础,营造家长对你的认同感,从而循序渐进地谈及孩子的教育问题。当家长和你打开心扉之后,你会发现其实这类的家长是十分关注孩子的成长和渴望得到老师的帮助的。

我所在班级有一位叫素心的女生,素心性格比较内向,文静不爱说话。在学校非常遵守纪律,但是学习成绩始终在中下游徘徊。素心平时对于班级事务也不是很积极,和同学之间的关系极其冷淡,遇到班级出游和学校的文艺活动,她总是以家中有事和身体有病推脱不去。后来经过了解我得知素心来自一位单亲家庭,还有一位上小学的弟弟,她的妈妈自己开着一个饭店,平时工作很忙,素心平时也要经常帮母亲干一些店里的活。她的妈妈很少过问孩子的学习,也忽视对于素心的关怀。得知这些情况后,我通过电话和她的妈妈联系过几次,但是每一次素心的妈妈的态度都非常冷淡,对于我的一些问题和希望总是不置可否。考虑到上述情况,我决定对素心实施一次家访。

一天放学后我叫来素心说要和她一起回家,素心将我领进了一个小饭馆,然后轻声叫了一声:"妈妈,我们老师来了",就放下书包去干活了。对于我的到来,素心的妈妈显得有些局促,当着我的面就厉声讯问素心是不是犯什么错误了。有了前几次的电话沟通,我想如果这次的家访依然是谈素心的学习问题,得到的结果可能仍然和电话的效果一样。所以我没有急于谈素心的学习问题,而是和她的妈妈寒暄起来,说起她开的饭馆的生意,说到她拉扯两个孩子不容易,夸赞素心的懂事。慢慢的,素心的妈妈话多了起来,主动和我说起她带孩子的经历,向我倒了许多苦水。她说素心这个孩子命苦,自小没有爸爸,但是孩子从小就很懂事,总是在完成作业后,帮她干一些力所能及的家务。在聊天过程中我得知素心的妈妈对她的期望很高,但是在平时却疏于关心。在和素心的妈妈这次接触以后,在工作之余我经常去她的小饭馆和她聊天,她妈妈的态度也由最初的冷淡变得热情。之后和她的妈妈打电话说起素心的学习,她也能主动配合。后来学校组织了一次秋游活动,我给她的妈妈打电话,希望她的妈妈说服素心去参加活动,她的妈妈很爽快地同意了。在活动中可以看出素心非常快乐,后来和同学们的交往也逐渐增多了,学期末的时候,在一次批改班级周记的时候,素心在日记本里写道:谢谢你,老师! 让我感觉很温暖。可以说"话家常"这种方式在沟通中往往能起到破冰的作用,可以拉近家长和老师的距离,凝聚信任,形成和谐的氛围,为将来的家校合作打下基础。

四、在网络中体验零距离

在与家长沟通的方式上，一般采用的方式是家长会和家访等形式，但是这两种方式毕竟次数比较少，不能和家长进行及时充分的沟通。电话和网络方式具有方便快捷的特点，使其成为了班主任和家长常用的沟通媒介。但是在实际工作中我发现，电话虽然具有方便快捷的特点，但是也存在着许多缺点。如沟通不彻底，一些家长出于各方面的顾虑，不能够对老师的工作和班级的建设提供意见，还有一些家长本身不善于言谈，和这些家长的谈话时，可以感到他们对孩子的成长是非常关心的，但是往往不知如何表达，这就形成了在谈话中，往往是我一个人在唱独角戏的局面，不能从家长那里获得更多有效的信息。网络恰恰可以解决这一问题。网络不仅具有很强的时效性，而且网络所搭建的平台具有广泛的参与性，家长可以将一些考虑成熟的想法和希望通过网络的方式反馈给班主任，同时家长还可以通过网络分享彼此的教育经验和心得。

在担任班主任期间，我始终关注对于网络的利用，创建了自己班家长的QQ群，随时将班级出现的新情况在群里发表。家长参与的热情很高，由于比较方便，家长可以随时随地了解班级的状况。同时网络还能够实现家长之间的交流。一次在网络上我发起了一场题为"你如何指导孩子的家庭作业"的讨论，我邀请一些家长分享了他们教育孩子的成功经验。家长们的做法让我大开眼界，比如一位叫思宇同学的家长，就分享了他在孩子学英语上的一些心得，引起了一些家长的追捧。此外，当下兴起的微博也是一个很好的家校沟通工具。我在新浪上申请了班级的微博，将自己的一些建议发到网上，家长能够通过留言和私信的方式和我沟通。一次我在组织以孝敬父母为主题的班会之前，将班会的内容和形式发到了微博上，希望家长能够提出一些意见。家长们提出了各自的看法，有一些家长给出了具有建设性的意见。在开班会的时候，一些家长还亲自到场，班会的效果非常不错。此外有一些家长通过和我发私信的方式提出自己的一些见解，有一些有顾虑的家长也能利用网络虚拟化的特点，畅所欲言。看到一些家长或细腻、或朴实的语言，其中一部分来自不善言谈的家长，让我感受到家长对自己无声的亲近和支持。通过网络这一媒介我学习到了家长教育孩子的许多方法，给自己的实际工作提供了很多借鉴和启发。作为一位班主任，我认为必须做一个善于倾听的人，善于博采众长的人。随着社会的不断发展，国民素质的不断提高，家长的文化水平和整体素质也在不断地攀升，他们其中就不乏各个领域的精英，他们对于教育有着自己独到的见解，加之对于自己的孩子更加细致的理解，所以他们对自己孩子的一些教育方法值得老师借鉴，从而运用到今后的学生教育中。所以老师也要成为家长的学习者和借鉴者。

总之，由于不同的教育方法和所处的位置不同，班主任和家长之间存在着诸多矛盾和差异，班主任需要运用恰当的沟通方式，实现二者之间的有机结合，构建和谐的家校关系。班主任必须站在家长的角度去思考问题，用心帮助家长全面了解孩子的身心状况，一起探讨教育学生的方法，让家长愿意和你沟通，主动和你沟通，在互信、尊重的基础上，互相配合，共同完成教育任务。

浅谈家校沟通

——家校沟通的重要性

巩洪涛

苏联教育家苏霍姆林斯基曾把学校和家庭比作两个"教育者"，认为这两者"不仅要一致行动，要向儿童提出同样的要求，而且要志同道合，抱着一致的信念"。但是不少家长还没真正认识到自己就是教育者。这就需要提高家长对家庭教育的认识，让家长积极担负起教育者的责任，这样才能形成合力。

（一）完善的家校沟通能更好地促进青少年的健康成长

家校沟通的目的是为了孩子的健康成长，让孩子充分享受来自老师和家长的关怀，以及使教育给孩子带来的欢乐。由于家庭的千差万别，家长对教育子女的目标、成才的观念各不相同，因此家长对子女的教育理念也不相同，所以家庭教育必须在学校教育的配合下，具体分析每个孩子的实际情况，正确引导孩子成才，让孩子健康成长，成为有用之才。

(二)家校沟通的建立有利于培养学生良好的行为习惯

学校教育是培养学生良好行为习惯的主要渠道，学校严格按照《中小学生守则》和《中小学生日常行为规范》的要求对学生进行行为规范教育。然而，培养学生良好的行为习惯是一项复杂的系统工程，需要多方面连续不断、数年如一日的努力。家庭是学生接受教育最早、时间最长的场所，家庭教育的模式适合与否，对其能否顺利接受学校教育关系极大。因此，家庭教育和学校教育之间的一致和配合，更有利于培养学生良好的行为习惯。

(三)和谐的家校沟通关系可以促进学校和家庭之间的信息交流

学校家庭两方面教育是否密切配合，重要的一条是要及时交流信息。教师要了解学生在家庭中的表现及对待父母的态度等，以便有针对性地进行学生的思想工作。家长也想要了解孩子在学校中的表现，并且还想知道学校是怎样开展工作的。建立家校联系后，能使这一渠道更畅通，学校与家庭教育更有时效性、针对性，目标要求更一致。

(四)家校沟通关系的建立能够优化学校教育的环境

学校教育虽然严格按照国家的教育要求办学，但社会和家长对学校的要求也是学校教育不断优化的一种动力，因此，家长在家长委员会的牵头下，不断地提出改善学校教育的要求，传授社会上的经验，调动家长及社会成员改善社会环境的积极性和主动性，学校充分利用家长这一有利的教育资源去优化、促进学校内外的教育环境，使学生接受的教育更完整。

家校沟通的基础

总的来说，家校之间坦率而真诚的交流是良好的家校沟通的基础，学校和家庭之间都想把自己所想和所做的事情告诉对方，因此交流势在必行。教师可以把学校的教育计划、教育目标、教育方法和日常活动告诉家长，让家长对学校教育有一个大致的了解。家长也可以把自己的家庭背景、经济、生活情况告诉老师，以便老师有针对性地进行教育。学校鼓励家长对学校提出要求，把家长所了解的情况、关心的问题和心中的想法告诉学校，学校也不断地通过交流渠道对家庭教育的模式和过程不断地指导，双方在互动中获益，交流中发展。所以没有家长参与的学校教育是没有针对性，没有个性的教育；没有学校指导下的家庭教育更是盲目自发的教育，只有家校沟通的教育才是完备健康的教育。

在当今时代，许多国家采取种种形式沟通社会与学校之间的联系，家庭参与对中小学生来说，具有极大的影响。家长是否有效的配合，直接决定着学校教育的效果，1992年美国城市人寿保险公司所进行的年度调查，大部分教师认为，缺乏家长参与对学校教育是个"严重的威胁"，家校沟通势在必行，也理所当然。

家长有权利和义务参与学校教育。家长是孩子的监护人，有权利和义务让子女接受义务教育，他们希望知道学校是怎样教育他们的子女，希望了解学校的政策和计划，子女受教育的权利是否受到侵犯，是否被体罚了等等。例如：苏州昆山市某学校的附属幼儿园，家长们为了更好地使子女健康成长，要求学校每星期让家长到学校与自己的孩子一起活动，家长还成立家长委员会，定时定期到学校办公，参与教育过程，督查校方的教育教学工作，了解孩子的三餐营养，活动和上课的时间搭配，孩子上学和放学的接车问题，安全问题，生活问题等等。

家长有自己的优势和能力参与学校教育。从理论上说，家庭教育是个体在整个社会化过程中的最关键时期的教育。因为家庭教育的主要对象是婴、幼儿童和青少年，他们正处在大脑迅速生长发育时期，也是潜意识学习的最佳时期和人格陶冶的最重要时期。把握家庭社会化方向的人自然是家长。所以家庭教育在孩子成长过程中很关键。家长和儿童的特殊血缘关系决定了家长在儿童的身心发展中起着非同一般的作用。子女和家长的亲情关系、经济关系以及家长在日常生活中的表率作用，树立起家长在家庭中的权威性，这种权威是一种强大的教育力量，因此，家长有自己的优势和能力参与学校教育。

学校教育需要得到家庭的支持和配合。学校总是有教育宗旨的，最根本的便是德智体美劳。很多家长认为孩子到学校就是读书，升重点高中考重点大学，其他的概不参与。其实，学校教育不仅要让孩子读好书，更要让孩子做好人。做好人是一个系统工程，需要学校、家庭、社会三位一体的教育，形成合力，学生缺一节课可以补回来，但思想上有一个盲区，恐怕要纠正过来不容易。因此，学校的课程和活动都需要家长的支持和配合，如果做家长的不沟通，限制孩子参加学校的活动，或没有重要事情也让孩子缺席的话，这就影响到学校对课程的实施，从而影响了孩子学习的机会。例如：昆山市某中学要举行歌咏比赛。初三年级的一位女生，各方面条件都符合主持人要求。为此，学校专门聘请了一位电视台节目主持人为她辅导、包装，到临近比赛时她父亲知道了，极力反对，到比赛时还是缺席了。家长的这种不沟通的态度和不负责任的行为，给这位学生造成很大的伤害，让她在同学面前没有面子，更失去诚信。事实上许多学校活动都需要家长的支持和配合，这种支持可能是精神上的，也有可能是物质上的，也有可能是责任上的支持和配合。只有学校和家庭的相互支持、交流和需要，才有家校沟通的基础。

家校沟通关系中重要人物的角色定位

要建立良好的家校沟通，首先要摆正学校领导、教师、家长各自的位置，因为他们在不同的事务中担当着不同的角色，凡事绝不能以谁为主，要具体问题具体分析，明确各自的角色后才能更好地去履行相应角色所应承担的责任和义务

（一）家校沟通中学校领导的角色定位

学校领导首先是鼓励士气的组织者，他要对家校沟通进行大力宣传，指

导,支持和鼓励,使学校教职员工对家校沟通充满信心和热情,并以积极的姿态主动参与家庭的沟通,营造出学校与家庭通力沟通的育人氛围。其次是家校沟通的策划人,他要带头参与家校沟通的学校整体计划的制订,主持一些大型的沟通活动。最后是家校活动的实施者,沟通中有和谐的,也有矛盾的方面,学校领导通过自身人格魅力和个人能力能够机智地处理家校间的矛盾。总之,学校领导有责任激励教师加强与家长的参与活动,同时也可以通过协调、管理、资金支持以及对家长参与活动表示赞赏等方式来帮助学校。

(二)家校沟通中教师的角色定位

教师是家校沟通过程中的主要人物,是家校沟通活动的具体策划人,组织者和参与者;他是家长的朋友,学生的知心人;他是活动资源的开发人。教师进行一次家访,需要做很多准备工作,开一个家长会,要布置会场,请家长发言,请学生代表发言,让一部分学生做好服务工作,教师准备汇报材料等,所以无论是教师走出去,还是家长请进来都需要教师去组织实施。

在家校沟通中,教师与家长必须是平等的关系,教师不应该利用自己特殊的地位和尊严,去影响孩子在家长心目中的地位或家长在孩子心里的地位,教师要发现孩子的闪光点告诉家长,让家长感到荣幸,教师也要帮助孩子在心中树立起父母的伟大和无私,教师是家长和孩子联系的纽带,是家长的朋友,学生的知心人。

教师的工作是一个创造性的工作,家校沟通的渠道随时随地因人而异,许多活动在活动中创新,在创新中发展。例如:一个学生数学竞赛得了奖,如何告知家长,是打电话?发短信?带口信?如果把喜报寄给社区或单位领导再转交给家长,或许效果会更好。教师用真诚去对待家校沟通,一定会开发出更多更好的活动来。

(三)家校沟通中家长的角色定位

美国学者兰根布伦纳和素恩伯格把参与学校教育过程中家长角色分为三类:

(1)作为支持者和学习者。有关研究发现,当家长的这种角色参与学校教育时,他们能成为其孩子有效的家庭教育者,家长的自信心以及家长对其孩子和自身的教育期望都能随着参与有所提高。

(2)作为学校活动自愿参与者,自愿为学校提供无偿服务。家长可作为班主任的辅助人员帮助教育学生,可就某门学科对学生进行个别指导,可就自身经历给学生做非正式报告等。

(3)作为学校教育决策的参与者。家长参与学校教育决策的全过程,即决策形成、决策执行和决策监督。

兰根布伦纳和素恩伯格只是把参与学校教育过程中的家长分成上述三种角色。我认为我国现阶段家长应该承担的角色是:

(1)学校教育的沟通者而不是指责者。学校教育在改革过程中遇到了许多困难和挫折,一旦出现问题,家长要密切配合,多沟通少指责,为教育的健康发展出谋划策。

(2)学校教育的智慧者而不是观察者。学校教育需要家长的参与,要用智慧,用真诚来支持教育,很多家长只是形式上的而不是实质上的参与者,成了一名观察员。

(3)学校教育的鼓励者而不是批评家。学校教育的发展还需要家长的鼓励和宣传,特别是在领导岗位上的家长的积极参与,友情配合。

家校沟通关系建立的关键

在学校管理者、家长、教师这三者中,他们之间的角色转换,换位思考,是建立良好家校沟通的关键之一,大家都站在对方的立场上想想,可以彼此谅解,达成共识。

关键之二是创建良好的家校沟通气氛。营造沟通气氛的因素有两个:一是积极的态度,学校教职员工积极主动地接纳家长为沟通伙伴。教职员工度量要大,要能接纳家长,有时教师会受到家长的批评、责怪、威胁。和家长的沟通不是很愉快,我们还是要把家长看作是我们的上帝,彼此信任,消除隔

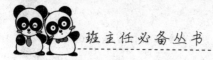

阁, 要以积极的态度接纳家长, 成为沟通伙伴, 那么一定会为孩子的成长提供良好的环境。二是实际的行动, 能够让家长真正介入学校事务的沟通中来。

关键之三是与家长沟通离不开语言的交流, 老师要有诚心和富有爱心, 讲话要注意方式, 要多表扬孩子的长处和进步, 下列几种方式能更好地与家长沟通:

(1)认真听对方讲话, 体会其中所表达的情感和内涵。

(2)全神贯注于对方, 与对方进行视力接触, 通过相应的身体语言(如身体前倾, 面露微笑, 点头, 握手)表明你的注意力和兴趣, 都集中在对方所讲的内容上。

(3)用开放式的陈述句对对方所表达的意见和情感做出反应。

(4)尊重对方, 承认对方的意见对解决问题的至关重要。

家校沟通的途径

家校沟通的有效建立, 必须教师要深入到学生家庭中去, 同样家长要参与到学校管理和改革中来, 实现真正的沟通与互动, 下面介绍几种家校沟通的常用途径和方法。

(一)家访

家访是学校和家长联系的重要渠道, 初中三年内教师对每位学生要家访一次, 班主任每年对学生要家访一次, 家访过程中要做好家访记录, 要求家长签字, 面对面分析问题, 总结经验, 不埋怨、不指责、不批评, 切实寻找问题, 解决问题, 促进学生发展, 同时, 家访要了解家庭背景, 人员结构, 家访过程中要有礼有节, 不能告状式家访, 家访时, 一定要让孩子在场, 教师要有诚心和爱心, 要多表扬孩子的进步, 真正起到教师、学生、家长之间建立沟通关系。

(二)家长会

家长会是争取家长配合的有效途径, 形式可以由家长进校举行家长会,家长会每学期举行两次，期初一次，期中一次，各年级组长主持，班主任了解学生情况，汇报学生成绩，指出学生问题，介绍班级现状，沟通家长意见。学期结束时也可以利用社区由教导处、德育处、年级组长、班主任走出校门到社区召开家长会，主要是汇报成绩，向家长宣传假期中该做什么，不该做什么，家长起一个监督作用，同时把行为规范极差的学生交给社区，形成一个三结合教育合力。

（三）家长参与教育

请家长进校参与学校教育活动，以了解学校，认识学校，与学校保持一致。每个年级都要建立家长理事会，作为家长代表参与学校方针、政策的制定，参与学校后勤的管理，在教学过程中，我们随时让家长进教室听课，家长与子女相互交流，使教育教学更透明。

（四）密切亲子关系，为家庭教育创造良好的条件

学校安排学生做"三个一"即：帮家长洗一次脚、做一次饭、说一句悄悄话。家长安排子女为教师也做"三个一"即：帮教师做一张贺卡、打扫一次办公室、提一条意见，通过学生这个纽带把家长和学校联系起来。

（五）了解学生在家情况

通过家校联系卡、电话、短信、电子邮件等及时将学生学习、思想品德、体育健康、获奖处分、重大活动、调整作息时间、临时加班或放假等信息反映给家长，同时也可以了解学生在家的情况。

一个深刻、全面和真实的教育，必须是教师要了解家庭，做好与家长沟通的心理准备，并且要积极鼓励家长成为学校的密切伙伴；家长要承担应尽的职责和义务，积极参与学校事务，本着对教育的负责，用积极的态度成为学校的智囊，为孩子的成长提供良好的环境。

家　访

——家校合作的连心桥

王　晶

　　作为教师，应该通过与家长进行心灵交流，双方逐步建立起一种牢固的信任关系。家访是发现问题、解决问题的重要途径，是架起家校合作的桥梁。家访不是随意走访，而是应该具有目的性。如：了解掌握家庭教育的基本情况；进一步了解学生的在校表现；向家长反馈学生在校的有关情况；征求家长对班级工作的意见等。此外，在家访中，我们更应该重视与家长共同研究、讨论教育中存在的问题和解决的方法。

　　家访能增加对学生的全面了解，发现在学校上发现不了的"小秘密"；对郎芮家家访的当天上午，我还因为作业写得不认真批评了她。在我的印象中，她是一个从来不在乎自己学习成绩的学生。她的周记永远四平八稳，她的作业总是破绽百出。找她谈话，留她补课，好像也没有多大作用。说实话，我是带着"告状"的情绪走进她的家门的。可是，也就在我走进她家的那一瞬间，我发现也许她并不像我想象的那样"不在乎学习成绩"。因为在她的卧室门上挂着一块小黑板，上面赫然写道："小破娃娃要月考了！"下面还有三个很小的字："唉，唉，唉。""小破娃娃要月考了"，说明她有考好的强烈愿望；"唉，唉，唉"，说明她的内心有着深深的无奈。理想和现实往往就像两条平行线，可望而不可即。那一瞬间，我觉得我错怪了她，也理解了她。想起一句话，"读懂孩子，才会懂得教书的真谛"。而读懂孩子，有时单凭在学校的表现，可能还不能做到。那么家访，则很好地弥补了这个缺憾。大灵通小灵通，不如人灵通。通过家访，能够对学生有更多的了解。而更多的了解，则有助于我们更好地教育和引导。

家访能带给你更多的感动；感动由心而生，更深的爱随之而生，有爱才能有更好的教育；当踏进于洋的"家"时，我们都惊呆了。不足10平米的小陋室，并排放着两张单人床，两张可以勉强称之为"桌子"的桌子，一个简易的储衣柜，简直可以说是"家徒四壁"。这个蜗居，就是于洋、妈妈和双胞胎妹妹租来的"家"。而我们的到来，真可以说是令他们家"蓬荜生辉"。于妈妈非常兴奋，滔滔不绝地向我们讲述孩子们的故事和于爸爸的故事，甚至还翻出照片给我们看。于爸爸常年在外地打工，当他听说老师要来家访，就不断地打来电话询问"老师来了没有"。当我们交谈时，于爸爸的电话又打进来了。他在电话中激动地说："老师呀，我真是没有想到，我们这么穷的家庭，你也会来家访。我们一定会督促孩子好好学习，听老师们的话的……"他说了很久，对我们的家访非常感动。但是，实际上，我已经分不清到底是我们感动了他们，还是他们感动了我们。家访，本来是很小的一件事。但关爱不在轰轰烈烈，正在细微之处。教师放下课堂上庄严的架子，就像朋友拜访那样来到学生家中，这本身就带来了一份真诚，带来了一份关心。而家长也会由衷地感谢老师的付出，学生也会由衷地表示向上向善的意愿。

家访可以为我们的学校教育提供丰厚的素材，及时反馈家访的成果会有意想不到的收获。田宇，因为家庭问题，对生活非常消沉，我一直希望能够将他性格中的消极因素"删除"，可就是找不到一个很好的突破口。和田宇妈妈交谈时，我灵光一现，她竟然在练书法，能不能做一期班会，让田宇来展示她的特长呢？展示了特长，她的心灵得到了满足，会不会因此找到生活的乐趣了呢？我立马把这个想法告诉了她妈妈，她非常感激地握着我的手，眼圈红红的。说干就干。我策划了一期"夸夸我的同学们"班会课，要求学生们在这节班会课上，尽情地夸奖班上同学们的优点。班会课一开始，我就很隆重地介绍了田宇练书法的事迹，并让田宇现场做书法表演。田宇很有些激动，脸红红的，眼睛中闪现出欢快的亮光。她仔细地铺开宣纸，小心地饱蘸墨汁，认真地书写。5分钟过去了，"雅量高致"四个刚劲而又娟秀的大字展现在我们的面前。

同学们都情不自禁地为她鼓起掌来。班会课结束后，我把这四个大字张贴在教室墙壁上，勉励同学们，更勉励田宇一定要努力学习，做一个"雅量高致"的人。真诚的家访，及时的反馈，增进了感情，解决了问题，这实在是好之又好。

家访工作是班主任工作的一个重要方面，是学校教育在校外的继续。我们必须根据学生、家长的不同特点，营造和谐气氛，使家长转变教育观念，领悟到教育子女的方法。家访是架起家校合作的桥梁，只要我们做好细致的工作，勇于探索、尝试，定能收到明显的效果。

本学年，我接了一个问题颇多的班级，有学习困难生6人，有学习习惯偏差生5人，有行为习惯偏差生等。其中，就有一位名叫郝一佳的女孩，该生学习习惯差，有时还会撒谎，厌学心理较严重。家长对她的教育已失去耐心，甚至有听之任之的想法。通过几次家访，我与家长进行了教育方法上的探讨，共同分析了该生问题存在的诸多原因，指出了家长在某些教育方法上的不妥之处。同时，与家长商讨了解决问题的方法和手段。有了这样的家访，使家长重新树立起了信心。虽然，在以后的教育过程中会出现反复，但我相信，只要持之以恒，不断完善教育手段，她一定会改变。

家访，是学校教育与家庭教育的桥梁，我们应该打破"有事才家访"的传统观念，把家访工作面向全体学生，并把它经常化、持续化。我们需要利用家访得来的资源，对今后的教育工作进行更新升级，甚至进行新的格式化，这样才可以放大家访的教育效果和社会效益，为教育工作找到可持续发展的增长点。我以为，家访以后，必须重视以下几项工作。

一、梳理采集来的信息

家长类型。看家长的教育方式，哪些家长温和有方，哪些教导无方，哪些有暴力倾向，哪些唠唠叨叨，哪些不闻不问；看家长对学校教育的态度，哪些是理解支持学校教育，哪些是不太理解支持；看家庭氛围，哪些家庭文化氛围浓烈，有书香气息，家长与孩子关系融洽，哪些家庭氛围比较紧张，哪些家庭缺少良好的学习氛围，如家长经常打牌，在家经常聚会，影响孩子学习。

学生情况。哪些是留守儿童——父母在外打工，孩子跟祖辈住在一起的，或是寄居亲戚家的;哪些是学困生——没有明确的学习目标,学习马虎,缺少良好的习惯;哪些是困难学生——经济情况不好的,家庭有重大变故的,离异家庭子女;哪些学生心理上有些问题,是否需要请学校心理咨询室的老师帮助化解。这些学生中存在的问题该如何解决,哪些事情有一定的社会效应,哪些问题有全体性,哪些问题是个别性的,还有哪些需要学校帮助解决……

学生在家表现。哪些学生在家和在校表现一致;哪些不一致——在校表现很好,中规中矩,在家表现却骄横散漫,或在家乖巧,在校却自由散漫。

学生问题产生的原因。哪些是学生自身的原因,哪些是家长的原因,哪些是环境的原因,还有哪些其他的原因……

只有将这些散乱资料分类梳理整合,才能做到心中有数,教育有谱,有的放矢,才能提高教育的针对性和有效性。

二、展放采集来的音像资料

展放学生学习方面的音像资料,如学生在家学习的图片,所做的作业,课外学习书籍资料等图片;展放环境布置类的图片,如书房中,书桌布置、学习用品摆放整齐,书橱整理好,墙上张贴的学习计划、自我激励名言、座右铭等图片;展放家庭温馨照片、个人生活情趣高雅的照片,如弹钢琴、学书法、弹古筝、拉二胡、吹排箫、下围棋、练舞蹈等图片;展放学生的光荣历史,如过去荣誉证书,贴满奖状的墙壁等图片;展放学生在家做事的视频,如洗碗,扫地,拖地,整理物品等视频;展放家长寄语等视频。

好图片,要多放多展;共性的、不足的图片,可少放一些,不能指明具体家庭,但是现象一定要呈现。通过比较,引导学生向着正确的方向发展。

三、召开系列主题分析会议

小组会,要针对小组特点,先让学生自评自议,然后教师针对学生在家的情况,提出具体的要求。可以在小组内,调整帮扶的对子,对帮扶工作提出新的要求,如被帮扶的同学是离异家庭子女,则要对帮助者进行必要的辅导,指出注意事项,教给说话的方法等。

班会,则要选好主题。班会的主题可选择"在家自主学习"、"在家培养良好习惯"、"在家体贴关心家长"、"个人生活情趣高雅"等。主题班会，要充分利用家访中积累的资料，采用小组自选主题的方法来召开，当然也可邀请家长来参加。

家长会，则要针对家访中出现的普遍问题确定主题，宣传江苏教育新政，让家长教育家长，请优秀学生的家长介绍好的经验、成功的做法，讲家庭教育中需重点关注的重要细节，讲他们教育中的切身体会，指出家庭教育中存在的问题与不足，对家长进行必要的培训。还可以请家长谈谈家访的好处，可以约请家长写一些家访以后孩子的变化文章，在家长会上交流，提升家长的认识水平。

教师会，是班级科任教师研讨会。面对家访中发现的问题，科任教师要研讨针对拔尖学生、留守儿童、学困生、家庭困难学生采取的帮扶措施，根据自己的实际情况，采取恰当措施，抓住一切有利的教育时机，对学生进行有的放矢地教育。

四、继续深入与创新

学生身上发生的问题，有时可通过一次家访解决；有时需进行多次跟踪家访，才能改善学生的行为。为了把教育工作做深透，我们还需创新家访形式。

现在运用比较多的是电子家访，如电话家访具有及时、便捷特点；家校通，发送短信，效率很高，能及时解决问题，要注意经常使用，写点学生进步的话，能给家长带来幸福的感觉，提高学生的积极性；用电子邮件将跟孩子有关的班级日志、班级周报、个人教育札记等发给家长，让家长及时掌握班级与孩子的动态，提高教育的合力；QQ访问，就是将有这方面条件的家长，联系起来，组建一个群，自己当管理员，提高家长的参与度，让家长之间有个互相讨论、互相学习的平台，以更便捷的方式进行适时的教育。

对每一个老师来讲，你的学生可能在你的班级里是百分之一，但对每一个家庭来讲，这个孩子就是百分之百！就是父母头顶上的一片天！因此在每一次家访中，我们不只是走进孩子的家门，而是力求走进孩子的内心世界，热情地与家长交换意见，尽力地为每个学生制作个性化教育方案，力求达到家校合力，共同促进学生健康成长。愈走近学生，愈感觉为人师的幸福和神圣责任——任重而道远！愈走进家庭，愈感觉家访的重要和不可或缺——稳妥而温情！家访是一座桥，一座架起了家长、学生和教师亲密沟通的连心桥！

"家长学校"

——构建一体化教育体系

田菁菁

"家长学校"是很多中学针对不同的家庭环境，旨在更好地与家长沟通的情势下建立的。目前的初、高中学生普遍压力过大，而在这个阶段的很多家长却往往不能适当地去引导孩子面对现实存在的压力，对于叛逆期的孩子们往往宠着、忍着，无所适从。所以，很多学校都或多或少以各种方式去指导家长，加深与家长的沟通。

在我参与学校的"家长学校"的诸多工作中，益发认识到"家长学校"这种与家长沟通方式的独特和成效。

（一）家长委员会

和我们生活中的"居委会"似乎很像，但又有诸多不同。家长委员在选择上一方面是出于自愿，但也可以由学校邀请了不同群体、不同阶层的家长来担当。委员会通过开展丰富多彩的活动，研究当前家庭教育、学校教育、社会教育的动态，商讨办好"家长学校"的措施和方案，最主要的就是由委员会及时地收集和反映家长们对学校提出的建议和意见。因此，在"家长学校"的贴吧里，我们能看到各具特色、五花八门的意见和要求。以秦皇岛市第一中学（寄宿制学校）为例：

家长甲："孩子是夜猫子，晚上想多学一会，可是学校要求按时熄灯、作

息，不能在宿舍设一个自习室吗？"

家长乙："高三了，孩子最近很烦躁，觉得前途无望，我该怎么办？"

家长丙："我认为学校要求学生剪一样的发型虽说是为了专心学习，但也的确忽略了孩子的个性张扬。"

家长丁："为什么在小学、初中那么优秀的孩子，来到一中后反而默默无闻了呢？每次成绩都比较受挫，说还不如以前比他差的同学了？"

……

这些问题既涉及学生的学习和心理状态，也涉及学生们的生活和审美追求。在家长的意见中，我们也看到了学生的要求和意见。很多时候，孩子畏于学校与教师的严格管理，不敢说出口的话只能向家长抱怨。而家长委员会就会把家长们的共同意见进行筛选和整理，递交给学校并由学校予以解释和改善。家长委员会的作用就是让学校更关注学生，给予学生人性化关怀与管理，并要求学校针对家长们的共同问题予以集中指导，这也是"家长学校"建立的宗旨。可以说，家长委员会既是家长和家长的沟通桥梁，又是家长与学校的沟通桥梁，监督并促进学校更优质的工作。

(二)"家长学校"的课程安排

"家长学校"的课程往往是每学期1-2节，针对不同的情况和问题予以介绍和讲解。授课的老师既有资深的实验班老师，也有各科科任老师。老师们的讲解和阐述大多以录像视频的方式挂在网上以方便家长们随时了解。以上学期为例，我们学校高三年级安排了一系列的高考备考攻略。例如：

1. 高三学生的膳食营养搭配

我们都知道，一个高三学生的课业任务量完全不低于一个正常工作者的工作量，而他们的成功也离不开家庭的支持和充分的后勤准备。为了能让家长有更明确、更系统的方向，我们还为家长设置了关于"学生膳食营养搭配"的课程，为孩子们的全力冲刺做充分的准备！

2. 考前和孩子一起释放压力

高考前，有很多家长可能会有共同的经历，就是自己比孩子还要紧张，有时,面对着处于叛逆期的公主、王子们,大气不敢出,不敢怒,不敢言,其实,这并不是帮助孩子缓解考前压力,让他平稳发挥的最佳方式。所以,学校安排了一系列室外活动,文体活动,让更多的家长和学生参与进来,让学生在感恩父母的同时理解父母的苦心,明确自己的责任;让家长在陪伴孩子的同时,用眼神、微笑、话语、亲情的温度去给予孩子无声胜有声的鼓励。

3. 信任+鼓励=成功

这些课程的设置都是针对高考这一特殊时期,孩子压力大,家长手足无措的情况下,给予家长的引导。其实,无论是家长还是学校,我们的目标是一样的,但是在关键时刻上,很多家长总是把更多的期望寄托在老师身上,而忽略了自身对孩子的影响力。

而高一的"家长学校"的课程设置又截然不同,课程更多地倾向于向家长们介绍高中学习与初中学习的差异,并指导家长如何引导孩子更迅速地进入高中学习中。例如:

1. 如何帮助孩子面对挫折

针对在第一次月考中失利,很多学生丧失信心,缺少抗挫折能力的情况,学校设置了"如何帮助孩子面对挫折"的经验讲授,请来曾经就读于秦皇岛市第一中学的优秀毕业生家长来进行经验介绍,虽然说每个孩子的特点不同,但是在高中阶段都需要家长的支持与鼓励,而这些优秀毕业生家长的讲述就更加具有说服力!同时,学校还安排了资深班主任来说明高中学习的竞争特点,以及学生该如何调整学习策略与学习节奏等内容。一方面,让家长先了解为何曾经在小学、初中出类拔萃的孩子来到一中后却排至200多名;另一方面,在转变家长心态的同时,也间接帮助孩子转变心态,更好地融入高中生活。

2. 兴趣重于利益

高一年级的学生要面临着分文、理科的问题,往往在这个时候,我们的家长却成了最积极、最执着的军师。有部分家长惯于从自己的角度和利益出发,要求孩子选择理科或文科,其实都不是明智的做法。还记得有位家长因为自己是医生，所以用高薪工资、高社会地位等理由来要求孩子也选择理科，进而读医科大学。但这个学生在纠结了将近一年之后还是选择了自己喜爱的文科，拼命地补落下的课程。所以，在选择文、理科或者是高考后选择专业的问题上，我们跟家长提倡"兴趣重于利益"，为的就是让家长能够给孩子自主的空间，选择自己的人生道路和专业，给予孩子更多的自主性！

家长学校的课程设置，虽然不多，但是一定是从实际问题出发，具有很强的指导性和实效性，帮助和引导家长更好地去陪伴和支持孩子度过人生中最充实的三年，平稳地度过他们的叛逆期，迎接崭新的未来。

（三）家长学校的留学网络信息平台

家长学校的开设不仅仅在于为家长介绍教育的经验，调整学生心理状态的方式方法，加深与家长的沟通，更在于利用网络平台为面对升学压力的学生和家长们提供更具时代性的信息和更加广阔的发展方向。

很多学校在国外留学的浪潮之下开办了国际班，让更多有意向留学的家长和孩子提供了一个可以选择的平台，并不是单纯的"千军万马过独木桥"。以我所在的秦皇岛市第一中学为例，学校在高二阶段设置了国际班，为一些有意愿去欧美国家留学的学生提供了便捷的通道，同时，也在网络上将参加国际班的学生标准，具体出国留学的时间和流程详细地进行了介绍；而对于那些想前往日本、韩国留学的学生，也将学校所联系到的日本、韩国的大学情况，留学的具体安排与流程，未来学历认可的情况和就业的情况进行了介绍。这些具体而详细的信息都以"家长学校"的网络为载体，为这些家长和学生提供时时更新，准确而详细的信息。

这一方式不仅帮助更多的孩子提供了更多的选择了，还让这些有着更高追求的学生与家长有了更明确的方向。学校的价值不应该只是传道解惑，站在时代的前沿，我们有必要为学生提供更广阔、更多元化的发展途径。

（四）让家长参与到学生课程中来

目前在国内有很多幼儿园有开放日，会选择在周末和节假日邀请小朋友的爸爸妈妈来一同上课、做游戏。很显然，这对于加强孩子和父母的关系有难以忽视的作用。而面对压力大、课程繁复的高中学习生活,我们是否也有必要开设开放日,让家长也参与进来呢? 答案是必要的。

我们有时候会发现,总是有家长抱怨说孩子太笨,然后说到自己当年优异的成绩和诸多的风光。这些让很多孩子都存在着反感。所以,家长学校的内容中也安排了教学开放日的活动,也就是邀请我们的一些家长在教学开放日参与到教学中,坐在孩子的身边来旁听课程。

在我们接二连三地举行了一系列的教学开放活动后,发现原本责备孩子的家长们也在不断地反思。还记得一位刚刚和孩子听完一节数学课的家长感叹道:"课上很多东西都是我们当年大学时期学的,哎呀,一节课讲这么多,我儿子的思维还跟得上,我真是没发现孩子反应这么快!"另一位利用休息日与孩子上了一上午课的家长,在中午休息时不禁感叹道:"这一天孩子们的工作量不比我们少啊! 不仅内容多,这课上必须完全精神啊,不然哪里能跟得上啊!"而更多的家长都会有一种共识:"毕竟,时代不同了,当和孩子们一起学习,一起思考时就会感到现在高中教学中的内容远远比之当年,要难得多,深奥得多。而孩子们面对的压力也比之当年要大得多,竞争残酷得多。"

另外,我们在"家长学校"的内容中还经常邀请家长们来一同参加学生的心理课。很多孩子在进入高中生活后,自己的独立意识变强,反而逐渐疏远了和父母的关系,使得叛逆心理愈发的严重。所以,在心理课上,邀请家长的加入也是加深和孩子沟通的一种独特的方式。记得一次"信任"主题的心理课堂上,两个人为一组,一个人背对着另一个人,自然的向后倒,由后面的人接住他。课堂上却会发现,同学间的信任与默契不及孩子对家长的信任。这让更多的孩子了解到,在这个世界上,全心全意为自己,永远能够为自己提供庇护港,永远值得信任的就是自己的父母。在这一刻,看到倒在父母臂弯里的学生都感到无比的震撼与感动!

我们在教学开放的活动中,让更多的家长了解现在高中学生的学习生活、学习压力,具体地看到了孩子们的成长。除了抱怨,更多应给予他们的是支持和鼓励! 同时,也正是这样直观的听课活动,让家长充分地了解老师们的教学情况,学校的教学安排,对老师们的教学提出他们的建议和意见,以此来鞭策教师们的教学质量,完善学校的教学工作。

(五)致家长的一封信

"致家长的一封信"是我们学校的"家长学校"内容中最不可或缺,也是最具有大众性的一种方式。从开办"家长学校"伊始,我们针对不同年级,不同情况所写的"致家长的一封信"不下百篇。内容从学校要求到学校生活,从学生假期安排到学生日常生活总结,从月考情况到高考情况,各种各样的内容都以信的形式寄给每一位学生的家长。

在我们都习惯于短信时代的联系方式时,我们依旧选择了"致家长的一封信"的形式来向我们的家长做着最充分、最及时的说明。毕竟,也许当我们删除了过期的短信,我们还可能保留着曾经的一封书信,而这份书信中有着对自己孩子一学期学习、心理状况、日常生活情况的总结,有着未来假期中我们应该对孩子的要求,有着三年中孩子的成长和对孩子的关注。可以说,"致家长的一封信"不仅仅是为家长布置任务要求,更是一封紧跟孩子成长过程,注重学校与家长沟通的一种方式。当然,在信的后面,也往往附上家长回执区域,以方便老师对学生在校外情况的学习生活、心理状态的了解。

(六)设置校、家互评,实现有效监督

"百名家长评学校"活动是立足于家长对学校的工作监督,促进学校教学教育工作的方向,开展的一项调查活动。在整个活动中,既有调查问卷,亦有走访和座谈。调查的内容涵盖多个方面,例如:

(1)学校有无乱收费现象,或是向学生推销教学资料、课外试题册等行为;

(2)教师有无收受家长钱物,或要求家长办私事等现象;

(3)教师有无体罚学生现象;

(4)学校有无明显完全隐患或发生重大安全事故;

(5)学校对家长、学生反映的问题有无积极的回应;

很多的调查内容都是围绕学校工作而设置，虽然有些近似纪律检查，但不得不说的确是从教育现状出发，怀抱着自省的态度，来让更多的家长参与进来，关注和监督学校的教育工作。

与此相对，我们还为家长设置了"书香世家"的评比活动，设置了例如："最有预见性的家长""家长之星""严管厚爱真模范""最开明的家长"等等称号，以此来奖励和感谢一直为学校工作，为"家长学校"的工作付出努力的家长们，这些活动颇受学生家长的喜爱与好评，看着获奖的父母，孩子也是充满着无限的自豪感，对孩子自身是一种莫大的鞭策。每学期，评选出在学校工作中提出宝贵而有效意见的家长，为孩子的成长在家长学校中表现出色的家长，及时与教师沟通，使得孩子有了很大变化和成长的家长，我们都及时地予以鼓励和表扬，并邀请这些家长为更多的家长介绍教育经验，介绍家长学校的工作，这样可以激励更多的家长参与到"家长学校"的工作中来，加深与学校、学生的沟通。

多年来，"家长学校"作为与家长沟通的一个重要环节，一直让我感觉到学校教育，特别是高中教育需要学生家长们的支持与帮助，人们常说"从一个孩子身上你能看到这个家庭"。每一个孩子成功的背后虽然说离不开学校的培养，老师的教导，同时更加离不开家长们完备的后勤工作，离不开家长们的支持与鼓励，离不开学校与家长的及时而深入的沟通。从家长的角度来讲，在孩子们充满着叛逆同时又兼具着压力的关键时刻，也需要从学校获得最真实而有效的指导。从学校来说，一个学生是一个家庭的希望，如果完全摆脱家庭对他的影响是不可能的，也是不科学的，所以建立家长学校也不仅仅是为烦恼于教育孩子的家长们提供一个学习的机会，更是让家长们参与到孩子的成长过程，这对于孩子的成长是必需的！而这项工作则承载了学校、家长双方对学生的期望！

将心比心，换位思考

李生宝

　　苏联教育家苏霍姆林斯基说："教育的效果取决于学校和家庭教育的一致性。"家校沟通是现代教育中至关重要的一环，会直接关系到某个学生的发展方向和发展未来。现代科技的发展，人们交流空间的扩大，交流方式日趋多样，给家校沟通方式的选择提供了更为丰富的资源。现代教育要做到"学校和家庭教育的一致性"，就要求教师在与家长的沟通的过程中获得正确、有效的信息，让家长"放开心"和教师交流，达到有效教育学生的目的。在现实教育中，有些家长因为职业、生活环境、文化背景、教育态度等因素的影响，可能和老师的沟通交流中存在着某些认识的不一致，所以班主任在与家长沟通中将心比心，换位思考则显得尤为重要。

　　很多班主任有事才跟家长联系。多半情况都是学生在学校的表现不够好，或不遵守纪律，或没有按时完成作业，或成绩下降等等，出了事才联系。这种沟通方式不免让有些家长腻烦，久而久之，老师和家长的沟通会形成隔阂，导致家长条件反射似的怕接老师电话，家校沟通的教育力量势必会减弱。因此，老师要想走进家长内心，做家长的知心人，首先要经常和家长联系，问问孩子在家的表现，问问孩子对学校和老师的反馈，也可以让家长提提学校、班级管理的建议。这样，让家长有一颗定心丸，老师的电话不是坏事通知令，也不是学校请家长的召集令。家长在老师的反馈下对孩子自然会经常观察，有问题也会及时反映给老师，问题必然会及时得到解决。

　　例如达标这个学生，分到我班上时听他原来的班主任说了很多不好，家长也不够配合。我就把他作为一个重点"培养对象"。刚开始我没有联系家长了解情况，而是用一段时间来观察他的状况。达标很聪明，尤其喜欢学理科，学得还可以，可文科却一塌糊涂。而且，他突出的特点是把学习当作玩游戏，想学就学一点，不想学谁说都不管用，个性散漫，纪律性也不强。最为严重的是自己不学，还干扰班上其他同学的学习，经常在教室或宿舍说一些"读书无用"的内容，引得很多同学都有意见。很明显，他的"读书无用论"是导致他学习兴趣不浓，学习劲头不足的根本原因。我把他叫到办公室，并没有直接批评，而是引导式的询问。"达标，最近学习状态怎么样？""不怎么样。"很明显，他的回答很散漫。他不知道老师是在关心他，而是以为老师可能抓到了自己的什么把柄要批评他。我抬头盯着他的眼睛，而他的眼神却飘忽不定，望我一下，又向旁边望去。"听说你的物理学得不错啊？"我想换种方式询问，从他相对学得比较好的科目开始。"还可以。"他还是这种简短的回答方式。"你在物理学习方面有什么好的学习方法呢？""没什么方法。"我立刻发现这种谈话方式根本不会起到什么效果。我说："达标，班上不少同学都说你物理学得很不错，说你脑子很好用，一学即懂。物理老师也多次在我这里表扬你，说你在物理方面有灵性。我想在我们班成立学习小组，帮助学习吃力的同学进步，你物理学得很有方法，想让你当物理小组的组长，你回去好好考虑一下。好不好？"他眼睛盯着我，没有说话。我说："你先回去吧。好好考虑，后天给我答复。"他没有说话便转身离去。通过这次简单的对话，发现这个孩子不仅学习散漫无兴趣，而且礼貌方面也存在问题。本来想从他的优点出发开导他，结果却一无所获。我决定联系家长了解了解情况。

在联系家长前，我事先看了达标的电子档案和《学生成长记录》，发现两个值得探究思考的地方：一是家庭成员栏里填写了5个人，即爷爷、奶奶、爸爸、妈妈和自己。二是他的出生年月是1995年12月，班上大多数同学都是1992年或1993年，年龄比其他人小2-3岁。前者，祖孙三代一起住容易在孩子教育方面出现溺爱，有些祖辈会影响父母对孩子的教育，当然达标家会不会存在这种状况，仍待询问分析。后者，达标年龄明显比其他孩子小，正常情况高一孩子已经过了叛逆期，而达标是不是正赶上叛逆期，心理波动大，思想比较叛逆、不听话。但又想，他在班级宣扬"读书无用论"，不像不成熟的表现，反而还表现得有些早熟。当下社会出现的一些教育致贫、高校就业难现象，本不应该是高中孩子重点关注的，而对达标来说，似乎他很清楚，就像自己家里发生的一样。

我准备约见达标的爸爸。打电话给他，问有没有时间过来了解一下孩子的状况。而他以为达标又在学校里面出了事，非要在电话里询问我到底发生了什么事。我告诉他达标最近表现不错，就是一些偏科问题，让他过来和科任老师互相了解一下，共同督促孩子学习进步。达标爸爸听到孩子没有什么事，就以"工作忙，最近没时间"为理由拒绝了我的邀请。

我的教育计划的第一步就这样夭折了。我认真回想了这次通话，是我没有表明我对其孩子学习关心的诚意还是这个父亲对孩子的教育不重视呢？按道理独生子的家长，对孩子的教育是异常关心的，一棵独苗，到底如何长，基本就决定着这个家庭的未来。我又尝试给达标妈妈电话，显然讲话的语气比他爸爸要客气得多。我为了防止再次遭遇拒绝，我把达标好的表现和严重的问题很耐心地讲给他妈妈听，也很明确地表明了我的诚心，他妈妈倒很配合，答应来学校共同探讨孩子的教育问题。

经过和达标妈妈的谈话，更加清楚地了解了达标的家庭情况和达标的个性性格。达标的爸爸在外面做生意，对孩子的成长关心不多，脾气较暴躁，一旦有老师反映达标在学校的问题，不问青红皂白便是对达标不是大加呵斥，就是拳脚相加。而爷爷奶奶却对这个孙子比较疼爱，平时妈妈教育时又总是相加干涉，最终造成了孩子对爸爸比较反感，对妈妈不听话，对爷爷奶奶爱撒娇，特别是上初中以后，变得不爱和别人交流，学习也不太用心，形成了散漫自由的习惯。从谈话中，很明显可以感受到达标妈妈的无奈和痛苦，作为一个母亲，能不"望子成龙"吗？而自己在家里却仅是个家庭主妇，在家里管教孩子的权利都没有。我立即安慰达标妈妈，并表明达标不是一般意义上的"很坏的孩子"，可能是因为年龄小，思想不够成熟。你的痛心我也深深地可以感受到，但请你放心，我会尽我最大的努力去改变达标，也希望你能鼎力配合。达标妈妈欣然应允，看到她含着泪光而又深怀期盼的眼神，我不仅为母亲的伟大再一次震撼。从此，我经常和达标妈妈联系，取得了她的信任之后，只要她对我教育达标采取的措施能够全力支持，就有成功的可能。后来，我暗地安排了一些学习吃力的同学主动找达标辅导，先是物理知识，后来扩展到所有科目，让他在学习上找到了自信。趁此，我向达标询问："你觉得学习有用吗？"他并不知道我的用意，说："有啊。""那你想考大学吗？""想啊，可毕业后也好像没有什么用。"我就着力让他明白未来社会知识的重要性，而这些老生常谈的东西似乎对他的触动并不是很大。

后来，我把达标在学校说"读书无用"的事告诉了达标妈妈，因为这种思想来源不是在家庭就是在社会，而对于社会接触面仍然比较小的孩子来讲，很可能就来自家庭的影响。达标妈妈听后便把实情告诉了我。原来达标爸爸就只有初中文化，现在却有几个工厂，他爸爸就不怎么看得起文化人。再加上有些重点大学毕业的也在他的厂里打工，达标的爸爸认为成功不是靠知识，而是靠经验。他早就想让达标到他厂里锻炼，还是妈妈再三强求让达标上完高中。听了达标妈妈忧心忡忡的叙述，我觉得做通达标爸爸的工作才是家校联动教育的起点。

我先让达标妈妈做他爸爸的工作，再加上我好几次家访都选在了他家，而且最好是达标爸爸在家的时候。每次和达标爸爸的谈话，我都从他的立场出发，不空讲家庭教育，而是从他们家的企业讲起，谈论企业的发展，谈论人才的重要，达标爸爸终于被我的诚心打动，愿意配合我对达标进行改造教育。

没有了家庭不良的影响，再加上老师的劝导，同学们的关心，达标变得懂事和听话起来，学习态度明显转变，再也没有说过"读书无用论"的话。家庭教育是学校教育的有效补充。家校互动，和谐配合，必然会起到合力的作用，会有效推动学校教育的发展和孩子的健康成长。作为老师，特别是班主任，与家长的沟通和联系就显得尤为重要。但决不能用教育孩子的方式跟家长沟通，不能以反映问题的形式跟家长沟通，老师应该以一颗诚心，站在家长的角度，结合学校和家庭的实际，推动家校联动，促成教育合力。根据我的经验,家校沟通应该做到将心比心,以诚相待。

一、走进家长内心,做家长的知心人

班主任要想在家校联动中占主导地位,必须对家长有充分的了解,正所谓"知己知彼,百战不殆。"走进家长的内心,了解家长的心态,这样家长会认为你非常理解他,在心灵上拉近了双方的距离。要走进家长的内心,首先要了解家长的职业。在现实生活中,每一种职业都有其独特的职业性格,而职业性格往往会影响家长教育理念的形成。例如,做教师的家长,往往会注意孩子学习习惯的形成,了解孩子的内心世界,崇尚"快乐教育";做公务员的家长,往往会注意孩子的"情商",注意孩子的交往能力;经商的家长,则注重孩子的"财商"。虽然不完全如此,但必有其共性。家长不同的教育理念,并不存在其优劣,但往往会影响孩子在学校里的学习态度和学习方向。在理解了家长的职业特点和对孩子的成长需求,班主任应该把自己的教育理念和家长的想法结合起来,家校沟通时,家长则更容易接受。前面达标的例子就是很好的证明。达标的爸爸是"商人",重视孩子的实践经验,轻视基础知识的学习,最终导致孩子也随着家长认为读书无用。班上还有一位叫明华同学,父母是大学老师,重视孩子的个性形成,崇尚"快乐教育",忽略了孩子平时良好习惯的养成。最终这位同学平时过于自由,在纪律方面显现出相当的腻烦,经常受到德育处领导的批评。开始和家长的交流,事先没有了解家长的教育理念,所谈明显与家长的需求不符,他觉得中学老师是扼杀孩子的创造力,虽然表面上应和,但屡不见成效。后来,我转变战略,从孩子成绩下降的状况出发,分析出明华成绩下降的两个重要原因:一是孩子学习过于自由,死钻牛角尖,自我控制力不强;另一个原因孩子抗压能力弱,不能经受失败,自信变成了孤傲。再联系孩子将来的发展,没有良好的纪律性,不免会误入歧途。这两条分析有理有据,针对性强,让家长认识到了问题的严重性,从此得到了家长配合,让明华在遵守纪律的基础上追求"自由",学习成绩明显提升。

二、学会换位思考,肩负家校沟通的责任和义务

家校联动教育,班主任走进家长内心,了解家长对孩子的成长需求是基

础。班主任将心比心，换位思考，对孩子进行科学、恰当的教育是关键。如果你用家长的眼光来看孩子，你会发现孩子许多闪光点，也会发现孩子身上带有因不符合教育规律的家庭教育带来的摧残孩子内心的烙痕。只有教师走进家长内心，从家长的需要入手，制订合适的教育措施，和家长双管齐下，才能在教育方面取得事半功倍的效果。

例如前面达标的例子，教师一意孤行强制教育，必然不能使达标得到思想的转变，甚至可能会造成孩子的敌对、反抗。在现实生活中，教师可以采用多种方式跟家长沟通，更重要的是应该站在家长的立场，跟家长交流孩子的成长教育。事实上，并不是所有的家长都有时间，有耐心跟老师用心交流孩子成长教育，因为现实生活中存在着种种特殊的情况，重男轻女、夫妻离异、家庭困难等等。作为老师，不仅要理解家长的两难和苦衷，还要肩负起责任，尽力做好家校沟通，让家校联动教育形成合力。班上有一位教家明的女同学，家里三个女孩一个男孩，她是最小的女孩，而且母亲因病早逝，家里只有奶奶和爸爸两位成年人。两个姐姐都因学习一般初中就辍学，但家明这个孩子很顽强而坚定，学习成绩很优秀，父亲让她辍学打工，她拼死坚持要读书。在家里面爸爸不关心，奶奶经常责骂，家里所有人都围着这个弟弟转。她很苦闷，经常找我谈话。我了解了她的家庭状况后，和他爸爸联系，他爸爸也言明了他的苦衷，农村没有男孩抬不起头，奶奶又多病，家庭经济状况不好，他们的希望就在这个男孩身上。家明也很犹豫，自己到底要不要继续读书，放弃自己心有不甘，不放弃家里又不支持，还经常挨骂。这种情况，我对家明的爸爸也能理解，对家明也很同情。我在跟家明谈话时首先让她坚定学习的信念，告诉他国家有很多助学政策帮助贫困学生完成学业，让其不必为此担忧，还帮助她申请了"上学易"减免学费。我也经常和家明爸爸通电话，表示理解他的苦衷，但希望他不要打消孩子这一点点希望。最终，家明凭借自己顽强的毅力和刻苦的精神，考入了理想的大学，并顺利申请到国家助学贷款和市"大学通"资助。后来，家明的爸爸对我感谢再三，说不是因为我，这个孩子就耽误了。

班主任与家长的沟通，最基本的就是以诚相待，将心比心。沟通要讲究方法，讲究时机。班主任把对孩子的那份浓浓爱意像春潮般缓缓流入家长内心，让家长也深受其感染，家长自然会配合学校，主动参与到学校教育和管理中来，家校联动教育才能真正生效。

家校联系的有效方式

——心理沟通

李春辉

　　学生的健康成长离不开学校、家庭和社会的共同努力，重视了家庭教育，学校的教育就事半功倍，班主任要做好班级管理工作就应当认识到与家长沟通的重要性。沟通是一门学问，也是一门有力量的艺术，家校合作中，了解家长的心理，用一颗真诚的心，运用灵活的沟通技巧，加强与家长的心理沟通，班主任工作才能收到好的效果，也只有通过与学生与家长的有效沟通，班主任才能实现自己的教育梦想。作为一名班主任，我常常会思考关于沟通的许多问题，包括前提，包括技巧，也包括方法。

　　班主任与家长的心理沟通过程是双方思想与感情的传递和反馈的过程，通过心理沟通使双方思想达成一致，感情得到升华，交流变得通畅。

　　沟通是互动的。我们每个人都觉得自己是讲道理的，尤其是我们教师，怎么会不讲道理呢?! 可是我们都是在讲自己的理。沟通具有互动性。若只站在自己的角度，沉溺在自己的世界里，用"我的价值"、"我的信念"来思考，这样的沟通一定是无效的。

　　杨晨是在高一的下学期从外校转学到我班上的，他一来就给了我特别深刻的印象，眼神冰冷，脸上几乎看不到任何表情，头总是习惯偏向一旁，不爱讲话，一副桀骜不驯、目空一切，对一切都无所谓的样子，入学的测验成绩很差，听课状态也不理想，有几次我看到他在课上睡觉，还在宿舍与备品间里吸烟。我以新来学生的角度找他聊过家常，对他没做评价，只是告诉他，因为他刚来，作为班主任，我特别希望能尽快了解他，也希望他能主动和我沟通，有困难和问题可以找我，我会全力以赴帮助他。并顺便打听一下他的家庭状况，我发现，说到他的家庭，他的神情出现了异常，原本还能回答我一些问题，偶尔还会点头，甚至露出浅浅的微笑，可提到他的父母，他立马神情大变，也不愿再说任何话，我知道，这里面一定有故事，就结束了谈话。

高中生尽管已跨越了逆反期，但他们具有更加明确的独立意识，成人欲十分强烈。同时，我们的教育也应该花力气培养学生独立的人格，独立思考的习惯，增强他们的独立性。因而，在与学生的沟通中，我们要蹲下身来，给予学生尊重、信任与关爱，与学生平等交流，走近学生，了解他们的思想和丰富的内心世界。沟通时，多从他们的角度思考问题，感同身受地分享学生的成长困惑，与学生成为朋友。我没有继续和杨晨的谈话，也是出于对他的尊重与爱护，我知道他的心里一定藏着秘密，不然，一个花季少年不会有这样的神情。

于是，我约谈了他的父母，结果他的父母都没有来，来的是他的表姐，一个大学生，她告诉我，杨晨的父母早就离异了，父亲脾气特别暴躁，是个下岗工人，离婚之后就去了南方，偶尔给家里寄些钱来，但也是杯水车薪，杨晨是奶奶带大的。奶奶今年七十多岁了，身体也不好。杨晨的妈妈离婚后就嫁到外地去了，一直杳无音信。

杨晨的成长环境比我预想的还要糟糕，由于是住宿制学校，我常在一些生活细节上关照他，并努力装作不经意，给他温暖和爱，渐渐地，他看到我会主动打招呼，还常常微笑了……

我去家里看望过他的奶奶，了解更多杨晨成长的故事，当然也详细地了解了他的父亲，在做了这些功课的基础上，我电话联系了杨晨的父亲。

他父亲接到我的电话很感意外，尽管在内心，我会责备他没有尽到一个当父亲的责任。但我努力地去解读他们的故事，去理解他，走进他的内心世界，把握他的思想脉搏，了解他的辛苦，并把这些在电话里委婉地表达给他，不仅给了他安慰和理解，也充分表达了对他的尊重和信任，我告诉他，我相信有他的配合，杨晨一定会改变。这次谈话很顺畅，收到了意想不到的效果。其实我真的没有想到会这样顺利，面对那样一个脾气暴躁，意气用事，遇事逃避的父亲，当初我的顾虑是很多的。但当我用心体会他的内心世界，与他平等交流，主动沟通，从他的角度思考问题，寻求解决问题的办法时，他真的给了我极大的信任与理解，给予我充分的支持与配合。

沟通中最常见的错误，就是试图用自己的认知框架，而不是对方的认知框架，去解释对方的行为。我肯定了他并推进了沟通。班主任在与家长的沟通中，要学会赞同和认可，并把这份赞同与认可表达出来，这最容易打动对方，得到对方的配合。与家长的心理沟通，尤其是与有问题的家长，班主任不要轻易否定对方，要正确处理冲突，在这样的背景下，家校沟通就会取得令人满意的结果。

人最深沉的冲突就是文化冲突，教育中，我们会面对来自不同文化家庭背景的学生，当有一天，你面对的学生，令你无法理解，甚至愤怒的时候，请先冷静下来，你可以思考一个问题，这个学生的家庭文化背景是怎样的？也许今天的他，就是那样一个家庭文化的体现者，教师的工作不仅仅在学校，有时要辐射到学生的家庭。教师的沟通工作不仅仅局限于与学生、与同行的沟通，还要拓展为与家庭、与社会的沟通。杨晨的父亲只是一名工人，他的文化修养、学识水平也许并不深厚，所以看待问题的角度，处理问题的方式都会有他自己的风格，带上他特有的文化色彩，面对这样的家长，我们一定要深知沟通互动之道，面对问题，多从对方的文化思考，力求彼此包容，相互理解，这才是为师之道。

有些家长的教育思想与教育方法与我们班主任会有不同，加之文化素质及道德修养不尽相同，对学生要求的标准和对学生各方面的评价往往也会与我们班主任产生差异。班主任要求学生全面发展，有些家长却只强调学生的学业成绩。于是，有的家长就不支持自己的孩子参加学校以及社会的各项活动，担心影响学习。班主任可针对学生家长的文化素养及职业特点，加强与家长的心理沟通，及时、客观、全面地向家长反映其子女的在校表现，耐心向家长讲解学校的办学理念、工作计划和活动要求，征得他们的理解，注意耐心地听取家长的意见，对学生家长的意见要做出合情合理的解释，从而与家长达成共识。

班主任在与家长进行心理沟通时，要启用同理心倾听。因为每个人都希望被了解，也急于表达自己，却常常疏于倾听，我们在聆听时一定要能做到理解对方的意愿和要求，做出最贴切的反应，促进沟通顺利进行。

温小蕊的妈妈在电话里对我说："自从小蕊进到你们班，成绩就开始下滑，我真不明白是怎么回事？！"我听出了她的责备，甚至还有一点点愤怒。因为从没这样面对家长的质问，我一时有些语塞，稍作冷静之后，我说："小蕊最近几次周测、月考成绩确实不太理想，我也正想找她聊一聊，你能和我说说你的具体感受吗？也帮我分析一下。"接下来，小蕊的妈妈告诉我，小蕊是个很懂事的孩子，学习一直很努力，学习成绩也比较稳定，上高中以后，为了让小蕊有一个良好的学习环境，妈妈特意为了她在学校旁边租了房子，来陪伴小蕊。在平行班时，小蕊的成绩一直在前进，可让她苦恼的是，由于成绩进步，升入实验后，小蕊成绩反而退步了，就是我刚刚提到的那几次小型考试的成绩，这让她很不解，也很担忧。

"在人际交往中要取得成功，就一定要做到交往对象需要什么，我们就要在合法的条件下满足对方什么。"这是亚历山大德拉博士和奥康纳博士提出的"白金定律"。尽管她的指责让我很尴尬，也很委屈，因为对于从平行班转到我们班时间并不长的温小蕊，我一直是格外关注的，担心她不适应实验班快节奏的学习进程，也担心她心理上是否存在种种不适应，还专门找她谈过几次心。这几次小考的成绩不理想，在我看来，或许小蕊需要一个适应的过程。面对这位家长的质问，尽管我很尴尬、很委屈，但我能理解小蕊妈妈的心情，几乎每一位家长在子女升入高中之后，都会在不同程度上产生焦虑和不安，压力增大，尤其面对自己孩子成绩下滑，这种急切的心情是可以理解的。认真倾听之后，我给予了贴切的反应，告诉她，面对小蕊的成绩变化和她的急迫心情，我感同身受，我会和小蕊好好聊聊。

班主任在与家长的沟通中，要学会换位思考并消除误解。换位思考是在同理心倾听之后与家长共情的过程，换位思考是理解对方、消除误解的过程。

家校合作中，常常会出现误解、矛盾和摩擦，特别是当教育教学成果不佳时，双方就易产生互相埋怨的情绪，一方是怨老师不会"教"；一方怨家长不会"生"。在一定程度上，班主任了解较多的是学生在校的情况，而家长了解较多的是学生在家的情况，如果双方缺乏沟通，就会因为埋怨情绪导致对立情绪。因此，班主任要学会换位思考，当家校沟通不顺畅时，要努力化解矛盾，消除误解，克服互相埋怨的情绪。

温小蕊面对我对她成绩下滑的疑问，忧郁地说："为什么考试的时候总会慌乱呢？总觉得别人答得都很好，心里会很急很慌，什么也无法专注了呢？"听她这样一讲，我关注点就集中在考试焦虑上，思忖着如何与她进一步交流，帮助她解决学习焦虑的问题。

可转念一想，心中却有了疑问，我随即拿来入学以来学生考试成绩分析单，仔细看了看，确定了我心中的疑惑，因为入学以来，在还没有转到我们班之前的几次重要的大型考试，她成绩都明显进步了，而且幅度还不算小呢！面对我的疑惑，她解释说，只有平时的小考和周测是焦虑的，大考时反而是放松的。显然，这两种状况是不可能存在同一个人的身上的，即使存在也应该是相反的，即平时的小考焦虑度低，到了重要的大型考试，焦虑度才会增大。可她却截然相反，这怎么可能？！看着她认真的神情，我确定她不是在和我开玩笑。于是，在与她对视了片刻后，我对她说，现在坐在我面前的你其实和那个真实的你并不是一个人，对吗？她讶异地看着我说，"老师，怎么会呢，我说的是实话呀！真的！"面对她的质疑，我认真地将上面的分析讲给她听，并要求她回去好好反思一下，想想清楚问题的本因，然后再找机会聊。

在和家长或者与学生的心理沟通中，班主任老师要学会同理心倾听，通过倾听，了解对方真实的感受，面临的困难，存在的疑惑，了解问题的真相，做到真正地关注对方。通过倾听，我知道，在小蕊的心里存在一个美丽的谜局，竟然连她自己都被迷惑了。

心理沟通关键在于确认。沟通中最重要的元素就是信息，信息传递是否准确无误，决定着沟通的质量和效率。班主任在沟通中，应用心感受学生和家长是否完全接受到自己的准确信息。每个人的个性特质、思维习惯、生活经历、文化素养以及价值观等都是不同的，在信息接收与理解上也会出现偏差。因而沟通中的用心确认显得尤为重要。沟通中，要懂得倾听，觉得有异议的、有疑惑的地方立即进行询问，确保正确理解对方，让对方正确理解你，这样才有可能达成良好的沟通。人与人之间的好多误会就是在于没有很好的确认，或者是发生异议、疑惑时，没有询问，甚至是"想当然"地以为了。也许这种沟通无效上演了许多教育上的重大失误甚至是人间的悲剧。

为了得到准确的信息，确认事实，实现有效沟通，在小蕊离开之后，我认真翻阅了她的个人资料，包括她的周记记录。我再一次和小蕊的妈妈进行了沟通，并找到她原来的班主任了解了情况：

她是去年年底才转来我们实验班的，原来是普通班的学生，成绩平平，班上许多学生没有太积极的学习意向，而她是个懂事要强的孩子，升入高中，她感受到了强烈的学习紧迫感，父母对她抱有较高的期待，妈妈还为了她在学校外租了房子陪着她学习，于是她愈发刻苦用功。可她的用功努力常会遭遇同学与身边朋友的冷嘲热讽，这让她左右为难，一方面，觉得学习一定要抓紧了，否则真的来不及了，毕竟时间已所剩无几。当然自己的成绩和学习基础也要求她抓紧一切时间专注于学习，真是到了不得不努力学习的时候了。另一方面，她极其惶恐，担心努力学习换不来优异的成绩，会被同学耻笑。在高中有一种角色是任何一个学生都不愿扮演也最怕扮演的，那就是学习一直很努力，可成绩一直不理想，这会被同学嘲笑，认为智商低，这是最没面子的事情。她当然会怕自己成为同学眼中的这种角色，毕竟她目前的成绩没有给她足够的信心和勇气。

这种纠结的心理，她通过周记记录了下来。而这种纠结的心理，促使她退缩到自己的潜意识里，在那里不断为自己寻找理由，证明自己不是这样的人，证明自己的学习只是个模式，并没有实质的内容，简而言之，就是想让大家知道，她看上去很努力，可是她的努力因为压力太大，负荷太重，想得太多，而没有实质的行动，看上去她在学习，其实她在想别的事情，这样一来，她和别的不努力学习的同学其实是一样的。如果这样的假设成立，她就不会被同学嘲笑了，当然还会被大家理解、同情。当然，她也会原谅自己，面对自己了。

第二次谈话，是我主动约谈她的，我试探着询问她：你的焦虑、紧张和学习不在状态是不是全部告诉给了你的父母？她说是的。这让我回想起她上次和我交流时夸张描述的反常规的考试焦虑以及她曾经和许多同学感慨说，她学习很不在状态……说明她把自己的这份"不在状态"、焦虑紧张和苦恼已然昭告天下了，如此一来，她不仅得到同学们的同情，也得到家长老师的同情，大家都会认定她是个多虑的孩子，学习一直不在状态，成绩不理想是正常的，那如果成绩还过得去的话，她就特别有面子了呀！

这段心灵独白，她自己真的并未知晓，因为这些全在她的潜意识里，她启动的只是自己的心理防御机制，她并不知晓事实的真相。就像现在她又来向我"表演"一样。希望通过我这个班主任老师的鉴定给予她更令人同情的比重。当然，她的"小阴谋"也真的有保护到她，使她在这种自我安慰中，可以戴着面具坚持努力学习，大型考试的成绩进步就说明了这一点，不然，她怎么可能从普通班考入我们实验班。这种面具看来也是有它的积极意义的。

当然，大考的成绩进步也暴露了她意识领域"冰山之下"的真相，我的任务是要把她从那个美丽的谜局中唤醒，直面真实的自己，拿出勇气面对未来的各种困难与挑战。

为了再一次确认真相，我把这段心灵独白事先写在了纸上，送给了她，我说：我写了一个人的内心独白，你回去仔细读读，看看写的是谁？当天晚上，我就收到了她的短信，短信中说，老师，这段心灵独白应该是我的，读这段话的时候，我觉得特别熟悉，我好像明白了些什么，明天和您聊聊吧。

再一次面对面的时候，我们的谈话很直接，我与她进行了反复的对质，很顺利地就许多问题达成了共识，在这个基础上，我对她的成绩逐科进行了分析，给出了具体的建议，并与她共同商讨了她接下来的学习计划，渐渐浮现在她脸上的笑容，让我想起了她第一次来时那个阳光灿烂的夏日午后。在我们班里，小蕊的努力用功不会再遭遇嘲笑和讽刺，她自己也端正了认识，摆正了心态，除掉了枷锁，撕掉了伪装，由于她轻装上阵，成绩也有了稳定的提升，她妈妈事后一再向我表示谢意，还郑重地向我表达了歉意。

温小蕊为自己编造了一个美丽的谜局，这个谜语支撑着她一路向前，但谎言和谜局终究没有根基，成绩起伏就会比较大，这个谜语是难以应对高考的挑战的。作为班主任应用心教育，在与学生或者家长沟通时，善于同理心倾听，听出问题，听出真相，真心地关注对方，这样才会引领学生甚至包括家长拨开迷雾，直视问题，走向成功。

最好的沟通是感觉舒服。在沟通中，文字只占百分之七，也就是说，在沟通中，说什么并不是最重要的。语调占百分之三十，身体语言占百分之五十五，沟通中的肢体语言、表情是很重要的沟通讯息。班主任在与学生、家长沟通中，先要尊重对方，把你的尊重和热爱通过肢体动作、面部表情传达给对方。但与此同时还要弄清我是谁？对方是谁？定位好对应的语调、身体语言，才能确保沟通的有效性。我们和学生的沟通可以是亲密的，但不能是无底线的；可以是平等的，但不可以肆意无节制的；可以是轻松愉快的，但不能没有教育意义的。教师在与学生的沟通当中，时刻不要忘记自己的身份。心理沟通中，我们和家长之间的角色定位也很重要，有礼有节，谦恭有度，尊重有加，不能混淆彼此的角色定位，让沟通漫无边际，肆意无度。感觉舒服的沟通才能使我们与家长和学生的每一次沟通都是愉快的，从而实现"润物细无声"。

在特殊家庭学生的教育过程中，常会出现家校沟通不畅的问题，这会造成家庭教育与学校教育不一致，甚至相悖。由于家庭变故，特殊家庭的家长对孩子的教育容易走极端，要么溺爱、放任，要么简单、粗暴，不仅难收成效，还极易造成严重的负面影响。因此，班主任要和特殊家庭的家长常联系，多沟通，最大限度地争取家长的配合，努力改善特殊家庭亲子关系和教养方式。在这个过程中，教师要注重方式方法，讲究语言的艺术和说话的技巧。多向家长汇报学生的长处和进步，给家长鼓励与希望。要了解家庭状况，帮助家长习得有关学生成长的知识，并利用这些知识来教育学生，解决学生的问题。和这些家长交流时要真诚以对，用平等的身份与家长沟通和商讨，启发家长明确自身的义务责任，减少家庭变故对学生的不良影响，建议家长注重与学生的情感交流和心理沟通，了解他们行为背后的动机，了解他们的心理及需求，帮助他们从心理开始，而不是从行为的限制开始，切忌过度的物质满足。教师要本着一颗爱心，不断向家长传达对学生的尊重和关爱，潜移默化地影响家长，激发家长对孩子的爱心与期望心理，吸引他们主动与老师配合，坚定做好家庭教育的决心。教师要站在学生的角度，更应理解家长的苦衷，通过交流，争取家长配合，共同教育好学生，而不是与家长一起整治学生。在对家长提出建议时，一定要耐心地讲清缘由，听取他们的意见。这样的教育事半功倍。曾经的"一日为师，终身为父"，需要我们用全新的理念重新解读，因为以教师身份来充权威的时代已经过去，今天教师的权威不再是先定的了，而是要教师靠自己的学识水平和人格魅力去争取。

沟通具有一致性。沟通中，最具魅力和感染力的人，不仅是说的和做的一致，还要说的和想的一致。沟通就是把自己的感受有效地表达出来，没有人会对抗你的真实感受。有一个小故事很值得分享：爸爸问儿子，你更爱爸爸还是妈妈呢？儿子回答说都爱。爸爸不甘心，接着发问：如果爸爸和妈妈分手了，爸爸去了纽约，妈妈去了巴黎，你会去哪个城市呢？儿子答说：去巴黎。爸爸问：为什么呢？儿子回答说，巴黎是个很美丽的地方，我想去看看呀！爸爸锲而不舍地再次追问道：那如果爸爸去了巴黎，妈妈去了纽约，你会去哪里？儿子非常痛快地说：当然去纽约了！爸爸失望地问道，为什么呢？儿子十分轻松地回答说，巴黎我刚去过了呀！！沟通当中，我们成人常常想得太多、太复杂，结果让沟通变得很复杂、很艰难，这一点，我们是否需要向孩子学习，学习他们的简单，然后真诚地将自己的想法表达出来。心理实践证明，最具魅力的人格就是真诚，学生最爱的教师也是真诚的教师，所以，尽管经历着生活的磨砺和风雨的洗礼，师者，任何时候都请别丢了你最初的那份真诚，否则你将会失去这世上最清纯、质朴的情感，那就是学生对你的热爱。家长当然也会喜欢一个真诚、真实的班主任，与家长的心理沟通更离不开真诚，班主任要努力实现家校沟通的一致性，当我们的真诚，让家长们真切地感受到我们对学生的尊重和热爱，我们的教育就能拥有家庭的保障，我们的教育就会有的放矢，收到实效。

科学技术的发展，使得人与人之间可供选择的沟通方式越来越多，现代的家校沟通已经跨越了时空的限制。但是无论哪一种具体的沟通方式，都离不开班主任和家长之间真诚的心理沟通，通过这种有效的心理沟通，达成家校教育力量的一致、融合，架起沟通学校与家庭的连心桥，促进我们的学生健康成长！

找家长不是万能的

——浅谈家校沟通的有效策略

肖 萍

在现代教育环境中，家庭教育同样和学校教育一样，对孩子的成长起到十分重要的作用。家校沟通是实现家校双方统一标准，充分交流的前提，也是促进学生健康成长的有效手段。找家长事实上是一个有效的家校沟通方式。老师找家长的目的是为解决学校教育中存在的问题和疑虑，通过和家长交流，了解学生在校表现不佳的家庭因素，以便更好地为学生成长服务。然而，现实的教育环境有时却不能使这一良好的教育愿望达成。下面是我曾经的一篇日志《第一个退学流动的孩子》，这件事的发生，让我深深思考家校沟通的有效策略。

他，生活在环境最复杂的石军片，父母几年前离婚了，哥哥在外当兵。父亲在南头做点小生意，并且有了新的女朋友，一个星期最多回去两次，多是一次，甚至不回。家访的时候去到他家，一个两室一厅的房子乱糟糟的，每天他就是在这个黑漆漆的屋子里独自解决自己的日常所需，自己买菜、做饭、吃饭、洗衣……可以想到这个孩子内心的孤单及对家的渴望，更能猜想到，在长时间没有大人督促关心下的孩子他可能结识的"朋友"和他在长夜漫漫中可能做出的行为。他曾告诉我，晚上他就和很多跟他一样的孩子在外面疯玩，骑着自行车、拿着石子去砸别人家的玻璃，我问"你不怕别人出来追打你们吗？""那样不是更刺激？"

就是这样的一个孩子，刚接手的时候因为知道他的家庭状况，所以给予特别的关爱。经常有事没事就找他谈心，注意他的每一点进步。他在班上也担任了体育委员，认真负责。我们班的出操、退操，常常受到年级的表扬，对他的另一份关爱还源于他生长在一个打架、吸毒屡见不鲜、没有家长管束的环境下本性却没有变坏小小生命的佩服，所以我常常对他说的话就是"老师很佩服你"，"老师对你的最大希望就是能坚持做个好人"。

或许因为自己付出得太多，期望的也就更多。

到上学期的后阶段，他不停地出现打架、威胁、恐吓同学的现象，而我也少了耐心，多了责难。本以为跟他爸爸多联系就可能会解决问题，然而，结果却让情况变得更糟。他爸爸口头上表现出配合老师的工作，可实际没有行动，我也多次邀请他到学校面谈，可他一次都没有来过，甚至连一年就一次的家长会上也没有出现。后来我想了很多方法，抱着对他孩子负责的一颗诚心，希望能从他那里了解更多的有关孩子的情况，并连同家长让孩子的行为有所改变。然而，和家长的沟通几乎没有效果。很明显，这个孩子的家庭教育几乎处于"真空"状态。后来，他的表现越来越差，态度也越来越恶劣，而我也在焦灼中熬到了期末。

放寒假前，我还是不放心地给他又打了电话，千叮万嘱他务必在假期的时候把孩子放在身边，督促他的日常行踪，不能让他一个人在家，不管不顾，让他有机会和周边的社会青年接触，如果和他们混上了，那这个孩子就真要没救了。

寒假回来，他是48个学生中唯一一个没有完成寒假作业，甚至连作业都弄得不见的学生。我知道，这个不负责任的父亲又没把我的话当回事。我赶紧拨他父亲电话，电话回复停机。

我告诉自己，要想救这个孩子，改掉这个孩子在一个假期养成的坏习惯，只有靠我自己了。于是，我很断然地把一本优生的寒假作业拿到他面前，让他把课桌凳搬到初一会议室，扔下一句话"什么时候把寒假作业抄完了，什么时候回课室"，他看我态度坚决，只好乖乖地去完成。我只想告诉他，学生就要像个学生样，既然是开学报名，就必须把作业完成。

把他请到会议室，是为了保证其他同学正常上课，并且能纠正他的不良行为，或者说给他个教训。身为班主任的我，无可奈何中选择了这样的做法。

我以为他很快会完成，可是他一个人在会议室做了几天后，就开始旷课了，和他父亲也联系不上，直到后面因为购买学校饭堂饭票的事，才主动给了我一个电话，我把他一向的情况都告诉了他，并希望他能够重视，结果却没有一丝改变。

接下来就是不停地旷课或上课吵闹、带手机回校、在厕所拍照、恐吓同学、修改裤脚……一系列的违纪行为，直到德育处把他父亲请回学校，要求他在条件允许的情况下，尽量和孩子生活在一起，告诉他孩子很在乎他，他的一系列违纪行为都是为了引起他的关心，因为他知道，他违纪，老师就会给他父亲打电话，他父亲那天晚上就会回家看他、陪他。

但是，他父亲没有接受我们的建议，甚至说他再这样，就不给他读了。我赶紧劝到，在学校老师还能看着点，如果不读书，流放到社会，还保不准要变成什么样子。

但最终，在反复的违纪、告知家长之后，他提出了退学，并说他父亲也是

同意的。

接下来，这位父亲以从未有过的速度来了学校找我办理退学手续。我反复地告诉他，"志明不差，还有的教"，"初一就不给他读书，将来能做什么……"，但我的努力最终瓦解在了他的坚持中，他说他已经给他找好了工作，明天就可以去上班。

不能说是不痛心的，虽然他在校给我惹的麻烦也不少，但却也真不忍用一个孩子的未来来换我的不麻烦。

他走后，我常常拷问自己，如果开学，我不将他"请出教室"，不让他脱离群体，是不是就不会有后面的旷课？如果没有我的"请出教室"，他会不会仍然坚持着功课，不会产生学业困难无心向学的状况？

从心理学和教育学角度来分析，他走到今天，最大的根源在他的家庭，在他父亲，就像他自己曾在班会课说过的那句"养不教，父之过"，连这个孩子都知道，怎么大人却不明白。

但最终，我这个为人师者，又怎么能撇得清干系呢？所谓"教不严，师之惰"，在这个孩子的事情上，多少也是我教育的失败。

上面的事例，多少有些悲伤，却是我教育生涯中最为深刻的一课。这个孩子名叫志明，本来想联合家长让他走上正途，然而，因为家长的不够配合，造成了这个孩子的辍学。对于这个孩子的教育，学校一些领导也费了很大心思，但从家长的角度看，他爸爸明显缺乏耐心，在家庭对孩子几乎没有教育，任其发展，而老师的教育又是有限的，得不到家长的有效配合，孩子的未来发展必然存在隐患。

老师找家长本来可以说是进行家校沟通，促进孩子健康成长的有效方式。然而，在教育实际中，有些家长并不是特别配合，或因为教育理念、家庭状况、文化背景等因素的影响而沟通有限。那么作为老师，不能因为家长的不配合而放弃对孩子的教育，也不要学生一有事就找家长。家校沟通时讲究策略和方法，找家长也不是万能的。

当下社会，父母离异的孩子和留守儿童越来越多。有些时候，家长并不是不配合学校老师进行教育，而是家长也无能为力。所以，老师在充分了解学生状况的基础上，不可把最后的希望都赌在"家长"这一根弦上，而是根据教育的实际情况，制订有效的解决措施，尽可能联合家长，争取让孩子走上健康的成长之路。那么，作为教师，如何能联合家长教育好孩子呢？

(一)教师应该了解孩子的个性特点，让家长感受到你的一颗诚心

孩子的个性特点直接会影响到孩子将来的人格发展，教师了解学生的个性特点，进行针对性教育，有效促进孩子健康成长。特别是处在特殊家庭的孩子，比如父母离异，他们的个性可能与其他同学存在不同之处。有调查显示，超过一半的父母离异后会产生自卑沮丧、忧郁消沉、烦躁易怒的失衡心理，大多数会影响到孩子形成不正常心理，如自卑、闷闷不乐、喜欢独处、冷漠、逆反等等。面对此种情况，教师对孩子心理的调节就显得尤为重要，但仅靠老师是不行的，因为"解铃还须系铃人"，离异家庭孩子的教育仍然得从父母着手。作为老师，就要充分了解孩子的状况。当你面对家长时，能够一针见血指出孩子的问题，并把问题分析得有理有据，甚至可以提供有效的解决方式供家长参考，这样，你必定会得到家长的信服。嘉瑶是一个"问题"学生，自从父母离异后，不遵守纪律的情况更为严重。当我初次打电话给家长时，他爸爸一副"不相信"的语气，他说他的孩子一向都很遵守纪律，以前的老师都说他优秀，你搞错了吧？面对这种情况，我把我观察到的所有情况非常仔细地反映给家长，并把班干部登记的有关嘉瑶违纪的记录拿给他看，内容具体到什么时候什么地点，造成了什么不良影响。面对这些记录，嘉瑶的爸爸傻眼了，他先前并没有意识到自己孩子问题的严重性。我趁此结合嘉瑶在校喜欢独处、冷漠、对老师、同学的关心无动于衷，甚至在课堂还跟老师顶撞的具体情况，告诉嘉瑶的爸爸父母离异的孩子出现这种情况也是正常的，最重要的是如何解决，现在"亡羊补牢为时不晚"。我把自己的想法耐心地给他讲了很长时间，并推心置腹地与他分析解决策略。谈话后，嘉瑶的爸爸显然平和了许多，对我感谢再三，并愿意配合老师对嘉瑶进行教育。当然，我事先也做了非常充分的准备，专门上网查了离异家庭孩子教育的一些技巧和策略，

以及结合嘉瑶的表现，告诉家长先从自己的角度进行调整，然后通过自己的身体力行来影响孩子，可能会起到事半功倍的效果。有时候，我们联系家长，可能会碰壁，也可能会遇到家长的敷衍了事，但你抱着一颗真心、诚心，让家长感知到你态度诚恳，用心良苦，即便不配合你的工作，也会让他感受到老师对自己孩子的一份浓浓爱意。这样，也便是对这份职业问心无愧。

（二）联系家长共同制订孩子的发展规划，培养孩子健康的品格和人格

有些家长对孩子的教育并不是十分关心，所以家校沟通就会受到限制。特别像离异家庭的孩子和留守儿童，他们的生活本来就缺少家庭应有的温暖，父母爱的缺失和责任的缺失，给学校教育带来严重的负面影响。这种情况下，老师就不必奢望家长给孩子应有的家庭教育，而是尽量让他们配合老师，连同老师制订孩子的发展规划，逐步培养孩子健康的品格和人格。这种有层次的发展规划不一定会从根本上改变孩子的状态，但他只要能在此层次上有所改观，就是一种进步。欣欣是班上一个离异家庭的孩子，他跟爸爸住在一起，成绩不好，性格内向自卑，而且经常狐疑，不相信别人，和同学相处不好。经过分析，欣欣和同学相处不好的原因来自她的狐疑，不相信别人，而她多疑是由于缺乏安全感，正是家庭的变故让其没有了安全感，所以，家庭缺失的温暖和安全感只有通过班集体给予；性格内向自卑是因为没有体验到成功，学习成绩不好让她更加自卑，所以，必须通过挖掘和培养她的特长来建立她的自信，让她体验成功才能更加自信，也才能更加强大，进而才有安全感。面对这种情况，我联系家长，给他深刻剖析欣欣的具体情况，相互探讨，共同制订如下成长发展规划：第一步，通过班级活动让欣欣感受到班集体的温暖，感受到每位同学都是在真诚地和她交往；第二步，发展她喜欢唱歌的特长，督促其参加学校合唱团和音乐校本课的学习；第三步，让她担任音乐课代表，参与并组织参加校艺术节活动；第四步，展开学习互助活动，让她担任组长，让她体验到得到他人帮助就应该服务集体。这个有步骤、有层次的发展规划，目的是让欣欣体验班级的温暖和他人的关爱，发展她的特长，培养她的自信，提高她的成绩。然而，最后的实践证明这个方式是有

效的，欣欣很融洽地和班级同学生活在一起，并在校艺术节中获得优秀表演奖，成绩也有稳步提高。

（三）对于一些对自己孩子不闻不问的家长，可以从感化孩子入手，让老师的诚心和爱意得到延续

在现实生活中，我们经常遇到一些孩子行为品行不够端正，家长又对孩子的教育不够用心或没有时间过问，那么作为老师，就要采取相应而有效的方法，保证学生学校教育的完整和健全。对于一些家庭教育缺失的孩子，我们坚持的原则是"要拉不要推"，没有家长的管教和监督，学校教育就显得尤为重要。如果老师还一味批评、惩罚，那么这些孩子走上辍学的道路，或在社会上染上不良习气则是必然的。前面讲的志明的事例，虽然我也尽了力，用了心，但没有把这种爱坚持下去，把他"请到办公室"之后，相应的补偿教育没有跟上，使其产生了"放弃"的念头，最终导致学生的流失。有些时候，老师的无能为力也可能来自采取的方法不当或效果不佳，或是老师首先就已经"放弃"。学生在校生活，总比在社会流浪要强很多，而对于影响其他同学正常生活的学生，老师可能还得专门为其量身制作一套在校教育的措施，然后再用爱心去感化，用真情去洗礼，让其有一点改变，这就是你教育的成功。

找家长不是万能的，老师的爱也不是万能的，但老师没有爱是万万不能的。在当下教育环境中，家长越来越重视孩子的教育，而家庭教育却显得滞后，而学校教育没有家长的良好配合也显得无力。家校沟通联合教育为孩子的健康成长搭建平台，更需要的是老师寻找科学、合理、有效的家校沟通策略，让孩子的成长教育取得实效而完整。

拨开溺爱的迷雾　走出高压的阴霾

——浅谈家校沟通艺术

刘雪阳

　　成功的教育取决于诸多因素，其中一个很重要的因素就是教师和学生之间的有效沟通，而家长是教师和学生之间沟通的一座重要桥梁，所以，可以说，教育对学生产生的效果很大程度上取决于家校沟通。家长工作是学校工作中非常重要的一部分，做好家长工作不仅能使学校的各项工作顺利开展，更能使家校一致，促进学生的全面发展。

　　在心理学中，"沟通"被视为一种影响过程——作为发信者的个人使受信者的他人的行为发生变化的刺激（通常是语言符号）得以传递的过程。作为教师，需要借助学生这一媒介，通过与家长的沟通，取得家长的信任，让家长学会育人，实现教育的双赢。为了使家校之间的沟通能够有效，作为教师要学习一些沟通技巧，学会有效沟通。下面就浅谈一下与"溺爱放纵型"的家长和"高压型"家长沟通的小策略。

　　一、对于"溺爱放纵型"的家长以事明理，要重说服，用事实引导

　　90后的孩子基本上都是独生子女，是父母的掌上明珠，有的家长对待孩子真是含在嘴里怕化了。在一些父母的眼里，自己的孩子似乎都是优点，与别人谈论的时候也都是夸赞孩子的优点，而对孩子的缺点避而不谈，甚至视而不见。在这样的成长环境下，孩子可能会自私、任性，没有礼貌，甚至不尊重家长和老师。这样的学生我们观察清楚他的特点，了解了他的家庭情况后，适时与家长进行沟通。在沟通的过程中需要遵循几个原则：

　　一是平等尊重的原则。与家长沟通时一定要以平等的身份进行对话，懂得尊重人，是做人的最基本的准则。一个懂得尊重家长的教师，必定能赢得家长的尊重，班级管理工作也必定赢得家长的理解和支持。我们应该明白，自己既是"教育者"、"导师"，又是"服务者"（服务于学生，服务于家长，服务于社会），同时又肩负着家长、社会"育人成才"的职责。所以在与家长沟通过程中，切忌"居高临下"，更不可以像训斥学生那样教训家长、责备家长，应该以高尚的人格、渊博的知识、火热的爱心，用真诚、和蔼、友好、平等、期待、协商式的口吻，赢得家长的信服，得到家长内心和态度上的接纳。

二是要宽容的胸襟。教师要有宽容的胸襟去解除家长对教师的防御心理。可以多报喜，巧报忧。多报喜，与家长在心理上达成一致，先谈孩子的长处，再适时指出孩子的不足。教师要用鼓励的话语表达出自己的期待，这样会维护家长的自尊。要尊重家长爱孩子的感情，肯定家长爱孩子的正确性。再用恳切的语言指出溺爱的危害，耐心说服家长采用正确的方式爱孩子。

三是要经常沟通，做好铺垫。教师要利用一切机会，主动与家长保持经常性沟通。学生在校的表现要经常反馈给家长，有了一点进步要及时告诉家长，而不是给家长打电话的时候就是学生在校犯错误了，表现不好了。这样经常性的沟通可以扫除家校沟通的障碍，让家长愿意与老师进行交流。为今后家长教育孩子思想的转变做好铺垫。

四是做好准备把握时机。平时的沟通是量的积累，抓住合适的教育契机就可以实现质的飞跃。

【案例现场】

林亮是我所带的班级里非常调皮的一个男生，聪明却不怎么学习，记忆力特别好，但是脾气很倔，属于"顺毛驴"，只能听表扬的话，自制力比较差，课堂纪律不好。看他穿的都是名牌的衣服，兜里动辄是几百元零用钱，我以为他的家境很好。后来了解了一下，知道她的父亲收入一般，母亲在市场卖菜，家境并不算太好。父母三十几岁才生的这个儿子，对他十分宠爱。知道这一情况后不久，我给林亮的母亲打了一个电话，她是一个很健谈的人，说了很多他的儿子在小学的时候学习成绩有多么优秀。我心里有一点不舒服，好像是我误人子弟一样。但是还是肯定了她的话，告诉她今天在语文课上林亮在指定时间内语文古诗背得最快，最流利。但是初中的课程光靠聪明还不行，需要努力学习。在有一次她的母亲主动来到学校后，我给她看了林亮为其他同学批改的古诗默写，我说这都是林亮不看书批改的，他在背诵古诗古文方面很好。有一天下午最后一节英语课，英语老师来找我说还有十分钟下课的时候林亮不见了，可能是从后门溜了，她转过去写板书的工夫人就没影了。我赶紧给林亮的母亲打了电话，问他林亮到家了没有，他没到放学的时间人就从课堂上跑了，我很担心他的安全。后来林亮的母亲给我回了电话，轻描淡写地说林亮到家了，我已经批评他了。之后林亮还几次曾旷课去打篮球，家长似乎也意识到了问题越来越严重，但是对这个孩子还是舍不得严厉。

有一次语文课上，刚上课林亮就嘟嘟囔囔地说话，同桌没有理他，他还是在说。我用眼神示意了他几次，他却不以为然。后来，我终于忍不住了，停下了讲课，严肃地说："林亮，不要讲话了。"他很无所谓地看看了周围说："说我呢吗？我没说话呀！"我有些生气了："老师都看你半天了。""你爱看就看呗，反正我没说话。""你站起来！"林亮这回头都没抬："我没说话，我不站起来，我凭什么站起来！"班级很静，旁边的同学有的用手轻轻碰他，示意他不要这么和老师作对。我说："你在课上的时候说话影响了课堂纪律，也影响了周围的同学听课，老师批评你不对吗？"没想到林亮忽地一下站了起来，指着我说："你看我不顺眼，你总说我，以后这语文课我不上了。"说着就要冲出教室，我一把将他拽住了，对他说："我是班主任，你要是不上语文课，其他的课也不能上了。"林亮不顾我的阻拦要回家，我给他的家长打了电话，说明了情况，说让孩子回家冷静冷静吧。第二天早上林亮的母亲给我打电话说让孩子回来上课，我说好呀，要不还会落下课，但是要孩子在班级当着同学们的面和我道个歉。之后电话挂了，过了一节课林亮母亲又打来电话说："刘老师，你为什么就不让我儿子去上学呢？你为什么这么为难一个孩子呢，孩子肯定都会犯错，你就不能大度点原谅一个孩子吗？"我很无奈："孩子都会犯错，但是你希望他一错再错吗？小树的成长是需要修剪的，今天的一个小错误明天会变成大错误的。我们的目的是让孩子健康成长，以后才能成才啊。孩子私下里道歉也行，但是你要在场。"林亮的母亲同意了。一会，林亮和他的母亲来到了学校，办公室里只有我们三个人，林亮眼睛斜视着墙面，懒洋洋地说了声："对不起"。林亮的母亲拍了他一下，让他重说，他就保持着刚才的姿势和语调，在前面加上了"老师"两个字。这时我将他的母亲叫到了走廊，和她谈了一番。讲了家长在孩子成长中的重要作用，林亮以前犯错误就是老师批评了，而回到家家长却不以为然，家里和学校没有形成合力，所以孩子不在乎。爱孩子的最好方式是教给他道德，礼貌，为人处世，而不是给他钱，给他买名牌衣服。他今天的态度也许在家中时也有过。林亮的母亲听到这点了点头。林亮的母亲领着他回去了，第二天早上林亮到了班级，站在我的面前，鞠了一躬，看着我说了声："对不起"，这时我读到了真诚，教师里响起了掌声。

二、对待"高压暴力型"家长，要以情明理

陶行知先生说过："社会含有学校的意味，学校含有社会的意味。我们要把学校的围墙拆去，那么才可与社会通。这处围墙不是真的围墙，是各人心中的心墙。"作为一名教师，要推倒这座心墙，用爱为学生营造一个和谐的家校成长环境。

一些家长在望子成龙心理的驱使下，对子女的期望和要求过高，却又不讲究方法，容易造成孩子心理上的抑郁，不愿意与人交流，心理素质差，应考时紧张等问题。与这样的家长交流，要注意几点：

一要关注家长的心理需求，学会换位思考。一些家长工作繁忙，照顾孩子的时间并不多，也不怎么和孩子交流，不看过程，只是看孩子的成绩。这种情况下，要换位思考，理解家长的心理，不能一味地责备家长。

二是注重语言的技巧，同时注意倾听。教师要注意倾听，耐心往往比机智更有效果。如果教师说得多听得少，家长想说的话没有说出来，可能回家更会拿孩子撒气。沟通时教师要力争语言灵活、委婉、有分寸。

三是灵活选用各种方式。可以利用家长会、约见、电话、短信等多种方式与家长沟通，多种方式结合让家长明白不应该把自己的心理压力转嫁到孩子身上。

【案例现场】

李小萌是一个很认真又比较内向的孩子。一次月考的成绩公布后，李小萌跑出了教室。我连忙跟了出去，来到了走廊的水房，李小萌站在那里眼泪不停地流，一直哭到整个眼睛像个小兔子，红红地。我一直等到她哭够了，眼泪不流了，才走过去搂住她的肩膀。我知道这个孩子自尊心一向很强，只是没想到这次考试的成绩对她的刺激会这么大。其实这次考试她的成绩只是没有进步，还停留在差不多原来的名次上。后来我安慰她说："其实她进步了，数学题比上次考试难了，她还提高了将近十分。可能是别人这次进步得比她快而已。"她默默地说："又让爸爸失望了。"

晚上我就打电话给了他的父亲，我还没说什么，他爸爸就在电话那头抢着说："李小萌月考没考好吧？""只是没有进步而已，哪能每次考试都进步呢，这不符合事物发展的规律。"接着，我给他讲了今天小萌在学校发生的事，没想到，电话那头却说："没考好还有脸哭？"我愕然了。意识到问题的严重性，后来我给小萌的爸爸发了一条长长的短信：虽然我还没有孩子，但是我真的希望以后有一个女儿如你的女儿一样，美丽，善良。小萌可能不是很聪明，但她努力要强，善解人意。小萌学习不是最好的，可是她多才多艺，能唱会跳。这样优秀的女儿你为什么不多表扬表扬她呢？为什么不多安慰安慰她呢？孩子需要夸奖赞誉，一味地施压也可能会适得其反，气球的压力过大了会爆炸的。喝上一杯小酒，陶醉一下吧。该有多少人羡慕你这个父亲啊。

在家长会上我在众多的家长面前单独表扬了李小萌。我看到李小萌的父亲嘴角扬起了笑意。再之后我又找了一个机会叫李小萌的父亲到学校来，沟通之后，我给他讲了一个故事《我想成为坐在路边鼓掌的人》。当讲到："老师曾讲过一句格言：当英雄路过的时候，总是有人坐在路边鼓掌……。"她轻轻地说："妈妈，我不想成为英雄，我想成为坐在路边鼓掌的人。"那一刻，我忽然被这个不想成为英雄的女孩打动了。这世间，有多少人，年少时渴望成为英雄，最终却成了烟火红尘中的平凡人。如果健康，如果快乐，如果，没有违背自己的心意，我们的孩子，又何妨做一个善良的普通人"时，我看大李小萌爸爸眼神里的动容，"何况你的女儿已经很优秀了。她是一个自我约束力强的孩子，降降压，减减负吧。"

李小萌的笑容多了，歌声更动听了，成才之前先成人，让孩子们健康快乐的成长吧。

教育是一个三位一体的工程，教育的成败几乎完全在于学校教育和家庭教育是否有成效，是否能形成合力。作为教师，要重视家庭教育，不让家庭教育和学校教育背道而驰，让家校沟通走向双赢。教师与家长的沟通是一门艺术，更是一种超越知识的智慧。

沟通了解从文字入手　　多彩生活从班刊开始

田菁菁

班级刊物是每一个班集体生活的体现，它所展现的不仅仅是孩子们成长的每一个时刻，还有他们日臻成熟的思想，和对未来与生活的渴望。学生用他们的文字和画笔在班刊中去展现这个集体的亲情与友爱，去诉说和表露自己的心声，去勾画着属于自己的天地与世界。可以说，正是凭借着这些多样的班刊，家长们和老师们才能真正走入他们的内心世界，了解并理解着90后的他们。

一般说来，班刊的形式是比较多样的，譬如生活宣传刊、班级日志、手抄报、文学杂感、黑板报等等。班级往往根据学生的年龄和兴趣，亦或是班级的需要来进行设置。小学往往会由教师指导完成手抄报；而在高中阶段，则大多采用班级日志、生活宣传刊、文化杂感等方式；黑板报则是每个学生每个年龄阶段的共同记忆。当然不论年龄大小，班刊的编写与完成工作则恰恰全部交由学生完成。所以，一份班刊中凝结着几乎全部同学的心血，而孩子们也在完成班刊的过程中得到了锻炼。

从我自身经验出发，这些承受着巨大的压力，又处于叛逆青春期的一群由稚嫩蜕变为成熟的一群高中生，他们似乎更喜欢把自己的心情、自己喜爱的文章与作品来展现在班级日志、文学杂刊当中，而生活宣传刊则更多是从学生们的生活、学习需要出发来进行编排。虽然班级刊物的编排与印刷费时费力,但这似乎也成为了学生们生活中的一种乐趣,不断地演绎,不断地更新!

(一)文学杂刊

由于我是一个语文老师,发自内心的想让孩子们留下一些属于他们这个年龄才有的文字,尽管稚嫩,但实属珍贵。有人说:"青年时代是一个诗意的时代!"他们的文字中往往张扬着一种青春激情,一份浪漫纯真,甚至于有一种属于他们自己的幽默诙谐!基于此,我在班级中提倡创办一份班级刊物——《华章》。

孩子们觉得很新鲜,更多的是兴奋!因为自己平时创作那些小小说、诗歌、散文终于有了出版的刊物,更何况这份刊物还是由自己编写、排版、印刷完成?一份班刊的完成,不仅需要主编进行编制、排版,还要由学生自己配图,自己用最普通的A4纸打印,再装订成册。他们正是靠着自己这份热情和兴趣来支撑着一份最质朴的班刊的发行!

在这份《华章》班刊中,除了他们信手拈来的小文艺作品,还包含了平时作文语段训练中的习作。例如:

"所治愈下,得车愈多,子岂治其痔邪?"这是庄子对为一己私利不择手段卑鄙之人的质问。而古往今来多少卑鄙者与高尚者用自己的行动回答着庄子的问题。还记得朱自清困窘之中宁肯饿死,不领美国救济粮的气节;还记得颜回一箪食一瓢饮,在陋巷,人不堪其忧,回也不改其乐的心态;还记得陶渊明不为五斗米折腰的清高。古今成大事者,必如此般高瞻远瞩。而鼠目寸光之人,却可以为一己私利不择手段。只记得秦桧为得权位,不惜陷害忠良而臭名昭著,徒留"青山有幸埋忠骨,白铁无辜铸佞臣"的叹息;只记得吴三桂为保日后荣华,不惜背叛明朝,引清军入关,而"冲冠一怒为红颜"只成了一个冠冕堂皇的借口;只记得汪精卫为保自家门户,不惜做汉奸走狗,卖国求荣,而其无耻行径只会被世人所痛斥,留下千古骂名……请相信,终有一天高尚会成为高尚者的通行证,卑鄙会成为卑鄙者的墓志铭!

这一段是学生在学习完选修教材《庄子》篇后所写的一段评论，不难看出，文字虽然谈不上华丽，却也颇有论说之风范。当这个孩子看到自己的习作被刊印在班刊中，兴奋地将班刊拿回家中给父母欣赏。其实，这个学生并非是一个文学底蕴深厚的孩子，但是自从自己的文章登上了班刊，大大地激发了他的写作热情，对文章也是改了又改，精益求精。谁能说这不是班刊的力量呢？

还曾经记得有个孩子在犯了错误之后写的一篇检讨，颇有见地，本来是贴在了班级的宣传栏里公示，而班级的一位学生特地细心地将这篇独到的检讨书纳入了《华章》。直到今日，我还记得这样的文字：

《嘴的功能和与纪律》

"自古就有'三寸不烂之舌，强于百万雄师'的格言。丘吉尔用他的嘴鼓励英国人顶住了德国人的狂轰滥炸，戴高乐用他的嘴给法国人留下了生存的精神支柱，而赫鲁晓夫也是靠着一张嘴，虚虚实实真真假假，让山姆大叔无可奈何，赢得了'用嘴来保卫国家'的美誉。由此看来，嘴的功能几乎在支配着人类的历史，令人不可小觑。"几年后，孩子已经忘记了当年所犯的错误和当时所写的这篇检讨，可是当这本班刊拿出来之后，他不禁感叹往昔！

如果说，班刊是一种记录册，记录了孩子们当时的所思所感的话，毋宁说，它是一份纪念册，用来纪念和回忆那些逝去的青春和回忆。这份《华章》虽然是一份文学班刊，大多刊印了颇具文学性的语段、文学作品。但形式却丰富多彩，既有随笔，也有愤青式的杂文，既能看到情书，也会发现检讨书。可以说，在这里，我们既能看到他们独特而飞扬的文字，也能看到他们多变而又真实的内心。当家长们看到孩子自己编排的班刊时，也不禁感叹，"这是我儿子写的？""哎呀，我从来不知道孩子的想象力这么丰富，小说写得还挺曲折的！""检讨书还可以这样写？！"是的，没有这份班刊，我们永远无法发现这群孩子的创造力和神奇的思想！也永远无法预知他们有着怎样的组织能力和编写能力。

（二）班级日志

班级日志是刚刚做班主任时，向老教师借鉴的一种方法，最初本来是为了让学生们能够增进了解，增强班级的凝聚力，但没想到，这份班级日志，一写就是三年，直到他们高中毕业，孩子们把他们用三年时光和青春书写的这三本日志留给了我，作为纪念！那一刻，我才发觉，也许当时只是一个很简单的原因，现在却成了这个班级共同的记忆。

班级日志，其实远没有文学班刊那么费事费力，不需要刊印，每个学期买一个漂亮而大大的本子，第一页，我往往喜欢写上对他们这学期的一种期望，而后每一天轮换着由班级里的每个同学记录当天最值得怀念的事情或是情感。或长或短，都是亲笔书写着属于他们自己的生活和回忆。所以，在这里，我们看得到班级生活中的点点滴滴，看得到他们的心历路程，看得到他们对未来愈发具体而可行的憧憬。

——记录班级生活的点滴

数学课上，我们都伸颈、侧目却只是一片茫然，再加上传说中的"漫反射"，基本上就等于没上。与我们形成强烈反差的则是辛世杰同学，他积极回答问题，老师提出问题后一律抢答，唯一让我们无语的是他总答错了。我们这组人则是右手托住脑门，双目紧闭，摇头长叹一口气"唉"。哥们，成熟点吧！（张赫奕）

篮球比赛，作为四班篮球队的忠实球迷，坚实候补，今天终于有机会登场了！首先要感谢自恋班长，没有他的完美抽筋，就没有我的今天……作为救活队员的我，上场一分钟，奋力抢下两个篮板，这让我想起了姚明在NBA的首场比赛，0分2篮板，历史惊人的相似，又一个伟大的球员诞生了！（批注——我也够自恋的！）（郝学涵）

一幕幕的生活，在他们的笔下流淌，记录了每一个快乐的日子，时至毕业回首往事，他们再看到自己的日志时，早已忘记曾经因为月考的失利而痛苦，也忘记了和某某同学产生了很大的矛盾，留在心里的却是对同学的怀念，记忆中的曾经的美好时刻。

——记录自己的心历路程

"宇宙以亿年计，人生时年不足其一瞬，悲耶？幸耶？夫人生降世，自当处顺安常，达理知命，进而奋袂鞭策，驰骋天地，退而春花秋月怡情养性，一世朗然，生死何妨？"

"当班级日志传到我手中的时候，当我看到别人的日志之后，我茫然了。我忆起得是过去的七八年中，我的生活中，我的记忆里都留下了哪些快乐的足迹，我忘掉了每年一度的家庭聚会中我的言行，忘掉了和表弟妹们在一起的那一年年的欢声笑语，忘掉了曾经的快乐和拥有。生活在太多的自我压抑中，把考试失利、三年级上课时没有回答上问题的噩梦深藏在心里，这些于我太沉重了！"

——写下分别的感慨与对未来的憧憬

"挥洒我们今日的汗水，创造我们明日的辉煌。"（苏德贤）

"成长是一棵没有名字的树。在年轮的指引下，枝枝根根向着未来进发。当我们有一天回望时，那棵没有名字的树早已经枝繁叶茂，枝是我们走过的每一条路，叶是路上的每一次幸福……"（郝文斌）

"让四班的我们手牵手，踏着残叶的碎末，在时间的黑巷里，细数着浓情的流苏；我们点着半盏银灯，蜷缩在这微光的城市里，没有眼泪。"（王一诺）

当毕业的倒计时赫然在目，每个孩子在解脱的快乐中又饱含了一份沉重，三年的时光，他们从稚嫩到成熟，从调皮到懂事，从自私到为他人着想，从月考考试失利到高考成绩的辉煌，日记中记载了每一份泪水与欢笑。毕业后的今天，我把这份班级日志中的每一个孩子最精彩的段落上传到班群中，让他们在展望未来、拥抱大学的同时也能看到自己的曾经。

很多家长看到这些上传的班级日志时，都不禁感叹，"老师真是太用心了！"其实，教育何尝不是一种良心活呢？作为一名班主任，我们所担当的不仅仅是传道解惑，还需要用我们的心，用我们的眼睛去记录下每个孩子的成长，我们获得了家长们不曾拥有的那份机会，自然有责任为孩子们的成长路上留下点滴回忆！

（三）生活宣传刊

这份班刊与其说是刊，还不如说是一种专栏，左右不过就是一个小黑板那么大，却成为了班级中更新最快，在学校生活中最实用的一类专栏！

从内容上说，吃、穿、住、行、用、学习可谓一应俱全，被学生们戏称为"一中指南"。

新生刚刚入学时，生活宣传刊以介绍秦皇岛一中大体情况为主，例如说一中的地形图；如何借阅图书；哪个食堂比较经济实惠；学校要求的学生作息时间表；甚至于班里哪位同学的书丢了都要发一个通告。除了一些琐碎的生活杂事之外，就要细数高三阶段孩子们挖来的各种复习资料推介，特别令我感动的是，在大学开始自主招生考试的那段时间里，很多孩子把自己知道的招考内容和时间贴在了这里，给其他有意愿的同学提供了最新最全的信息。以往，听过关于争抢名额的事情，毕竟，他们所面对的竞争是那么残酷，但是，在我的班里，却是相扶相携的一起去面对高考的压力，面对大学的自主招生！那一刻，我很欣慰！

有时候，学生跟我讲："老师，你的信息都没有生活宣传刊的信息及时！"谈及此，我总是有些不好意思，是啊，作为一名班主任，很多事情都是学生自己筹备、自己解决，在感叹自己无能的同时，却有另外一个孩子跟我说，"老师，你不用泄气。我们自己的事情，当然要自己多留心，自己解决。何况我们有这个能力，不能总在您的护佑下成长啊！"有时候，很多像我这样的年轻老师都担心学生做不好，所以很多事情大包大揽，结果把自己弄得很辛苦不说，孩子们也产生了依赖心理，能力得不到解决，更缺乏这种自我承担、自我解决事情的能力。其实，作为一名班主任，我认为我们需要给学生提供的是一个让他们表现的平台，给予适当的指导，他们将大放异彩！

(四)黑板报

从我们踏入校园开始，黑板报就作为一种独特的记忆存在脑海中，作为一种校园文化，它所体现的不仅仅是学校的校风，班级的班风，还有学生们无限的创意！也许每个学校未必会搞"黑板报大赛"，但多数的学校和班级的黑板报都会有一个核心的主题，由学校或者班主任依据不同的时期和情况设定命题，而孩子们则在这有限的地方完成一个命题板报设计。

相信很多高中都会设计这样的几个主题板报,比如:如何面对高中生活;我们18岁啦;百天誓师等主题,由班级的宣传委员带着几位擅长书画的同学来完成。尽管,这些主题有些传统,缺少时代感和变化,但不得不说,宣传和影响并不亚于文艺班刊和宣传栏。

还记得临近会考的2个多月,有一个孩子每天早晨早早地来到班级开始自习,他并不是平时就很刻苦努力的那种学生,但是这一反常态的表现也的确让我有些疑惑。趁着课间,我问及此事。孩子却无奈地笑了一下,说道:"老师,您不知道,后面黑板报上的关于会考的倒计时,我就觉得日子所剩无多,再不抓紧就不行了!"归根结底,居然还是每天进班第一眼看到的黑板报带来了这莫大的影响。

黑板报虽然在形式方面比不上其他几种班刊,但是作为一种班级文化,它也是一种宣传和激励!而且在内容上也可以是丰富多彩的。

对于一个合格的高中班主任来说,培养的孩子考上大学或者是名校不等于全部的工作。在孩子的人格与思想逐渐发展、成熟的高中阶段,我们有必要让他们的生活充满快乐、充满回忆、充满挑战、也充满收获!而班刊的设置与存在,能够让全班的同学参与进来,描绘自己的生活,记录自己的思想,留下自己的回忆。创造属于他们这个年龄独有的作品,如诗、如画;哪怕只有默默的一行字,哪怕只有一个调侃,哪怕只有一个绰号,却都是他们青春的记忆!

每当召开家长会时,我都习惯性地把各期文艺杂刊摆在合适的地方,以方便家长们去阅读,去了解孩子们在班级生活中经历的点点滴滴;每当接手新生时,上届的学生就会带着他们引以为傲的班刊站在新生面前,告诉他们这是一个班级精神的传承,怎样去采风,怎样编写,怎样刊印。应该说,班刊,记录的是一段青春,传承的是一种精神!

浅谈家校合作的必要性

吕艾静

当前越来越多的教育工作者和家长已经认识到家校合作的重要性，教育部门也把加强家校合作放在教育改革的重要位置，家校合作受到了社会各界前所未有的重视。

家校合作，是家庭和学校进行的一种旨在促进学生全面、健康发展的相互配合、相互协调的互助活动。家校合作既是"大教育"观念的体现，又是教育生态化的需求，更是教育可持续发展的动力，家校合作不仅对学生的全面发展具有巨大的推动作用，而且对家长和教育工作者教育水平的提高以及学校管理的现代化都具有非常重要的意义。

家庭教育对人的社会化进程的影响广泛而深远，是一切教育的根基。家长的权威性，家庭教育的感染性，家庭教育的针对性，家庭教育内容的丰富性，家庭教育方法的灵活性和家庭教育环境的连续性，都使得家庭教育充满了独特的优越性。但与此同时，家庭教育环境的封闭性，家庭教育条件的不均衡性，家庭教育结果的不确定性以及家长教育素养的参差不齐，也决定了家庭教育存在极大的局限性。

学校是专门的教育组织机构，它的一切活动都为培养、造就人才服务。学校教育目标的明确性，教育活动的计划性，教育内容的系统性，教育影响的可操控性，教育方法的科学性以及教育者的专业性，都决定了学校教育拥有无可比拟的优越性。当然，学校教育制度的僵化，教育环境的理想化，教育组织形式的单一化，教育内容的呆板化，也决定了学校教育具有一定的局限性。

由于学校教育和家庭教育各有其特点，实现家校合作，使家庭和学校在教育过程中发挥各自的优势，相互联系、相互作用、相互影响，优化了家校教育资源，是家校教育互补的过程。教育的成果在很大程度上就取决于家庭教育与学校教育是否协调一致形成合力，成为互补的过程。尤其在学校教育和家庭教育的差异和局限性方面，家校合作的互补性愈显得重要。

家校合作能促进家庭和学校在教育观念上的一致性。现实教育中，许多家长的教育观念与学校教育观念存在严重偏差，有的甚至与学校的教育理念相悖，比如，学校重视学生的全面发展，有些家长却只片面强调学生的学业成绩；学校在学生的个人成长上，强调尊重学生个性与特长，但许多家长却一味强调家长的权威，任何事情都由他们做决定，完全无视学生的个人意愿和个性特点；再比如，学校重视学生的道德品质建设，有些家长却对此嗤之以鼻，弘扬个人主义等。成功的家校合作能转变家长错误的教育理念，能引导和促进家庭和学校在教育观念上的一致性，使家长和教师一起完成对学生的全面健康教育。

李立群同学，学习成绩十分优异，一直处在班级的前列，但他很清高，个性孤僻，不喜欢与同学们交流，学校的各项活动他都很少参与，独来独往，同学们意见很大。有一次，我去班上，发现一个女同学哭得很伤心，同学们的安慰都无济于事，我一问，才知道，这个女生是李立群的同桌，上化学课的时候，有一个问题没有听懂，趁着下课的间隙，虚心向他求教，他不但没有给对方讲解，还冷冷地说："我又不是你的老师，凭什么给你讲解，有问题找老师去！"这让这位女同学很没面子，自尊心受到极大的损害，所以才这样痛哭流涕的。

晚修的时候，我找到了李立群，他没等我开口，就对我说："老师，你是不是责怪我没有给她讲题，如果是这样的话，我真的希望你能理解我，我没有给她讲解的义务呀，马上就要期中考试了，我哪有时间浪费在给别人讲题上呀！"这是他一贯的作风，"两耳不闻窗外事，一心只读圣贤书"，除了学习，他对什么都漠不关心。我说："不管你的时间有多紧迫，你都先要坐下来，回答我几个问题，因为这些问题对你意义重大！"于是，我向他提出了一系列问题，诸如你衣服用的布料是你自己织就的吗？你每天饮用的矿泉水是你自己挖井得来的么？开学初，你的饭卡丢了，是谁为你付的饭费？前几天，你感冒，发高烧，是谁在深夜送你去的医院？老师在休息的时间段里，回答过你多少问题？你是否能保证你的人生永远不需要别人的帮助？面对我的提问，他沉默了，我知道改变他不是一两次谈话就能完成的，不过，我告诉他，我相信成绩如此优异的他能自己想清楚，自己从那个狭隘的个人主义中走出来。我清楚，他现在的表现和他的家庭关系重大，我把转变工作的重心放在了与他的家长沟通上。

李立群的表现和他父母对他的要求和影响关系极大，刚入学的家长会上，他父亲就曾经向我表达过，只要立群学习好了，其他的都不重要。在与他父母的多次沟通中，我列举了大量的真实案例，说明只关注孩子的学习，忽视了人格养成和道德品质培养的危害性，这样的教育和要求，只会培养出书呆子，如果家长只关注学生的学业成绩，而忽视了学生身心健康的全面发展，就会使学生形成许多人格缺陷，品格上也会产生问题，李立群就是其中典型的代表。这样发展下去，他将来的人生路可能会遭遇诸多的挑战，让他无法适应，尤其是他缺乏与人沟通、合作、交流的能力，这对于他未来的事业和人生会产生巨大的负面影响。

起初，我能清楚地感受到他父母对我的劝告是不以为然的，但在大量的事实面前，加上我反复与他们沟通、交流，他们开始反思自己家庭教育存在的问题，尤其是当我把分析指向李立群未来的事业发展和人生幸福上时，他们开始担心了，他妈妈对我说："其实，立群现在的许多表现，让我也挺心寒的，挺大个人了，一点儿也不知道分担家里的困难，只知道一味地索取，变得越来越自私，也不懂得感恩，原来以为只是小，长大了就好，经你这样一讲，我知道，是我们的教育出现了问题，而且还会危害到他未来的成长与发展，谢谢你让我们明白了这一点，我们一定配合你，改变他。"

家校合作能够促进学生身心健康发展。家校合作不仅能提高学生的学业成绩，而且对培养学生的能力、情感、态度、形成正确的人生观和价值观、建立健全的人格等方面都有重要的意义。家校的通力合作，能形成教育合力，为学生创造和谐、优良的成长和学习环境，从而更好地促进其健康发展。

当前许多家长违背学生身心发展规律，在"望子成龙"的期望中，对孩子提出的过高期望，让学生背负沉重的学习负担，还有些家长，根本不考虑孩子的潜能和兴趣，逼迫孩子学这儿学那儿，甚至只是让孩子去圆自己曾经的一个梦想，这些学生背负沉重的心理包袱苦度光阴，过早地失去了天真无邪的秉性，失去了本该属于青少年的单纯、天真、热情和无忧无虑，一些学生的心理被扭曲，以致损害了健康或误入歧途。

在我的班上曾经有个女生，叫王一珊，她的父母对她的期望极高，要求十分严格，父母几乎很少认可与鼓励过她，这让她很自卑。由于背负着巨大的心理压力，初三的时候，她的精神状态就已经出现了问题，有抑郁的倾向，还专门找过心理医生，可她的父母并没有因此改变观念和教育方式。进入高中后，父母的要求更高了，对她不断施压，使她承受了极大的学习压力，来到我们班后，她学习一直很刻苦，用她的话讲，每天除了上厕所、吃饭，她几乎从不离开座位，争分夺秒地学习，但成绩一直没有起色，入学三个月时，我发现她的精神开始出现失控状况，有时会莫名其妙地哭泣，还和同学发生过多次争执，我除了对她做耐心细致的辅导工作，还多次与她父母交流、沟通，认真与他们分析王一珊的学习状况、个性特点以及她的兴趣爱好，向他们如实告知了王一珊的现有表现，阐明了后果的严重性，并与她的父母一起，共同引导和帮助王一珊制订了职业生涯规划，既参考她的特长、兴趣爱好，也结合她现有的成绩，经过多次讨论，终于达成了一致，未来，王一珊要当一名记者，我们查阅了所有开设这个专业的大学，根据王一珊的成绩，选择了其中的一个院校，这个规划有极强的针对性，不仅满足了她父母的良好愿望，也符合王一珊的个性特点和最佳才能。从此，王一珊虽然依旧刻苦学习，但心里轻松多了，也开始学着张弛有度了，家长也接受了我的建议，不再给她施加压力，而是采取用鼓励、赞美的方式与她交流。高考的时候，王一珊顺利地考取了理想中的大学。一个精神状况濒临崩溃的学生，终于卸下心理包袱，开启了她美丽的人生旅程，这就是开展家校合作，提高家庭教育科学性结出的硕果。

家校合作能提高家长和教师的教育素养，并对学校管理的现代化产生推动作用。家校合作的过程，就是家长和教师相互学习，取长补短，共同进步的过程。家校合作的过程，更是激励广大教师提高自身专业素养的过程。而通过家校合作，家长参与学校管理，也势必对学校管理的现代化起到巨大的推动作用。

我既是一名高中班主任，同时也是一名高中生的家长。在对儿子的教育过程中，我深刻感受到了家校合作的必要性，感受到家校合作，带给我作为家长和作为班主任的成长。高二的期末考试过后，儿子打电话告诉我："成绩很差，班级排名12。"我平静地说，我知道了。可确切地讲，听到这个消息，我是怒火中烧，因为儿子在班级的成绩排名从未出过前三。这段时间以来，儿子的学习态度很不端正，每天放学回来，不是看美剧就是观看足球比赛，有时甚至还偷偷地玩游戏。我反复告诫过他，这样的学习状态非常不适合高二的学习，况且马上就要高三了，他应有起码的学习焦虑度，这样才能最大限度地激发学习潜能，收到良好的学习效果。可这样的告诫与批评仍旧没有起到太大的作用，期末成绩与排名很好地证明了这一点。我越想越气，因为下午儿子学校就要召开家长会了，于是，我做出一个决定，给儿子的班主任潘老师发了条短信，我在短信中说：鉴于儿子的表现以及这样的成绩与排名，我决定不去为他参加家长会，以示惩罚。潘老师马上就给我回了短信，他说：出现了问题，我们就要面对，如果方便，还是欢迎您来参加孩子的家长会。盛怒之下的我并没有听取班主任的建议，那次家长会，我没有参加。

家长会后不久，我收到了儿子班主任潘老师的一封信，信里，他充分表明了对我理解和尊重，并把家长会的重要内容详细地告知了我，信里，潘老师还向我汇报了儿子这段时间的表现和这次考试当中暴露出来的问题，也说了他的建议与希望。读完信，我感觉特别惭愧，由于自己没有控制好情绪，拒绝参加儿子的家长会，给老师增添了这么多麻烦，而且，由于自己平时工作比较忙，所以也没有常和老师沟通，对孩子的教育也只是一味地批评、说教，孩子出现了成绩下滑的现象，我也只一味地采取冷暴力予以惩罚，而没有和他一起分析原因，制订下一步的改进方案……我越反思，越惭愧。于是，我给潘老师打去了电话，向他表明了我的心情和对他的敬意与感谢。潘老师在电话里说，本想约您来谈谈，但知道您也是班主任，时间很紧，就草拟了那封信，希望可以表达清楚我的想法和建议，希望我们一起学习，共同合作，携手为孩子的成长创设良好的氛围。

这件事情对我的触动很大，它为我在未来当一名好妈妈提供了借鉴，也为我本身从事的班主任工作，提供了良好的学习榜样。因为在我工作的班级里，也常有家长以各种理由不来参加家长会，或者在学生出现问题，成绩出现波动时，采取了不理智的行为。每当这个时候，我就会想起我自己的这个故事，也会想起潘老师曾经给予我的理解和帮助，我就会放下不愉快的心情，抱着理解、尊重的态度加强与家长的沟通，设身处地为家长考虑，用真诚感染他们、鼓励他们，如此一来，在我的职业生涯里就增添了许多温暖、动人的故事。这件自己亲历的小故事给了我许多的启示，让我不断学习，努力提升自己，在做好班主任工作的同时，也争取成为一名合格的家长。

家校合作，双方各显特色，相辅相成，就能发挥最大的教育功能，从而激发学生学习的动力，培养学生良好的行为习惯，形成多种终身受益的必要素质，更好地实现社会化。和谐的家校合作关系可以促进学校和家庭之间的信息交流，从而使我们的教育工作更有针对性和实效性，目标和要求更加一致。家校合作关系的建立也是学校教育不断优化的一种动力，能够优化和促进学校内外的教育环境，使学生接受的教育更完整。

马卡连柯指山："学校应当领导家庭"。学校教育的特点和优势，决定了它的主导地位，学校教育应担负起指导家庭教育的责任。但无论学校教育多么重要和不可缺少，也决不能代替家庭教育的影响和作用。家庭教育是最富感染力、最具针对性、最富灵活性的教育，尤其是学生良好思想品德和健全心理品质的形成，仅依靠学校教育是难以实现的，它需要家庭教育的配合和支持,家庭教育的优势与特点,决定了它的基础地位。从这样的角度出发,作为班主任,我需要不断地提升自己,在家校合作中,更好地发挥主导作用,同时也要密切与家长的配合,共同打造亲密、和谐的家校合作关系。

在多年的家校合作中,我深刻感受到家校合作的必要性。作为班主任,我感触良多。从学校的角度讲,家校合作的计划性要强,这项工作要有系统性,要有周密的、科学的、具体的活动安排,要有活动记录、活动总结和专题研究,目标要明确,准备要充分,组织要得力。要加强双向交流,因为家校合作是双方相互了解、相互配合、相互支持的过程,因而,不能采取简单灌输的方法,这样不易被家长接受并内化为教育子女的正确思想和自觉行为。要增强家校合作的针对性和实用性,更要加强家校合作的连续性,不只搞阶段性工作,时间上要连续,要有整体的合作计划,明确的内容,清晰的目的。

教育是一项系统工程,家校合作,这是学校的心声,也是家长的需要。只有将学校、家庭还有社会的教育力量有机地整合在一起,做到优势互补,协调运行,才有可能构建一个和谐的教育体系,并以此为依托全力促成人的全面、持续、健康和终身发展,形成整合教育,整体教育的新格局。

浅谈班主任与单亲家庭孩子家长的沟通策略

孙晓宇

苏联教育家马卡连柯说:"没有父母的爱培养出来的人,往往是有缺陷的人。"家庭是人出生后接受教育的第一个场所,是我们起航的第一条跑道。父母是孩子的第一任教师,家庭关系对孩子的教育也显得尤为重要。随着社会的发展,单亲家庭作为当前社会上一个特殊的群体,单亲子女的教育问题也引起了社会的普遍关注。父母的疾病、意外伤亡、离异,家庭结构的变化，给这些单亲孩子幼小的心灵上蒙上了一层阴影，也让他们的内心受到了其他人无法体会的巨大伤害。他们当中的一部分学生采取消极的态度对待学习和生活，自暴自弃，这既影响了学生健康、活泼的成长，又给社会的和谐带来了新的隐患。据北京青少年犯罪研究中心调查表明：在当前18岁以下的未成年人犯罪中，单亲家庭子女占了一半以上。

如何教育好这些孩子，使他们走出一段阴影，是我们教育者义不容辞的责任，作为班主任，更是责无旁贷。在这一过程中，学校教育只有取得家庭教育的配合、支持，才能使教育的效果达到最大化。而单亲学生来自不同的家庭，每个单亲家庭的家长的文化水平、性格、职业、爱好等各不相同，各个家长对学校教育的配合程度也必然会存在很大的差异性。班主任如何讲究艺术，巧妙地与各种不同类型家长沟通呢？下面，笔者结合自己多年从事高中班主任工作的经验，并针对单亲家庭的一些现状，谈自己对这一问题的一些认识。

一、什么是单亲家庭及单亲家庭子女

从表面意义理解，单亲家庭是指夫妻离异，或一方因意外事故死亡，或未婚先育的母亲和孩子组成的家庭。因此，我们可以将单亲家庭子女的概念界定为：由父亲或母亲一方与其未婚的、年龄在18岁以下的，没有独立生活能力的子女共同组成的家庭。

近些年，我国的离婚率持续走高，一些大城市竟然飙到30%以上。据中国妇联最近的一次统计，中国67%的离婚家庭中有子女。这意味着，大量的孩子成为离异家庭子女，其中相当比例的孩子生活在单亲家庭中。当父母双方离异或夫妻双方只剩一方时，对孩子来说，就意味失去了一方的庇护，就如同飞鸟折断了翅膀，在心理上必将承受巨大的痛苦，甚至对生活也失去勇气，对社会充满敌意。单亲家庭子女心理健康主要存在着这样一些问题：自闭、自卑、自责、焦虑、抑郁、妒忌、逆反等等。

二、单亲家庭家长类型

有效的沟通者都晓得把注意力放在沟通的对象上。否则，哪怕你说得天

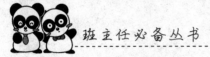

花乱坠,但你选错了对象,你沟通的目的依然无法达到。

每个单亲家庭的家庭环境、文化程度、思想认知、经济条件等等各个方面都存在一定的差异。每个单亲家庭问题学生的背后往往都有一个问题家长存在。我们作为教师,和不同性格特点的家长沟通交流的时候还应该注意分类对待,注意方式方法。笔者把单亲家庭的家长大致分为以下几个类型。

1. 溺爱型

溺爱是很多家庭的通病,单亲家长的表现往往更明显。他们总觉得夫妻离异了,很对不起孩子,因此,无限制地去弥补孩子,孩子有任何要求,无论精神上的还是物质上的,他们都会无条件满足。

孩子总能得到满足,他的抗挫折能力就无法得到锻炼,就容易形成孤僻、自傲、任性、自私等性格缺点。

2. 暴躁型

首先,我们都知道单亲家庭会让家长承受更大的生活压力和情感压力,一个人要挑起整个家庭的大梁,照顾家中老小,情感上也难免孤单落寞;其次,这种情况还会分散他们关注子女的时间,会造成他们和子女间更深的生疏和不理解。在上述原因下,有些单亲家庭家长往往文化程度不太高,"恨铁不成钢",学生一出现毛病,他们也不加分析就拳脚相向。这样也就加深了家长和孩子之间的隔阂,孩子的叛逆心理更加严重,在性格上也会形成暴躁易怒的特点。

3. 放任型

此类家长自身文化水平比较低或工作繁忙,或家庭情况特殊,对孩子的教育很不重视。孩子送到学校后,就不闻不问了,任其自由发展。平时从不会主动来学校或打电话给老师了解孩子的情况。当孩子出现了问题后,对老师的通报表现得很不耐烦,敷衍了事,不能拿出时间来专门思考孩子的问题。见了孩子也不主动询问孩子的在校表现,更不会就已出现的问题对孩子进行教育。

这种情况下,孩子会感受到更大的冷漠,性格上容易出现烦躁和攻击性强等特点,因无人关爱而失去学习的动力和兴趣,自暴自弃。

4. 知识型

当然,并不是所有的单亲家庭的家长在对待子女上存在缺陷,有些家长具有一定的知识素养、品德修养、丰富的社会阅历或一定社会成就。他们一般比较重视对孩子的教育,能经常细致观察自己孩子的表现,在教育孩子方面有独到的见解。孩子们在他们的照料下,茁壮成长,懂事孝顺,自力更生,学习成绩优异。

三、面对不同类型家长的沟通策略

1. 溺爱型

【案例现场】

高一学生: 小华

学生情况: 刚接手这个班,我就发现这个孩子娇生惯养,讲吃讲穿,喜欢攀比,喜欢上网打游戏,学习上却没有什么兴趣,几次考试下来,都排在班上倒数十名。通过我半个学期的观察,觉得有必要和他的家长针对这种情况进行沟通。通过小华的初中班主任,我了解到小华的母亲是名政府公务员,父亲因肺癌已去世三年。小华的母亲生怕孩子受了委屈,过多地沉溺于失去父亲的痛苦中,所以就尽量满足孩子的所有要求,每个月零花钱更是不少给,让他吃好喝好。

于是,我在周五的下午(这段时间他的母亲应该下班,不会很忙)将其请到了学校,沟通孩子的学习情况。

沟通过程: 首先,我肯定了小华在班上的良好表现,比如他在班上人缘很好,而且又有爱心,喜欢帮助同学,经常参加学校组织的各项活动。见其母亲满脸自豪的笑容,我更进一步地表示,孩子很聪明,举一反三的能力很强。然后我抓准时间指出他在生活和学习上面存在的问题,我简明扼要地提了两点,一是喜欢攀比,每月的零花钱过多,二是学习上动力不足。然后,我把话题转给了他的母亲,希望她能谈谈她的看法。给对方一定的空间和发言权,这样有助于交流的展开。小华的母亲很感激我对孩子的关心,同时也说出了她的苦衷,不忍心苛刻地去要求小华,生怕孩子受一点苦。听后,我也表示出了对这位母亲的理解,并且提出了我的看法,希望她能把孩子的生活费有计划地缩减,可以稍稍高于班级的平均水平,同时可以用多余的费用给孩子订一些他喜欢的杂志,增长他的见识和提高学习的兴趣。他的母亲也很爽快地答应了,并且表示她认识到了问题的严峻,一定会协助我对孩子严加管教。

【解决策略】

溺爱型的家长最希望听到的是班主任对于孩子的肯定和鼓励。所以,班主任在与家长沟通时,首先对学生的良好表现予以真挚的赞赏,即使再调皮捣蛋的学生身上也总会有闪光点,抓住他们的积极品质,去肯定他们鼓励他们。同时,我们更要尊重学生家长热爱子女的感情,让其感受到班主任和他们一样在真诚地热爱着孩子。这样家长才会从心理上接受班主任,从而能接纳我们提出的合理化建议。

在此基础上,适时向家长真实反映情况,指出存在的问题。当然,对学生的批评要就事论事,不可放大。同时,也要用恳切的语言指出溺爱对孩子的危害,耐心热情地说服家长采取正确的方式来教育子女,千万不可袒护、隐瞒子女的过失,启发家长实事求是地反映学生在家表现情况。班主任要在肯定中提出要求,在要求中透着委婉,帮助家长全面了解孩子,从而主动与教师共同商讨教育孩子的方法,主动配合学校的教育工作。

2. 暴躁型

【案例现场】

高二学生:小杨

学生情况:从小父母离异,现和父亲同住。父亲几年前就下岗了,后来做了餐饮,现在自己经营一家小饭馆,生意时好时坏。我是高二才接手这个文科班的。听说高一期末文理分科时,他和父亲因为选择文理科问题产生了很严重的分歧,而且还当着老师和同学的面大吵了一架。父亲觉得他脑子笨,不适合读理科,于是强行让他读了文科。小杨从此意志消沉,学习上打不起精神,经常趴桌子睡觉,从来都不交作业。和他几次谈心后,得知每次考试后他的父亲都会因为他不理想的成绩而暴躁动怒,有时还会不分青红皂白地拳脚相加。

沟通过程：当我见到小杨的父亲后，我并没有马上提出小杨的问题，而是笑着请教他在平时是如何教育小杨的。他一听我这句话，马上就觉得很不好意思，然后解释说他平时都在忙活那家小饭馆，很少过问孩子的一些情况。不过他一到周末就把孩子关在屋里，不允许他看电视上网，严格地管教孩子，控制他的时间。接着他很快就把问题抛给了我，他说小杨的成绩一直都不理想，每次看到成绩单，他都很痛心，觉得白辛辛苦苦养活这个儿子了，希望老师能够更加严格地管教，该打就打，该骂就骂。等他说完，我也表示了对他这份望子成龙的父爱的理解，随即我也微笑着提出了我的看法，孩子的未来不是我们"关"出来的，也不是我们"打骂"出来的，如果这样都可以的话，那每个老师都配个教鞭岂不是更理想。现在孩子的叛逆越来越严重，父母打骂孩子往往会产生适得其反的效果。我给他举了一个真实的例子，因为父母严厉的打骂，一个孩子愤然地离家出走，此时父母才幡然醒悟，但为时已晚，孩子因吸食毒品被关进了拘留所。见他的父亲听后长吁短叹，面露悔意，我提出了我的几点建议，试着回去表扬一次孩子，发现孩子身上的闪光点，不要经常抱怨，要带给孩子一种积极向上的精神状况，不要管着孩子，压抑他的兴趣发展，而是去学着爱护体贴孩子，试着给他更大的空间，鼓励他，支持他。小杨的父亲激动地握着我的手，表示一定会按照我说的去做，更理智地去看待孩子的不足，改变他暴躁的教育方式。

【解决策略】

这种家长往往个人素质不高，对待孩子的问题不懂得思考前因后果，而是采取极端暴力的传统方式去解决，急功近利，不去试着理解和沟通。因此，在与这类家长沟通时，我们首先要让他们认识到自己的错误，让他们讲讲自己的教育方式。然后我们要再有理有节地把道理给他们讲清楚，不要用殴打来教育孩子，效果很可能适得其反，还可通过活生生的例子去感染他们。当然，在面对他们时，难免也会遇到他们对学校方面的指责与不满，班主任要克制自己的怨气，给予最大的理解，不和家长争执，更不挖苦讽刺，保持脸上充满微笑，正确解释，那么无论是在多么尴尬或困难的场合，都能轻松度过，最终赢得家长的好感。

3. 放任型

【案例现场】

高一学生：小宇

学生情况：从他的初中班主任处得知，在他小学六年级的时候父亲得了重病，离开了人世。他从小就跟着母亲、爷爷一起过，爷爷是部队的老首长，他的母亲自己开了一家公司，家境十分优越。孩子从小娇生惯养，自大自傲，言行举止粗鲁莽撞，不会站在对方的角度去考虑问题，常常在班级里惹出事端。打架、作弊、逃课，是常有的事情，批评时他还常常理直气壮，毫不在乎。最严重的是在母亲的眼里，孩子无足轻重，大人与孩子各有自己的活动范围及方向，不为孩子制订任何规矩，无明确要求、奖惩不明。家长不能在言语、行为上有所引导，孩子有如独自在汪洋大海中漂泊，不知该往何处，即使犯错也不自知。他的初中班主任还告诉我，说他与小宇的母亲试图沟通过几次，但效果一直很不理想，他的母亲总是把责任推给学校，觉得是学校没有尽到该尽的责任。而对他的建议却置之不理。

沟通过程：具体细致地了解情况后，我很客气地给他的母亲打了电话，希望她能够抽出宝贵时间到校面谈。我跟她介绍了一下孩子在校的表现，希望能够引起她的重视，双方齐心协力共同教育孩子。谁知她竟然对我的述说很不耐烦，甚至很严厉的责问：我的孩子送到学校，你们作为老师有责任帮我教育好，为什么还要来找我呢？她的这一反应我早已预料到，我控制住了自己的情绪，用耐心而又严肃的语气向她强调了高中这三年学习时间的宝贵，并且从理论的角度提醒她青春期是人格形成的关键时期，家长是孩子的第一任老师，家庭教育至关重要，接着我举了几个现实的例子，晓之以理动之以情地解释这一观点。我表示孩子的问题已经到了很严重的状况，否则我不会打电话给她，也希望她能够认真而理性地考虑我提到的问题。见她若有所思，我马上列出了我的一些建议：一是增加与孩子的见面机会，增进与孩子的情感交流；二是坚持正面引导和教育，采用鼓励表扬为主的教育方式；三是根据孩子的特点，灵活运用教育方法和策略，给孩子自主权，让其参与到家庭协商，共同制订家庭奋斗目标；四是和学校教育配合，保持教育的一致性，而不是单枪匹马战斗。

就是通过这一次的沟通，小宇的母亲在观念、态度、行为方式上都有了很大的转变，家长抛弃了以往的那种"树大自然直"的观念，逐步树立了正确的教育观，能重视孩子的心理需要，充分地与孩子进行沟通，使亲子之间保持了一种平等的关系，做孩子的"良师益友"。同时，家长的自身素质有了明显提高，认可了学校的教育管理，也会反思自己的教育方式。高一下期小宇有了很明显的变化，变得懂事了，言行举止文明礼貌，能和其他同学老师比较友好相处。在学习上，他也认识到了时间的珍贵，正在努力提高自己的学习成绩。

【解决策略】

首先，我们要关注这类家长的态度，对于孩子的教育和管理，他们往往是推卸责任的。在这一点上，我们一定要就事论事，严肃正式地讲明家庭教育的重要性，和每一个青春期孩子人格形成的重要作用。如果能举出一些实实在在的例子，效果会更加的理想，相信每个家长都会改变自己当初的想法。这样，我们不但给了我们自己信心，也给了家长信心，增强他们的责任感。其次，和这类家长交谈时，要简明扼要，直入主题，不要拖泥带水，还要真诚而自信。提到建议和要求时，要具体清晰。最后，我们也应把握好交流的时间和频率，如果班主任与其主动联系的次数过多，就会引起他们的反感。

4. 知识型

【案例现场】

高三学生：小琪

学生情况：在小莉上初二时父母离异，现在和她的父亲一起居住。她的父亲是名医生，平时工作很忙，常常会有手术。而小琪却是个有礼貌、肯吃苦、听话懂事的女孩。她在生活的各个方面都是严格要求自己。当然，她的表现也从没有让家里人失望过，成绩一直都在班上名列前茅。并且她一直在向着自己的目标——上海交大努力加油。可是高三上半期，我发现两次考试下来，小琪的成绩有所退步。因此，我和其促膝长谈了一次，她也表示自己压力很大，考前会莫名其妙地紧张起来，她的父亲最近工作十分繁忙，她不想让他的父亲为此担心，所以最近常感到很无助，心态上有了一定的起伏。为此，我联系了她的父亲，希望和他谈谈孩子的具体情况。

沟通过程：小琪的父亲见到我后，还没等我开口，就先感谢起我来，多亏我对小琪的照顾和辅导，孩子才能取得现在的成绩，同时他还给我买了一篮子的水果以示感谢。我也说了一下孩子在校的优异表现，然后马上进入了我们要交流的话题——这两次考试小琪的成绩不是很理想。他的父亲一听很是着急，问我是哪一学科的成绩下降了，如果需要补课，希望我能帮他联系老师。因为他的父亲并不了解她在校的表现，于是我把和小琪的谈话内容直接说给他听。他的父亲思考片刻后，很自责地对我说，他确实都忙在工作那头了，觉得孩子可以独当一面，不会出现什么问题，所以也就没有过多询问她的学习情况。其实，作为一名要强的女孩，小琪是不可能和她的父亲讲太多的心里话的，这样反而让父亲多担心，影响他的工作。他的父亲很感谢我能及时地和他取得联系。我建议他还是要拿出相应的时间和孩子交流，毕竟高三有高三的特殊性，学习的难度和压力都很大，只要孩子能够调整好自己的心态，成绩还会稳定上升的。他的父亲也承诺，每周都会拿出一晚和孩子谈心，多在家里陪陪孩子，并且会及时地把孩子的状况反馈给我，也希望我能持续关注孩子的学习状况，和他联系沟通。通情达理的小琪父亲很好地接受了我的建议，在工作和家庭中做出了正确的选择。这场谈话在很和谐的气氛中结束了。事后，在我和小琪父亲的共同努力下，小琪一扫之前的阴霾，又一次露出了充满自信的笑容，取得了更优异的成绩。

【解决策略】

知识型的单亲家庭家长，都具有一定的知识、修养、丰富的社会阅历或一定社会成就。他们对班主任的工作会十分理解和支持，对于我们提出的问题和方法也会认真地听取和积极的配合。但这同时也给他们带来了困惑，就是工作和家庭之间的关系。这些优秀的家长事业心很强，希望能把自己的事业做好，但另一方面，在和孩子相处的过程中，他们会觉得孩子听话懂事，没什么可操心的，反倒会忽略孩子内心深处表现出来的问题。所以，我们和他们沟通时，要尽可能地把学生的表现如实反映给家长，引起他们的重视。同时,我们在提出我们的想法后,也要充分肯定和采纳他们的合理化建议,和学生家长一起,齐心协力,共同去帮助孩子走出困境,取得更大的进步。

四、结束语

单亲家庭子女,需要我们班主任给予特殊的关注,给予更多的关心和鼓励。一方面,他们因为家庭的原因,自身往往会存在一些心理问题;另一方面,他们本身也有着和其他完整家庭的孩子们一样的梦想,有着一样的渴望。

而在教育过程中,只靠我们班主任的一己之力,所达到的效果只能是微乎其微。我们还应该发挥班主任联结、协调家校关系的纽带作用,充分认识和运用家校合作教育的理念,使用合理有效的策略与家长交流沟通,因人而异,因人制宜,才能共同教育好学生,完成各项教育任务。

当然,无论单亲家庭子女的家长是哪种类型,为了学生的健康成长永远是家长和班主任合作的出发点。只要班主任在日常的工作中付出细心、真心、诚心和爱心,一定会赢取家长的尊重和信任,与家长和谐相处。

班主任与家长沟通技巧杂谈

李洪波

学校必须与家长取得联系。学校生活、家庭生活和学生生活的一致,是完善教育的首要和必不可少的条件。因此教师要非常重视与家长的沟通、交流与合作,以取得教育的最佳效果。而学校与家庭的合作主要体现为班主任与家长的沟通交流。凡有经验的优秀班主任,都特别重视与家长之间的沟通,争取家长的理解和支持,形成教育的合力。

可实践中,有不少班主任不能很好地与家长建立和谐、畅通的沟通渠道。先看一个案例。

【案例现场】

初三学生小刚本来是个热爱集体活动的孩子，不过学习成绩一般。其父母因为孩子还有一年就要中考，不但强令孩子不要再参加学校组织的社会实践活动，而且当班主任电话告诉家长希望孩子参加社会实践活动时，以孩子身体欠佳为借口拒绝了。小刚在家长的影响下，也渐渐对集体活动失去了兴趣，而学习上依然没有什么进步。从此，不管在小刚身上出现什么问题，班主任不再与家长联系，即使小刚的家长主动打电话请班主任家访，班主任也借口忙而不去，并在电话里对小英的父亲说，小刚现在出现的问题都是由于家长本身的问题造成的，当老师的没有责任。小刚家长与班主任的矛盾越来越尖锐。

【解决策略】

一、家长方面的问题主要是教育方法应用不当，首先认为学校组织的社会实践活动会影响孩子的学习成绩是不正确的，凡是学校组织的集体活动，其出发点是为了学生的全面发展，使学生能更好地健康成长，作为家长不能剥夺孩子参与集体活动的权利，如果孩子长期不参加学校的集体活动，尤其是对热爱集体活动的孩子来说，对他的身心发展是很不利的，他逐渐就会对集体活动失去兴趣，和同学老师之间的关系也慢慢的疏远，学习上也不会有很大的进步；其次家长不能把孩子看成自己的私有财产，孩子既是独立的人，又是社会的人，只有让孩子融入集体、融入社会，孩子才能健康成长。

二、教师方面也存在严重的问题，首先是他缺乏对学生的爱，缺乏对教师家长间沟通合作意义的理解。其次是当家长后来主动要求与教师沟通时，他采取排斥家长的态度。再次是他在教育教学上出了问题时向家长推卸自己作为教师的责任。这样无疑损害了师生之间、教师与家长之间情感的沟通与交流，也在很大程度上影响学校教育和教师的形象。

三、为了解决这一问题，教师应该在提高认识的基础上，主动采取与家长的沟通合作态度，谦虚和蔼、尊重理解地与家长面谈，因为教师与家长之间的地位是平等的，教师与家长交往时，应该谦虚和蔼、讲究礼貌，营造和谐氛围，这样才会缩短双方的距离，家长才会敞开心扉。在家长认识提高的基础上，教师、家长和孩子应共同商讨促进赵刚各方面发展的计划，并付诸实施。

班主任为什么会这样做？原因是：在我们的学校教育与家庭教育的关系中，学校教育相对处于强势地位。班主任又觉得自己经过国家专门的培训，在教育方面相对肯定比家长专业，他觉得自己是绝对的权威。在这种不平等的沟通中，当然没有好的结果，反而造成家长与班主任的关系紧张，有时甚至酿成事端，家长状告班主任的事时有发生。所以说"家庭教育和学校教育相结合，说起来容易做起来难，这就好比中国的婆媳关系，婆婆和媳妇虽然深爱着同一个人，劲儿却总使不到一块，学校和家庭虽然目的一致，都是为了孩子，却经常发生冲突。"班主任到底该如何与家长沟通呢，笔者想从以下几方面去探讨：

1. 坦诚相对，给予尊重

教育其实也是一种服务，学生和家长是我们的服务对象，从某种意义上说就是"上帝"，况且，尊重和理解他人是每个人，特别是为师者应该具有的最起码的修养。不管学生家长从事何种职业、处于什么样的社会地位，教师都应一视同仁、平等对待。与家长谈话时坦诚相见，推心置腹，给人可亲、可近的感觉，这样家长才会敞开心扉，才会赢得家长的尊敬、信赖，才能"亲其师，信其道"。上门时不要盛气凌人，好像自己是来传"圣旨"的"钦差"，家长只是洗耳恭听的"臣民"，自己说一不二，家长必要的申诉一概不睬。好像这样才是保持"严师"的尊严。其实，适得其反，自己给了家长主观武断、心理素质不佳的印象。为了让家长知道你对他的孩子特别重视，事前要充分了解学生，包括学习成绩、性格特点、优点和缺点、家庭基本情况以及你为这个孩子做了哪些工作等。这样在与家长交流时，就能让他产生老师对他的孩子特别重视以及班主任工作细致、认真负责的好印象，这样从情感上就更容易沟通。同时，应让家长充分表达他的意见，老师要谦虚诚恳，专心倾听，这样会让家长感到自己很受重视。即使是一个牢骚满腹、怨气冲天，甚至很不容易对付的家长，在一个具有耐心、善于倾听的班主任面前，常会被"软化"得通情达理。

2. 孩子缺点，真诚沟通

班主任找家长谈话，多半是学生出了问题；或者孩子本身是问题学生，班主任想通过与家长交流，与家长形成教育合力，让学生有所改变。这时，班主任最好到学生家里去，千万不要在办公室其他老师很多的时候或其他家长在场时谈，保全家长的面子很重要。交谈时，先谈优点，趁家长高兴的时候说问题。美国最伟大的成功学家卡耐基说："当我们听到他人对自己的优点加以称赞以后，再去听一些不愉快的话，自然觉得好受一些。"对于问题学生，通常的情形是，"差生"的家长到了老师的办公室，先是听老师数落孩子一大堆"不是"，诸如"你是怎么教育你们家孩子的？""你怎么对孩子这么不负责任？"家长百口莫辩，又急、又气、又羞，情急之下，当着全办公室老师的面对孩子破口大骂甚至拳打脚踢，家长似乎要借此表明他对孩子是不吝管教的。但是，这样的教育形式很激烈，效果却很差。其实，作为"问题"学生的家长，内心很痛苦，他迫切希望自己的孩子好，平时比其他家长花更多的精力，可效果甚微，时间久了，他对孩子的教育已经失去了信心。

面对老师时，虽然内心可能有强烈的与教师沟通的愿望，但孩子学成这个样子，羞于和老师交流，只能对老师"敬而远之"，翻来覆去，总是那句话：请老师多费心。作为班主任，要帮助"问题"孩子的家长树立能教育好孩子的信心。给这些家长介绍几个"差生转变"的案例，等家长有了信心后，再帮助他们接受一些先进的教育理念和可行的操作方法。但切忌空话、套话，如"你家小孩子表现不好，学习不认真，你回去要好好教育。"这样的话，听上去语重心长，却会令家长感到茫然无措。教师应委婉指出学生存在的具体问题，和家长一起分析产生问题的原因，并真诚提出解决问题的建议。特别是有些文化素质不是很高的家长，他们对孩子的教育往往力不从心，不得法，又不知道该如何去做。如果能得到老师的指点和帮助，他们将会非常感激，对老师更加尊重，然后再以这样的情感去影响孩子，就使得师生感情更加融洽，能收到事半功倍的教育效果。

3. 家长意见，妥善处理

班主任在与家长的交往中，家长对班主任的某些做法有些不理解、不愉快是正常的。但有的班主任一听到家长对他提意见，心里就很气愤。他会觉得家长是故意找碴，不尊重他。更有甚者，将不愉快迁怒于学生，报复到学生身上，给学生穿小鞋。这样做班主任就很不应该了。"迁怒于学生"不仅不利于解决问题，而且往往使问题复杂化，最终不仅伤害了学生及其家长，更损害了班主任自己的威信，降低了班主任自己的人格。那到底该如何做呢？

班主任一定要保持冷静。有的班主任一听家长有意见，心里就来气，很不礼貌地打断家长讲话，跟他辩论，想以此说明证明自己没错。可这样根本不能解决问题，有时适得其反。班主任一定要耐心地倾听家长讲述事情的前因后果，只有在了解事情真相后，你才能对症下药。毛主席曾说"没有调查就没有发言权"嘛。况且当你认真地倾听，对家长来说就是一种莫大的鼓励。美国最伟大的成功学家卡耐基说："始终挑剔的人，甚至最激烈的批评者，常会在一个忍耐、同情的静听者面前软化降服。"你的用心倾听，其实事情已经解决了一半。当然倾听之前，给家长让座，倒杯热茶，家长感受到了你的尊重，怒气就消了很多。

记得一次我刚接手一个新班级，一位家长怒气冲冲地来到我办公室，质问我："为什么要把我儿子调到另外寝室？"说话的语气非常强硬。我虽然心里有点不愉快，但转念一想，家长对我有意见也很正常，按照惯例，学校是从来不给学生调寝室的。我把她儿子调到另外寝室，在她看来，是老师瞧不起她，在为难她儿子。而且据我对她的观察，这位家长是属于那种直性子的人，所以才出现了上面的一幕。这时，我连忙搬了一张凳子给她坐，并倒了一杯茶给她。当我把水送到她手里时，家长本来紧绷的脸已勉强露出了一点礼貌的笑容。于是我向家长解释："调寝室是为了班级整体考虑，原来的安排不太妥当，其中有一个寝室调皮的学生特别多，生活老师没法管，建议把他们调开，调是双向问题，有同学调出去，肯定有同学要调进来，您的孩子平时乖巧、懂事，这个寝室的同学都欢迎他，所以我这么做了，当然您的孩子如果不适应，我可以给他调回来，但我建议先住一个星期试试。"听我这么一解释，家长很高兴地答应了。

在与家长沟通的实践过程中，我认为班主任需要根据不同的情况不同类型的家长采取灵活多样的沟通方式，这样才能达成共识。

4. 家长生气，送茶降火

再给大家讲一个发生在我身上的事，一次在街上一个店里买了一瓶洗面奶，拿回家一用，结果脸上长满了红疤疤，当时我心里很气，心想下次一定要把东西退还，我再也不用他们的产品，如果服务员态度不好，就让他赔偿损失。在一个周日的下午，天气比较炎热，我气冲冲地到了他的店里，说明了来意，那个服务员一听，马上让我坐下，并倒了一杯水给我，当她的一杯茶放到我手里时，本来是愤怒的心一下子被缓解了，经过她的开导，最后我又试用了她的另外的产品。

从这件事我受到了启发，当有家长怒气冲冲地来找我时，我做的第一件事就是给家长让座，再给他倒一杯水，然后才开始谈事情，而且效果很好。曾记得上学期有位家长怒气冲冲到我办公室说："某某老师打我孩子，你们解决不解决。"说话的语气非常强硬。我转身去搬了一张凳子给他坐，并倒了一杯水给他，当我把水送到他手里时，家长本来紧绷的脸已勉强地露出了一点礼貌的笑容，这时再向家长说明我们老师的出发点是好的，只是方式不对等的话，家长就基本上能接受。事情解决起来就主动了。

5. 学生进步，告知家长

平常我们听到最多的是："哪个孩子不听话了，打个电话给家长说一下。"可我很少听到说："哪个孩子有进步了，打个电话给家长说一下。"长此以往，家长只要一听到是老师的电话，直接反映就是我的孩子在校不听话了。可我认为孩子不听话可以告知家长，但更多地要把学生的进步告知他的家长，俗话说"望子成龙，望女成凤。"哪个家长不喜欢听到自己孩子进步的消息，如果你把喜讯带给家长，下次他就希望你多跟他联系，而且在孩子面前表扬你、表扬孩子，你也高兴、学生高兴、家长高兴，何乐而不为呢？

我原来带的一个班，有个叫张良的学生，人比较调皮，可干事情很积极，我经常对他鼓励，成绩也有一定进步，他的爸爸做生意比较忙很少来学校。有一次，我打电话给他，告诉他张良进步较大，他父亲听后高兴得不得了，对我千恩万谢。

6. 意外发生，从家长角度思考

在学校，学生难免会发生磕磕碰碰的事情，当学生不慎发生意想不到的事情时，作为老师一定要站在家长角度去考虑事情。去年我班有一位叫赵祖扬的学生在上学的路上不小心滑倒，右胳膊表皮被划破。我连忙带他到医院去看，再把他送回家。到了他家，只听他妈妈说："谁把你撞的？怎么会这样？"他妈妈那种疼爱之情流露无遗。后来我跟他妈妈说："孩子是自己不小心在路上绊到了石头上，已经带医院去看过了，医生说没关系，你在家里再留意一下就没事了。"他妈妈听了，连忙感激地说："谢谢你啊，老师！"遇到这样的事情，我总是冲到最前边，家长不在，我们所扮演的角色就是家长的代理人。

总之，教师与家长的沟通是一种艺术，也是一种超越知识的智慧。它需要教师根据不同的家长，结合实际，采取灵活多样的方法，使双方在沟通过程中达成共识，互相配合，共同做好孩子的教育工作。教师和家长在教育孩子的过程中是同盟军，理应相互尊重、相互理解，建立平等的关系。老师要放下架子，尊重家长，才能获得教师真正的自尊和别人的尊重，才能收到良好的教育、教学效果。

让家长会成为最有效的沟通方式

田菁菁

　　家长会是每一所学校每学期的必备活动，无论是新生开学，月考结束，学期结束抑或是高考结束，它年复一年的上演，并作为沟通的桥梁使得班主任、任课老师和家长们可以"亲密接触"。家长会是家长给老师各项能力直接打分的时候，其成功与否将直接影响到班主任在家长心目中的形象。可以说，一次成功的家长会，不仅能促进班主任与家长很好地沟通，而且"家校合力"，将对学校的管理工作、教师日常的教育教学工作起到"四两拨千斤"的作用，其重要性不言而喻。那么，怎样才能成功地开好家长会，建立和谐的家校关系呢?作为一个班主任，我认为以下几个方面是无法忽视的。

一、从战略上"藐视"

　　毛主席说："战略上藐视敌人，战术上重视敌人。"虽然说，家长和教师在出发点和终结点是一致的，但是，第一次家长会却是相互检验、相互考核的绝佳机会。不能称之为"敌人"，考官却也不为过。因为家长会的重要性，再加上第一次和家长见面，所以，很多新班主任容易紧张。想到5年前的自己，在家长的怀疑目光中完成了第一次家长会，心跳加速，却一定要强装淡定。渐渐才领悟到：其实，紧张对于开好家长会"有百害而无一利"。所以，当你面对教室里一张张陌生的面孔，面对一脸虔诚地望着你的家长而感到紧张时，请告诉自己：学生家长是我的朋友，是我的助手，是我尊敬的客人，没什么可紧张的。然后深深地吸一口气，带着主人的微笑和热情，开始你的汇报和演讲吧！

　　班主任在面对来自于不同阶层，有着不同性格的家长们的时候应该清楚地知道，今天我们的相聚有着共同的话题和目标，那就是孩子——他们的儿女,我的学生们! 家长们无疑将会是你工作上最好的助手、最好的合作伙伴。能运用好这种关系,那么你的班级管理以及对学生的教育都会取得实质性的突破!所以,消除紧张心理,尽快进入自己的角色,与家长平等地交流、对话,用对孩子真诚的关心和爱护,和他们建立起良好的关系,这是家长会成功的首要条件,也是未来持续的教育教学的开端!

二、从战术上"重视"

在筹备家长会的过程中,教师的自信是建立在有充分准备的基础上的。就像我们的备课,没有备好课就上讲台,多少都存在着心虚和莫名的恐慌。更何况是一学期才一两次的家长会,家长们把几乎所有的关注都凝结在这一两次的见面当中。基于此,我们应当从战术上"重视",作为一名年轻的班主任,不妨参考做到以下几点:

1. 准备要充分

首先,在家长会筹备阶段,要详尽准确地掌握学生和家长的情况,从家长的自身角度考虑:比如家长的文化程度、工作性质等;从家长的关注方向考虑:比如学生这次的整体考试情况,学生近期的生活、思想等;既要考虑怎样讲话才能引起家长的共鸣,又要考虑家长们目前最想得到哪些信息与指导,这样班主任在家长会上的发言就会有的放矢,即使紧张也不至于慌乱。

其次,在家长会上向家长阐述你的工作思路和教育理念,让家长试着接受自己,认同自己,接受自己的工作方法,然后把开学至今的班级情况、孩子们的表现做一个大致的汇报。这些在召开家长会之前应该要写出详细的发言稿,最差也应该写一个发言的提纲,才会有条不紊地完成整个预设的过程。讲的时候最好能够脱口而出,让家长感觉到:虽然是一个新班主任,但是认真负责,有能力,对待工作是谨慎的,为这次家长会花了很多心思。把孩子交给这样的老师,放心! 还依稀记得第一次开家长会后,有些家长说道:"老师这么年轻就当班主任,还把班级管得井井有条,我们教育一个孩子都觉得太不容易了,更何况您这么年轻要教育这么多的孩子!"其实,作为教师,也是需要家长的理解和支持的,只有双方能够达成谅解,相互信任,才能促进这些孩子的成长,而家长会的成功就是必须的!

有的班主任觉得自己的工作只是一些烦琐的小事情,用不着向家长喋喋不休地汇报。这样想就错了,因为家长对我们的工作内容未必十分了解,因此我们要充分利用家长会这个与家长交流的好机会,尽量让家长了解我们工作的性质和细节,调动他们配合我们工作的积极性。只有准备充分了,你才能够更自信地走上讲台,面对家长,也才能在短短的家长会中得到家长的认可与支持,方便以后更好地工作。

2. 内容应丰富

家长会上不仅要向家长汇报学生的整体成绩,更应该提醒家长关心和重视孩子的身心健康,包括孩子品德言行的进步、综合素质的提高等等。所以,家长会上展示给家长的不应该仅仅是学生考试成绩,还应该有具有典型意义的事例:例如学校举行的各项活动、孩子们在活动中的表现与收获,孩子们团结互助的场景。让家长们感受到孩子们的成长。正是因为有的家长因为工作忙碌,疏忽了孩子的心理需求,而致使其在心理思想的成熟过程中产生了一定的障碍,所以班主任更应该把这些关于孩子成长、成熟的内容也纳入家长会,让家长们在关注孩子的学习同时,更注重关注孩子们的心理发展。

从我多次召开家长会的经验来看,除了对学习成绩的关注外,家长更多的还是喜欢听有关孩子的具体故事,而不是空洞的说教和指责。基于此,班主任就应当在平时留心孩子们的行为细节,把要阐述的观点融入一个个小故事中。如果平时有记录工作日记的习惯,其优越性就显示出来了,所说的越是有根有据、真实可信,在家长会上再辅以照片或录像,家长就越爱听、越爱看,班主任在家长心目中的威信自然而然就提高了!至少在家长看来,这位班主任关注到了孩子成长中的每一个细节,并且用心记录下了家长们未曾能参与进来的过程,这一点对于家长来说是极其珍贵的。每次我将孩子们在"彩色周末""才艺比赛""校园联欢"和运动会的活动照片展示给家长们看过之后,很多家长都想拷贝一份作为将来的纪念。所以说,当我们做孩子们成长的见证者时,也应当是一位记录者,并分享给每一位家长。

3. 主题要鲜明

家长会虽然次数不多，但是也要依据情势来设定准备，不能人云亦云，更不能千篇一律。比如说，新生开学的第一次家长会，就应该侧重于向家长介绍一下高中阶段的学习与初中阶段的学习有何不同；家长们在学生就读高中阶段应当如何做好配合工作；学校对学生的要求也应该明确跟家长重申，以便家长配合共同约束自己的孩子等等。而月考后的家长会，很显然要侧重于成绩的分析，但是鉴于高一、高二、高三的不同内容和试卷难度，也应该对家长做简要的介绍，让家长在了解学情与考试难度的基础上，为孩子做心理调整。高考前的家长会就更加精细了，更要从实际出发，具体问题具体分析。所以说，每一次的家长会都需要老师们精细设计，强化主题，目标明确，而不是泛泛而谈，让家长在每个阶段都能有明确的方向和目标，来配合班主任的工作。

4. 形式需多样

虽然每个学期才开1~2次家长会，但是从孩子小学一年级开始到高中毕业，加起来已然不少了。每次家长会如果都是一个模式，家长会烦，更加不重视，甚至有些不负责任的家长选用逃避的方式面对。因此，我们班主任开家长会的形式不妨多多"创新"一下，不要拘泥于一种。比如，采用座谈会的形式，把教室里的桌椅围成一个圆桌，拉近彼此的距离；再比如，请家长代表发言，同时又进行经验交流，让家长彼此能够进行沟通和借鉴，比我们自己空洞地宣讲更有说服力；还可以请孩子对家长说说自己的心声，或者让每一位学生在自己的桌子上留下一封给父母的信，把自己想说却又不敢说出口的话通过信的方式传达给父母，再请家长回信，架起沟通的桥梁……不同形式的家长会，往往会带给家长不同的感受，让学生不再惧怕家长的到来，让家长更加乐意于参加这样的沟通，给大家留下美好的回忆，也会成为下一次相聚的期待！

5. 当众表扬

人们常说："好孩子是夸出来的。"其实，不仅孩子喜欢受到表扬，大人也同样渴望表扬。所以，作为班主任不要吝啬表扬，年轻的班主任不要不好意思表扬比你年长的家长们，因为表扬往往会起到引领方向的作用。

记得有一次，一位家长开会时走到外面走廊里大声接电话。我当时并没有表现出不满，而等那位家长回来坐好后，我在总结班级情况时说道："很多老师都说我们这个班的孩子们乖巧、守纪律，我认为并不是我教得好，而是源于各位家长们优秀的家教。因为有在座各位家长的高素质做榜样，才使得孩子们能做到。家长的今天就是孩子的明天。所以，我觉得，我们班的家长是最具模范的家长，非常感谢大家如此专注地听我发言……"一时间，很多家长都把手机铃声调成了震动，有的甚至关机了。这样既避免了尴尬，又营造了良好的会场氛围。表扬有时是一种技巧，在赞许别人的同时，也得到了别人的赞许。

在家长面前表扬他的孩子是最有效果的肯定！家长会上，班主任不妨从不同的角度对不同的孩子进行表扬，尽量做到每个孩子都能提到，这不仅仅是家长渴望的，更说明我们对每一个孩子的关注。特别是那些学习进步较大的同学，在班级活动中有团结意识和奉献精神的孩子，都应当着重表扬。还依稀记得曾经有位家长在家长会开完之后打来电话，说道："老师，从孩子上学开始，我每次到学校都是被告知孩子怎么调皮，每次去学校都忐忑不安，而在您这里，孩子居然有那么多的优点我都没有发现。是您，让我明白了，孩子是需要表扬的。这样，他才有不断进步的动力！"所以说，在家长会上大力表扬孩子所取得的成绩，是十分重要的。这时候，被表扬孩子的家长是最自豪的。每个孩子都有优点，所以每个孩子都要有受表扬的机会。表扬孩子就是表扬家长，让每个家长都得到表扬，有的甚至登台代表孩子领奖，这样的家长会，家长还怕参加吗？还怕来学校和老师交流吗？

再比如，针对有的家长不关心子女的情况，老师们可以通过表扬一些模范家长的做法，让他们从中受到启发。

一个成功的家长会，应当让每一位家长都从中受到鼓舞，进而去感染学生，这样才能够良性循环，而不是教师指责家长，家长训斥孩子，孩子怨恨老师这样的恶性循环。

三、从情感上贴近

"舐犊情深"，每一个家长都是爱孩子、关心孩子的，但是作为班主任，我们要让他们感觉到我们对孩子的爱并不比他们少，甚至超过他们。怎么样才能做到这一点呢？

我们可以表现得更细心，比如发现孩子的优点，唤起家长的共鸣；比如有的孩子身上有许多家长没有发现的问题，你可以一一指出；还比如，有些家长不知道的孩子的心事，你可以透露给他们。如此一来，班主任从感情上和家长更贴近了，家长自然也就会和你掏心窝子说话了。当然，这是建立在日常班级管理中你对孩子深入了解的基础上，既要注意保护孩子的隐私，又要充分地与家长沟通。从某种意义上来讲，和家长感情贴近了，教育往往会达到一种和谐统一的境界，取得事半功倍的效果。毕竟，我们的出发点和目标是一致的。

四、从技巧中升华

有时候，年轻的班主任总是认为自己来宣扬自己的努力有些尴尬，其实，我们完全可以运用技巧来表现，也会让家长们理解我们工作的艰难与付出的努力。

因为是新班主任，所以不要避讳自己工作的吃力，对于自己的不足，比如说年轻经验不足，也比如说处理事情未必尽善尽美，坦白地承认不会受到家长的鄙夷，反而能收获一种理解；更不要忘记适时地告诉家长自己的努力。一次家长会，我是这样结束我的发言的："为了准备今天的发言稿，我写到了今天凌晨。写好了，我把已熟睡的先生推醒了，读给他听。他嘲讽我说，又不是领导发言，何必这么较真呢。我说，领导发言未必要像我这么推敲，因为我所说的每一句话都要对孩子负责，都要对家长负责！"我的这次自我推销无疑是成功的，赢得了家长热烈的掌声，更赢得了他们日后的尊重，因为我对工作的认真已经在家长心中植根了。这不是作秀，它远比作秀来得真实，来得实际。我们需要的只是一份尊重，一份认可，凭借着这两点，我们才能在每一个家长的支持下去守护着孩子们奔向属于他们的未来。教师尤其是班主任的工作是烦琐的，要取得家长的理解和支持，有时候我们不妨采用一点技巧，这并不妨碍我们的真诚！

　　心灵是不可复制的，感动是不可复制的。最有效的教育是不可复制的。学生成长环境的营造，靠学校，靠教师，靠家庭，靠的是一种合力。但是，我们现在的教育，在合力的打造上，还有很多缺失。走进心灵，需要的绝不仅仅是技巧，而是一次又一次的倾听、沟通、梳理。家长会，为学校、家长、教师甚至是学生提供了一次又一次的契机，虽然有限却很及时，所以面对每一次的家长会，我都很难去随意或是简单地面对，不敢说每一位家长都能给予同等的关注，但却是尽心尽力地解答每一位家长的问题，把握好有限的条件，争取最大限度的沟通！每当有老师问及我怎么筹备家长会的时候，我总是回答：用心！这种用心不仅仅体现在班级的布置，也不仅仅体现在对每一个孩子的了若指掌，而是要充分考虑到家长所询问的问题并做好充分解答的准备！这样，当我站在讲台上，面对着大自己20岁的家长，作为一名年轻班主任，才能更从容，更自信！

论家长参与在家校沟通中的作用与途径

刘家宜

　　苏联著名教育家苏霍姆林斯基认为："最完备的社会教育就是学校——家庭教育。家庭以及存在于家庭中的子女与家长之间的相互关系，是智育、德育、美育和体育的第一所学校。"在孩子的成长过程中，家庭教育无疑占据着极其重要的位置。随着现代教育体系的完善，专业性的教育机构逐渐成为了孩子接受知识的主要场所，同时也产生了学校——家庭教育之间的断裂与矛盾，其具体表现主要分为两种情况：一是有些家长对自己的教育者身份认识模糊，对孩子的教育不关心，认为交了学费就应该全由学校负责，二是很多家长对教育工作不了解不理解，对学校措施、老师行为不认可，产生了许多不应有的矛盾。

美国著名教育评论家塞缪尔·萨拉森（Seymour Sarason）曾经说过，老师和家长之间先天存在一种对抗状态——互不信任、互相误解。他认为解决办法很简单，就是让家长在时间和精力允许的情况下走进学校，花几天时间和师生们在一起，真正融入学校。我的一位教师朋友也坚持认为，对于与家长之间的问题，最佳的解决方法就是至少每月与家长见一次面，而且风雨无阻。

在以往的经验总结与教学实践中，我也发现了家校沟通的重要性。有些人认为，学校只要做好课程安排，制订考核标准就好，不用掺和那些人际方面的"闲事"。很明显，这种想法无论在理论上还是实践上都是错误的。教育是面向人的，无法回避作为人的复杂性与不确定性，无数实践证明，只有做好师生沟通、家校沟通的教育，才是真正的完整的教育。完善的家校合作关系不仅能更好地促进青少年的健康成长，有利于培养学生良好的行为习惯，还可以促进学校和家庭之间的信息交流，建立能够优化学校教育的环境

当然，这样的信条早已经在上世纪五十年代兴起的人本主义教育思潮中得到普遍认可。然而在以往的教育实践中，作为教育工作者的我们更注重从自身努力，不断拓宽与家长的沟通渠道，思索沟通技巧，反思沟通障碍，却忽略了天平的另一头——家长参与的重要性。现代社会是一个巨大的交际网络，由于个体专业性的不断增强与社会分层的加剧，人与人之间极易产生各种不满、猜忌与不信任。基于这种现实，德国著名哲学家哈贝马斯在政治领域提出通过公共领域的多层面协商以保障民主政治的有序性，毫无疑问，想要解决好家校沟通这一教育问题，我们也必须认识到家校沟通是一种多向互动行为，行动的另一方——家长必须积极参与到沟通中来，并作为管理者的形象出现在沟通过程中，这也是本文中"家长参与"这一概念的主要面向。

"家长参与"作为一个概念性的教育学问题在西方已经有了五十年的历

史，然而在我国教育界这一问题始终没有得到足够重视，理论上的探索尚在起步阶段，实践成果更是乏善可陈。然而正如我在前文所阐述的，"家长参与"在家校沟通中占有重要的位置，理应受到足够的重视。在接下来的文章中，笔者将初步厘定"家长参与"的内涵，并在介绍国内外家长参与的先进经验基础上，结合实例提出比较符合当下高中实际情况的家长参与策略，并指出目前推进家长参与的障碍，同时展望这一理念在未来中国教育界的前景。

一、家长参与的内涵与重要性

家庭教育和学校教育如天平的两翼，只有双方的通力合作，天平才有可能达到平衡，也才能达到教育的最终目的——少年儿童的和谐发展。家长参与学校教育，既指个体的家长，也指家长群体，通过组织化、制度化手段，和学校、教师的交流、互动，参与学校的教学、管理、监督并帮助孩子的学习成长等，旨在促进少年儿童的和谐发展。

随着世界范围的教育改革的深入，"家长参与"从20世纪80年代开始成为了一个世界性的话题，其重要性也逐渐得到普遍的认可。首先，家长参与有利于和谐学校公共关系的建立。在帮助学校协调好与家长的关系，使学校获得更广泛的认同和理解方面，家长参与是最直接有效的方式。试想一下，如果让家长参与我们学校的工作，是非常有助于他们理解当代教育工作者面临的困难和挑战。有了这种理解，家长会变得更加容易沟通。他们会意识到教师都是有爱心、负责任的教育者，出发点都是为了孩子。即使当他们质疑我们所做的工作时，他们也会以更恰当的方式提出疑问。从另一方面来看，家长参与也有助于学校了解家长的态度并引导家长形成对学校的积极公众评价。在良好的长效沟通中，家长的疑虑与意见都能得到及时的消化，不断推动学校和谐舆论环境的形成。在内部良好口碑基础上，学校外部环境也将得到优化，在家长带来的大量外部信息面前，学校更容易识别其所面临的机遇和挑战。

其次，家长参与学校教育，有助于社会资本的重建。在老师和其他家长的引导示范下，许多对孩子教育不够关心的家长对教育问题会有重新的认识，因而对于重建家庭原始社会资本，弥补家庭教育的不足大有裨益。与此同时，家长所拥有的巨大的社会资源也是学校发展的重要能源，这些丰富的社会资本无疑将促进教育质量的提高。

最后，家长参与学校教育有助于构建学生和谐发展的生态系统。学生的健康发展本来就是学校——家庭教育合力的结果，家长参与学校教育无形中平衡了学校教育中关怀性的不足和家庭教育中知识性的不足。面对每况愈下的学生道德现状，家长参与将在很大程度上缓解学校德育工作的压力，家长可以通过兼职义务教导员在道德教育、心理健康等方面更大范围、更深入地关注学生的道德心理方面。

二、家长参与的先进经验举凡

在西方国家，家长作为参与学校教育管理中的这样一个角色，已被认为是现代教育管理的第三势力。因此，家长和学校如何合作，形成教育的强大合力，已经成为西方每位家长和教育工作者共同关注的十分重要的现实问题。

20世纪90年代以来，"家长参与学校教育"逐渐成为美国教育领域研究的热点话题之一，并在实践领域取得了较大成效。美国的家长参与学校教育缘起于民众对公共教育的不满。理论界围绕这一问题进行了研究，公众对此问题也进行了实践中的探索。理论上的研究主要围绕家长参与对学生的影响、家长参与的模式、影响家长参与的因素等方面；实践中的探索主要是成立家长参与学校教育的组织，从法律上规定家长参与的权利和义务，开展多渠道的家校交流。美国的家长参与学校教育，从认识、制度和实践等层面，给我国今后开展"家长参与学校教育"工作以深刻的启示。

欧洲国家也十分重视家长对学校教育的参与。自上个世纪70年代开始，他们即开展了大量卓有成效的家长参与学校教育管理的课题研究，建立了各级各类组织机构，采取了多种多样的手段和措施，以保障家长参与学校教育管理的权利，调动家长关心支持校园管理。尽管各国的社会经济状况不同，面临的教育问题各异，但这些国家几乎都把加强学校与家庭、社会的联系，保障家长参与教育的权利，作为教育改革的一项重要内容，在法律法规、组织机构等制度化的建设方面，都为家长有效地参与教育提供了保证和支持。

在我国的台湾地区，由于较早接受西方教育理念，家长参与实践也很丰富。台湾中小学家长参与学校教育的两大重要领域是学校与家庭，分别以学校家长会和子女学业为重心。家长参与学校教育已经成为台湾家校合作的重要方式。台湾对于家长参与学校教育的规定较多，较重要的有1999年《教育基本法》第八条第三项规定："国民教育阶段内，家长负有辅导子女之责任；并得为其子女之最佳福祉，依法律选择受教育之方式、内容及参与学校教育事务之权利。"学校也会积极召开各类家长进校园活动，或者是校外的亲子派对，促进学校与家长在各种正式、非正式场合的沟通，加强感情，获得更好的教育效果。

三、家长参与的途径与方法

既然家长参与是如此重要，而我们以往的措施又如此匮乏，一个非常重要的问题就摆在了我们面前：学校、教师应该运用哪些途径来加强家长的参与力度呢？

首先我们要充分利用家长会与家长接待日等传统措施，加强传统方式的有效性。一学期一次的家长会必不可少，家长会上，班主任除了告诉家长成绩之外，还可以听取家长对老师、学校的意见建议。家长会虽好，但间隔时间较长，所以可设立若干家长开放日。具体操作是：在一学期设置若干家长开放日，家长在不影响正常教学秩序的情况下，可以走进校园，与老师学生一起生活学习、听课、参观校园设施、品尝食堂餐饮。家长开放日要做到有效，必须增加开放日的天数，并保证一定的随机性。教师也可以让家长参与主题班会课。虽然每个家长都觉得对自己的孩子比较熟悉，但有时并未真正了解他。有时候想去了解，孩子又不一定愿意开口。我们可以邀请一些家长参加班会课，在课堂上听听自己孩子的心声。同时，教师也要运用与家庭之间创新的沟通方式，建立个人的、以目标为导向的沟通，并且充分利用新的信息化沟通技术。

从学校来讲，也要充分认识到家长不仅是教育的投资者，也是教育的参与者，要让家长参与到学校管理中来，如动员家长担当志愿者，帮助学校开展教育工作，承担学生餐饮和某些办公室的管理任务，还可以邀请家庭成员进入课堂，向学生们讲授自己的专业知识和人生感悟。

从政府来讲，要建立长效有力的保障机制，保证家长参与的持续性有效性，如2012年8月29日，成都市教育局正式发布《关于进一步加强和完善中小学校幼儿园家长委员会建设的实施意见》，从新学期开始，成都市中小学校、幼儿园将逐步建立健全"学校、年级、班级"三级家长委员会。根据《意见》，家委会拥有知情权、决策权、评价权、质询权和监督权。家长们可以通过定期听取学校工作报告，了解学校教育教学工作计划、学校资源配置情况、教育督导评估结果等；能参与学校重大事项管理和决策，如审议学校发展规划，就学校年度工作计划、重要管理制度、食堂经费开支等方面的情况提出意见、建议；根据相关考评办法，参与教育行政部门或由教育行政部门委托的评价机构对学校、校长和教师进行的考核评价工作。与此同时，家委会也应履行相应义务。家长们应协助学校调解家长、学生与学校之间的争议和矛盾；与学校和教师一起肯定和表扬学生的进步；为学生开展校外社会实践活动提供教育资源和志愿服务；协助学校定期组织家长代表大会、家长会、家长接待日等活动。

总而言之，学校与家长要利用一切手段，共建家庭——学校共同体，这有助于家长和教师形成共同的教育价值观，也可以促进家长和教师之间的合作、尊重与信任。

四、家长参与的困难与展望

但是不得不承认，在加强"家长参与"、促进家校沟通的路上，我们还要克服很多障碍。首先，在主观认知上，许多家长和教师对家长参与这一理念充满不解与抵触。家长们会对学校推进这一事业的诚意产生怀疑，认为是样子工程，参与了也起不到什么作用。教师会认识不到这一措施背后的深刻意义与长远作用，害怕影响正常的工作生活，扰乱教学计划。在客观行动方面，由于初始阶段许多家长认识不到这些措施的意义，行动力会不足，出现一定的冷场现象，导致许多家长参与计划的流产。

造成上述现象的一个重要原因就是我国的"家长参与"缺乏西方和台湾地区那样的制度化保障。我国"家长参与"制度化目标定位单一、政策法规体系不完善、法规制度操作性不强、理念认识尚存不足、组织化建设比较薄弱等。尤其是最后两个问题比较突出，探究其原因，主要是"主体"理念的缺失、市民社会的发育不成熟、教育体制的限制和传统内敛文化的影响。

这些障碍有的是体制性的，一时难以改变，但有很多是可以通过政府、家长和我们教育工作者的努力有所改观的。首先，家长要增强自身参与意识，关心子女成长，不断与之交流沟通。树立家校合作的意识，多与老师沟通，共同促进孩子学习和发展。其次，学校管理人员与教师要转变思想，欢迎和鼓励家长参与学校教育。充分利用家长会、家访等方式，联系家长，争取更多家长参与学生教育。邀请家长参与学校管理，让家长树立主人翁的意识。另外，政府要为父母参与提供制度和法律保障，促进父母有效地参与子女的教育，使家长从不参与向参与转变。政府要为家长参与提供组织保障，要发挥我国现有的家长委员会在保证家长参与的作用，要让家长委员会真正反映家长的心声，而不是流于形式。

随着社会的不断进步，新一轮教育改革的不断深入，我们相信"家长参与"将会在机制和方式上不断创新进步，在制度上不断得到保障，会有越来越多的家长主动参与到学校教育中来，学校向家长敞开的大门也会愈加开放。在学校—家庭—学生的共同努力下，我们深信"家长参与"这一方式会成为家校沟通这一渠道的有力支撑，将会是连接家长与学校的绚丽的彩虹桥。

【参考资料】

王珞霞，王志慧：《哈贝马斯的"对话理论"——新型师生关系的建构》，载《大家》2012年06期。

孙孝花：《谈美国家长参与学校教育》，载《内蒙古师范大学学报》（教育科学版）2004年06期。

林宇:《台湾中小学家长参与学校教育之启示》,载《三明学院学报》
2011年01期。

杨天平:《欧洲七国关于家长参与学校教育项目的研究综述》,载《内蒙古师范大学学报》(教育科学版)2003年03期。

运用心理技术,有效实现家校沟通

吕艾静

教育的成败很大程度取决于学校教育和家庭教育的质量,取决于二者能否形成合力。正如苏霍姆林斯基所言:"教育的效果取决于学校和家庭教育影响的一致性。如果没有这种一致性,那么学校的教学和教育过程就会像纸做的房子一样塌下来。"随着现代心理技术的兴起与迅速发展,运用心理学原理、方法、心理测验、统计等手段研究和解决教育问题已经成为教育手段现代化的有效组成部分,正在对世界范围内的教育改革和教育现代化产生着变革性的影响。毫无疑问,运用现代心理技术,有效实现家校沟通,促进家校合作,这对促进学校与家庭之间形成合作、同步、互补的协同效应,进而收到最优化的教育效果具有重要的意义。

在家校合作中,班主任应该精通心理学理论,了解和掌握一定的心理咨询理论和技术,诸如心理咨询时的谈话技巧,心理测评时的指导语等。通过运用心理技术,与家长建立良好的人际关系,完成预期的家庭教育目标,也能实现对家长的心理辅导,这对提高家庭教育质量,进而提升教育质量,有效实现家校沟通有着至关重要的作用。

李冰的父亲是在一个夏日的午后走进我的办公室的,他很谦恭,彬彬有礼。他说,他和儿子之间矛盾越来越激化,代沟越来越深,这令他很烦恼,想向我请教。然后,他思维严谨,字斟句酌地向我讲述了李冰的故事,讲李冰曾经的优秀和完美,讲那时作为父母,他们的喜悦和幸福感。讲如今李冰已变成一个成绩平平,缺乏斗志,没有远大理想的孩子。讲他的担心,他的反思,又讲他的百般容忍,耐心的陪伴,也讲了他的愤怒,当然愤怒无果。在与他进行的摄入性会谈中,我真切地感受到,他当父亲很尽职尽责,而且当得很辛苦。

他一再强调,面对儿子的自甘堕落,自毁前程,尽管他很伤心,很失望,内心无法接受,但他仍旧不懈地努力着,正如他今天来寻求我的帮助,也正说明他从未放弃过自己的儿子,因为他一直都没有忘记儿子曾经的完美无瑕。

他说,他用尽了各种方法,希望在自己的引导与感召下,儿子能重新燃起学习的热情,焕发向上的动力。他说,他和妻子甚至天天轮流看管儿子,主要是为了不让儿子上网玩游戏,然而,在他们的监视下,儿子依旧会整夜整夜地玩网游,对他们的干涉与阻挠竟熟视无睹,对此,他理智地克制了自己的情绪,一再忍让着。他还讲,李冰上初中时,他时常去学校,站在教室外面观察儿子听课的状态,他还找过儿子所有的任课老师,了解儿子的学习状况和在校表现,拜托老师关照儿子。他说,今后,他也会经常来学校观察儿子,和老师沟通的,他还很欣慰地讲,儿子喜欢动漫,想参加学校的动漫社,他很支持,他一会要去找微机老师和动漫社的负责人聊聊这事……

由于高一刚刚入学,我对李冰的了解还不深入也不全面,我专注而认真地倾听了他的故事,也许是面对我秉持的非评判性态度和不时给予的鼓励,他感觉很轻松,在比较宽松和信任的氛围下,他滔滔不绝地向我诉说了他的烦恼和困惑,无所顾忌地把他的内心世界展现在了我的面前。渐渐地,一个清晰地、完整的家庭亲子画面呈现在我的脑海里,那里有个威风凛凛的父亲,像个大英雄,有个忙于事业而无暇照顾家庭的妈妈,还有个乖巧的小孩子,却做出明显逃离的姿态。

在这段摄入性谈话中,我主要是为家长创设了一个比较轻松的谈话氛围,给予他的充分尊重、信任以及秉持的非评判性态度都是为了与之建立良好的人际关系,营造和谐的沟通环境,这会使接下来的会谈更加顺畅。

为了控制会谈的内容与方向，我果断地采用了中断技术，在充分表达对他的理解和尊重之后，我微笑着说："讲了这么久，你应该口渴了吧？不如先喝杯水，顺便歇歇？然后听听我以一个客观的中立者的身份讲讲我在你的描述中看到的画面，好不好？"他笑了，立马回应道："和你聊了这么久，心情真的好了许多，刚才郁闷的情绪似乎一扫而光了！倒真想听听你的看法。"我们相视而笑，气氛立时轻松了许多……我觉得，到了除掉厚厚的包裹，直视真相的时候了。

我用无条件尊重与接纳的口吻，重复了他讲的关于李冰小时候的亲子故事，包括优异的学业成绩，乖巧的个性，积极的心态以及那时他们的骄傲和喜悦感，接着，我顺势提出了一个核心问题："这么一个可爱的优秀的孩子为什么会变成今天这个样子呢？我想，作为父亲，你应该是最了解其中的原因的。从教育心理学的角度讲，家庭环境与儿童的问题行为高度相关，你能谈谈这方面的状况吗？"这是释义技术，目的是改变会谈方向，引导他从家庭的视角反思影响孩子成长的因素，进入他的问题所在。

面对我的询问，他委屈地说，"孩子的改变和我们父母有关？我们可是一直深爱着孩子的，对他的期望很高，尽管他变成了现在这个样子，我们也没放弃过他啊，对于他提出的任何要求，我们都是无条件地予以满足，我想尽一切办法，就是想让他好起来。难道你觉得是我和他妈妈做错了什么，而导致他堕落，不思进取的吗？"

仅仅依靠良好的人际关系、和谐的沟通氛围和娴熟的倾听技巧是可以使家长受益，实现自我成长的。但这是个缓慢而艰难的过程。如果班主任以积极主动的态度参与到会谈当中，运用心理学理论知识、方法技术和个人的实践经验以及对家长特有的理解，也可以使家长受益，而这种影响会更直接、更加高效地解决问题。面对他的对抗，我决定在放松训练的基础上，对他进行自由联想指导："现在的你很舒服、很放松、很平静……请带着这种情绪进行联想，回想一下儿子上初中之前的情景……再回想一下，当儿子到了初二时的情景，那个时候发生了什么……现在告诉我，你最先想到的是什么？"这样做，是引导他以心理分析的理论模型来寻找问题的根源。这里，需要说明的是，当面对困惑，主动向班主任寻求帮助的家长，班主任可事先征求家长的意见，指导其进行适当的专业的心理训练，这利于问题的解决。

于是，他向我讲述了这样一幅家庭画面：在他的家庭里，他凡事都亲力亲为，对儿子的教育也是事无巨细，指点周到。他曾经为儿子勾画过未来，并明确告知了儿子，当然，这种告知，是不需要讨论和商量的。于是，李冰从小学到初二一直是按照他的规划成长的，对他的教导言听计从，在他的记忆中，小时候的李冰十分乖巧、听话，这令他十分满意。直到现在，这一段时光也是他们家庭生活值得记住的一段岁月，而这段历史，他现在还会时常拿出来，帮着儿子回想，希望儿子可以从中找回自信，在他看来，这足以让全家荣耀。也正因如此，刚才联想时，他最先想到的就是这段幸福的时光。我不时给出鼓励性的回应，来强化他叙述的内容并鼓励其讲下去。于是，他接着说到了那个关键的时间段，儿子上初中二年级的时候。我表达了选择性关注，引导会谈朝着这个重要的方向做进一步深入。他说，当李冰上到初二的时候，突然间变得不同往昔，一改常态，开始逃避学习，经常旷课，打仗，还在社会上结交了一些问题少年，甚至离家出走，最终还沉迷于网游。他说，李冰中考的成绩和预想的一样，很不理想，本想着进入高中之后，李冰会有所改变，有所收敛，但在他看来，李冰现在变得愈加消沉、堕落、不思进取，成绩也越来越差，而且还破罐子破摔，面对他们的劝告无动于衷，沉默对抗，亲子关系越来越紧张和对立。

从我个人的经验、实践与观察中，我得出一个结论。于是，我说："你曾经是儿子心中的英雄，这曾经给了他旺盛的成长力量"。面对我的评价，他显得有些不好意思，但最后还是承认了，他说他曾是个军官，是儿子引以为傲的榜样。他说他对孩子的要求很严格，期待极高，可能和他的职业有关，他对孩子的教育与培养有点军事化，他很懊恼的是，这样的教育却没能帮助孩子，这让他很困惑，百思不得其解。由此我验证了自己的推理和结论。

我尝试着与他交流我的推理和结论："因为刚刚入学，我对李冰还不十分了解，但从你的描述中，我可以感知到李冰应该是个内心敏感、心思细腻的孩子，小学的时候，也十分要强，不甘落后，甚至有点追求完美吧？"他马上肯定了我的推论。其实，从他的一系列表现中，我已经明确地感受到他的个性中过敏倾向十分严重，这种个性的高度敏感有着极强的遗传性。通过这样的分析验证，我更加坚信了自己曾经在他的描述中看到的他的家庭画面并与他分享：威严的父亲，忙碌的母亲，乖巧却想逃离的儿子。

我完全可以想象得到，在这样的家庭背景下，他的儿子是背负着怎样的期许成长和生活的，又是扛着怎样的压力去面对中考的。也完全能够想象得到，两年前，这个小孩子在中考之前，曾经做过怎样的挣扎，付出过怎样的努力，而这一切的坚持又是怎样瞬间崩塌的。当然，这一切在这个父亲看来，只是一瞬之间发生的，他觉得孩子是突然间变得不同往昔，沉迷网游的。其实在这突然转变之前一定发生过什么，在李冰心中一定出现过十分激烈的内心冲突，有过几次三番的苦苦斗争，只是做父母的他们没有洞悉到罢了。

我尽量淡然地对他进行尝试性评价："通过观察，我觉得你是一个个性敏感的人，你觉得呢？"虽仅一句话，但却出自心理分析理论模式，把他的核心个性与过去以及现在的行为、心理体验联系到了一起。运用这样的解释技术，是要引领他从全新的角度去了解自己和周围的事物，这对他而言可能从未想到过。而这一角度使他看到了全新的世界，这可能非常有助于他的认知及至行为和情绪的改变。

他肯定了我的评价，说他曾经为儿子的未来做过十分完美的规划，当然现在他已经放弃了。我接着询问道：你觉得当初的那个规划意义在哪儿？他看着我，犹豫着说："你是不是想说，当初的那个设想其实并没有意义，相反却害了孩子？"我笑着说："这是你说的，我想说的是，这个规划本身并没有错，它表达了你对儿子的信任与认可，传达着你对儿子的热爱。这个期待完全可以成为动力的。"作为班主任，在与家长的沟通中，要通过充分体验他的内心世界，努力实现共情，关注他的积极面，从而使其拥有正向的价值观，发生积极、正向的转变。

"可是呢？"我话锋一转："可是这个规划却变成了枷锁，变成了严苛的要求，进而在你们父子之间开始充满了指责，引发了冲突，在这样的期许中，你严厉无比，让你在儿子心中从英雄变成了审判官，让儿子心生畏惧。现在，我们来做个假设，如果你是他，面对这样一个追求完美、事无巨细、威风严厉的父亲，对自己实行军事化管理，对自己充满了极高的期待，为自己规划着未来，并不容商量与质疑，只要求你无条件执行，你会怎么想？会有怎样的感受呢？"此时，我运用了逻辑推理技术，是为了引导他从不同的角度和方式思维，预想事情发展的可能结果，进而使其意识到自己思维、言行的不妥之处，从而达成改变。

我说："你应该知晓一个事实：尽管李冰表面上对学习缺乏热情，看上去无所事事的样子，但他并不轻松，甚至很辛苦。"他接口说："没有目标，内心会很迷茫，不会轻松，是最辛苦的，因为心很累。"我很欣慰他这样讲。我说："初二，那个对你的儿子而言极为重要的阶段，由于你给予的高度期待，让他感受了巨大的心理压力，面对繁重的课业负担，他失去了勇气，他没能坚持下来，他选择了逃离，逃到了那个虚拟的世界里。可那个世界并没有给他安全感，相反，却让他愈加空虚，内心的恐惧更加强烈。在两年前的那个人生重要关口，他没有向人倾诉，甚至他都没向你们倾诉他内心的挣扎与痛苦。因为，你们站在那么高的角度期待着他，他不敢对你们说出他的烦恼、压力和恐惧，他找不到倾诉的人，找不到可以给予他帮助与鼓励的人，于是他的逃避让他一改常态，逐步变成了今天的样子。而现在，他内心依旧拥有强烈的渴望，他的内心从未放弃过对美好的追求，这便是他时常暴跳如雷，情绪失控的原因，因为他其实并不想就这样荒废青春，他很想回到良好的奋斗状态。可他离开得太久，落下的功课太多，需要克服的困难太艰巨，中考的成绩也说明了这一点，这让他气馁、退缩、犹豫徘徊，事实上也确实困难重重。如果这个时候，他依然找不到可以倾诉的人，找不到能给他理解与帮助、给他指引与陪伴、给他信心和勇气的人，那他可能再一次选择逃避，那他真的就会越走越远，或许就真的枉费了一场美丽的青春之约。"

这里，我又一次运用了解释技术，希望从心理咨询理论和个人的经验、实践与观察中得出相关的解释，给他提供一个全新的认识自己和他的问题的方式，也使他的世界观产生认知性的改变，以期帮助他找到问题的原因。但针对他的个性特点，这次会谈中，我仅使用了两次解释，不然会超出极度敏感的他所能承受的来自外部挑战的极限。

　　此时，我觉得利用情感的反射作用，有意识地激一下他，可以使他更加清晰把握未来他需要做的事情和所要进行的调整。于是，我说："现在，李冰正处在人生重要的阶段，他需要指引与帮助，需要鼓励与信任。但前面困难重重，时间也所剩无几，请问，你能成为那个让他敞开心扉，勇敢面对自己的困境，并极具智慧地给予他力量与鼓励的人吗？"他急切地说："我当然想！但是，在儿子面前，我真的觉得没有什么影响力了，对于我的良苦用心，他视而不见，对于我的苦口婆心，他听而不闻啊，我常常感觉无力得很。更多时候，在儿子面前，我只有忍耐与妥协了。"我告诉他："不用这样灰心，其实你是最有资格的，因为我曾经在李冰的手记里发现，在李冰的梦想里，你是英雄，是榜样。他的叛逆与对抗，很大程度上是想用另一种方式回避你。对他伤害最大的恰恰是你的无奈，就是你所说的忍耐与妥协，这其实是在告诉他，你放弃了他，这种不抱期待或者降低期待也是一种伤害，或许是更深的伤害。"他讶异地说："经你这样一讲，我恍然大悟，似乎真的是这样，我这样一味地妥协与忍耐，反而让他愈加放纵，并没有收到成效啊。"听到儿子对他的赞美，他的眼光忽然明亮起来。

　　至此，这次摄入性谈话成功完成了。接着，作为班主任，我要给予他一些具体的指导以及一些相关的忠告和信息，直接告知他在亲子关系中正确的说话、行为方式以及以某种方式行事。明确告知他面对孩子的成长，作为家长，在教育方式上应该做哪些调整与改变。

　　"如果我是您的话，一会儿我可能不会去替儿子找微机老师，因为这件事情，他自己是完全可以处理的。"直接告知他："孩子长大了，他进入了人格独立期，你应该学会放手，给他信任，给他自己决定自己事情的权利，给他选择权,给他自主权,给他成长的空间,给他自由。经常和任课教师沟通其实没错,但如果没有掌握好度,会适得其反,这样的行为只是在默默地告诉他、暗示他,你从来没有认可过他,在你眼里,他还没有长大、成熟,甚或他在你的眼中就是个婴儿。这会伤害他的自尊心,进而产生逆反,这种逆反情绪,会让你们之间的距离越来越大。去教室外看他上课的状态是不是也应该省略了呢?当然我非常感谢这次你能来与我沟通与交流。"他连连点头称是,我欣慰地看到这次摄入性会谈带给了他一个全新的世界观,带领他从一个新的角度去看待自己和他的儿子,开始重新审视他与儿子之间的亲子互动了。

我接着提出建议:"和这个年龄的孩子交流,似乎不适合一味的说教,所以我还有个建议,你可以多看些家庭教育方面的书籍,以增长自己的教育智慧,掌握一些教育和沟通的技巧,学会捕捉教育的关键点,把握教育的契机,学会正确而轻松地表达爱,传达关怀,学会平等,学会尊重,教育要无形中有形,教育要润物无声。"这种影响性总结,主要是为了让家长抓住会谈重点,加深他对会谈中交流到的东西的印象。

他用很夸张的表情表示他对我观点的认同与决心改变自我的意愿,他与我热情握手,连声说着谢谢!他舒展的眉头,愉快的神情和真心的笑容也让我在心里长舒了一口气。

我知道,要使问题得到改变,还需指导他在改变其思维模式与行为模式上下功夫,这需要一个过程。希望他能认真完成我布置的相关家庭作业,尽快完成转变。与此同时,我也向这位家长表达了,我愿意为李冰的改变与成长做出努力,希望我们之间经常联系,加强沟通,希望在我们的共同努力与关怀下,李冰能迅速转变,成为一名优秀的高中生。

这是一次比较成功的家校沟通案例,尽管形式上,只是一次班主任与学生家长之间简单的交流与会谈,但因为作为班主任,我科学而巧妙地运用了心理技术,使这次会谈变成一次规范的咨访过程。在有限的时间里,很好地解除了家长的困惑,帮助家长解决了他面临的家庭教育问题,从另一种角度讲,也完成了对这位家长的一次有效的心理辅导,使其在咨询过程中实现了自我成长,从而能提升他的家庭教育能力,唤醒他积极与学校配合、合作的意愿,成功地实现了家校的有效沟通。

与家长沟通的正确方法和时机

付广娟　王宏伟

应该说,这么多年的班主任工作中,我最不喜欢听到这样的词:孩子就交给你了,你看着办吧,我是一点办法都没有了。这是家长的不负责任,这同时也让人看到了家长内心的无奈。

现在这样的家长越来越多了,由于现在社会中很多人要小孩子的时间都比较晚,所以家长在孩子成长起来的时候,年龄都偏大,多数家长的年龄正处于四十岁左右,这个年龄应该是负担最重的年龄,上边有老人需要照顾和抚养,下边有孩子需要教育,同时这个年龄在单位应该是骨干力量,工作压力应该是最大的时候,这样,导致很多家长没有时间和精力管理孩子的各个方面。但越是这样,孩子的教育越是个问题。有些时候就会积重难返,当意识到这些的时候,孩子的习惯、孩子的意识都已经形成,于是出现了目前这样尴尬的教育局面。

正因为这样的局面,我们才应该解决一个迫在眉睫的问题:家校合作教育的问题。家校沟通的正确方法和时机是我在长期的班主任工作中摸索出来的。今天就这个问题在这里简单谈一下自己的想法。

其实,我们会遇到形形色色的孩子,我们也会遇到形形色色的家长,因为毕竟我们的学生很多,真的是什么样的都有。有可以交流的,有交流不了的;有想管孩子的,有不想管孩子的;有想管孩子的,而又管不了孩子的;有不想管孩子,又想给自己找合情合理的理由的等等。

姑且我在这里把家长分成这样的三大类,然后就每一类,我谈一谈自己

沟通的方法。

第一类家长是想管，没时间管，不会管

班级有一个学生的家长也是大学毕业生，只是毕业后和家人一起经营了一家小型的自营实体。她负责管理自己的员工，因为毕竟是小型的实体，所以她所雇佣的员工都是一些体力劳动者，也就是说多数都是农民工，注定管理的模式当中加了更多的粗鲁，没有办法去和他们和风细雨地去讲道理，当然，当人的性格形成了，在家里，在孩子身上也是没有办法改变的。

于是，看到的孩子就是没人管的状态，看到的孩子就是不太懂事的状态。只要想管的时候，对孩子就是粗暴加粗鲁。孩子每天都不交作业，谈话是没有用的。孩子的情商明显要比同龄人低，说白了就是孩子的心理年龄要比生理年龄小不少。做起事来总与别人不合拍。面对这样的孩子，我和孩子交流了很多次，面对我这样的老师，孩子觉得没有办法交流。"老师，我也想按照你说的做，可白天和你在一起，回家和我妈妈在一起就不是这样了。我没有办法改变自己，只要一到家里，就和原来一样了，真没办法，老师，不是我不改，我都已经习惯了，没有人会在意我的，没人管我的。"看到的是孩子的无助，我想我应该和家长交流一下，无论如何我要试试。

首先，约家长的时候一定要真诚

应该说，这个家长让第一次让我觉得和家长沟通的难处。"请问有时间来学校一下吗？我觉得孩子的教育我们应该沟通一下。""不好意思，我太忙了，你想怎么管我儿子都行，打他也没事。""我知道，你对我是很信任的，但孩子的教育我还是想和您沟通一下，您看什么时间有空，我们聊聊。""那就等我看看什么时间有空吧，不好意思，我现在太忙了，我也知道孩子是我的，但我得生活啊，这是我自己家的活，自己不在不行啊！他爸也管不了这些人，真是没办法啊！""没关系，如果你有时间的时候，可以给我打电话。"于是第一次的邀约就这样失败了。我见过太多这样的家长了，没办法，我也能理解，但我不能认同，我总觉得这个年龄的孩子一定要有家长的监管才行。因为毕竟学校管理的范围是有限的。除非我们想放弃，否则家长的意识必须要到位，毕竟孩子除了和我们在一起外，就是和家长在一起。教育不能让它打折。

接下来，我约了她三次，后来终于她觉得再不来不对了。于是我终于见到了这位家长，与我年龄应该相仿，但劳累让她过早地多了些白发，脸上多了些皱纹，真的觉得她太不容易了。但真诚还是打动了她。

第二，约家长谈话时一定要学会倾听

应该说，很多这样的家长都是满肚子的委屈，因为她觉得自己这么多年，养育一个孩子是相当不容易的事情。特别是这个家长可能是憋了一肚子的话，正好没地方去说。于是她自己讲了一个多小时，我也听了一个多小时，正因为我的倾听，我才了解了前边我所说的那些信息。了解了一个九十年代大学生的苦衷。

"其实做任何一份事业都是很难的。特别是你还要教育孩子，真是不容易啊！"这是我听了一个多小时的诉说之后和她讲的第一句话。她是满脸的惊讶，她没想到我的理解。我没有任何的责备。我知道每个人都很不容易。我们都应该相互理解的。

"是啊，我也知道孩子应该教育啊，可我也不懂啊！没办法，孩子上初中的时候，我就告诉孩子的老师，孩子我是管不了了，你怎么管都行，我就把孩子交给你。我是没办法了，再说我也没时间啊！"说完家长很不好意思地看着我，笑了笑，我知道，她都为自己苍白的借口不好意思了。

"但孩子的教育绝不能轻言放弃，因为孩子是我们大家的啊！特别现在的孩子教育，只靠学校是不行的，家庭教育跟不上，就可能出现6+1=0的状态，这样不觉得太可惜了吗？"

"什么叫6+1=0啊？""就是学校努力教育6天，等到回家一天，孩子的教育就都失去了意义，这不等于0吗？""有这么严重吗？""太有了。你想想你儿子周末在家都干什么？都做些什么？孩子的思想或学习有什么变化你知道

吗?"看到的是家长茫然的眼神,我知道,她往心里去了,她正在想孩子的学习怎么样了,孩子的思想怎么样了,可自己知道什么呢?

"是啊,我真不知道,我每次都是告诉他,家里什么地方有钱,自己下楼去买一碗面吃吧,愿意吃也可以去吃点好吃的,可以去吃肯德基,家里钱可以自己去拿。我从来没想过孩子在这周的变化啊!那我怎么办啊?"

看到家长的变化,我知道这样的谈话是有意义的。

第三,约家长谈话时让她了解教育是什么

孩子不是生下来就可以的,孩子必须得教育。这是我们必须认识到的一点。

孩子必须得教育,应该说你可能错过了教育他的最佳时机,但现在教育还来得及,因为你家小孩子应该是比别家的孩子成熟得晚,现在还是给家长一次教育的机会,否则一旦孩子已经长成了,那什么就都晚了。

教育是一个过程,不是几句话的事。要让孩子在物质得到满足的时候,从精神上找到一些寄托。一定要把孩子当作一个人来看,不要永远让他们当作听话的工具,这样,摆正位置,你会发现孩子的教育有很多的机会。理解的同时,引领孩子,这样让孩子可以走上更为辉煌的道路!

第二类家长是想管,真管,不会管

应该说这类家长是最让人同情的,也是最让人不理解的。既然想管孩子,为什么不去思考一下?孩子应该怎么管?孩子为什么不让你管?孩子他也是人,为什么有人管理就是有效的,你的管理就是无效的呢?

如果多问自己几个为什么,我想很多难点自然就解决了,也完全可以为自己找到一些合理适用的办法。

有一个家长不上班,管孩子,管到最后真的很苦恼。

从孩子上小学开始,自己就在家里,管孩子的三餐,管孩子的学习,管孩子的一切。小学和初中管得还行吧,因为孩子听话,孩子也学习,只是学习没有特别出色，但至少她听话啊，可现在说什么都没有用，我家是个女孩子，每天就是照啊照，有什么照的啊，说什么也不听，到现在，有时候周末就告诉我一声，说出去和同学学习，或者玩一会儿，然后都控制不住了，这可怎么办啊？我天天在家里就是想看着她的，现在家都不回了啊！

是啊，这是这类家长的一个共性啊，想管，可是人家连管都不让你管啊，这才是最可悲的啊！家长留在家里，自己反正是越想越生气，然后回来后就教育，然后孩子再走，这就形成了一种恶性循环，这是没有办法从根本上解决问题的啊！

对于这类家长，首先应该解决自己的心态问题，根本不了解孩子，怎么教育孩子？根本不懂得孩子的现状，怎么能让孩子对你的管理服气？

首先家长要让自己安静下来，平静下来

很多家长管孩子都要把自己气疯了，然后他们带着不甘、不愿、不想、特别是不服气，别人不怎么管都比自己家的孩子好，自己下这么大的力气却没有结果，根本没办法接受。于是每天都处于疯狂状态，这样绝不能管好孩子，也对孩子的教育是不利的。你应该平静下来，因为你当年就是一般水平，哪里能奢望孩子比你好那么多，孩子能比我们强一些，就可以了，哪里有那么多的智商极高的孩子啊，平静下来之后，再来考虑自己的教育是不是合理，自己的想法是不是切合实际？

第二，对孩子有一个合理的定位

我们的投入是很大，但我们到底想让我们的孩子达到一个什么水平？特别是我们的期望值到底是怎样的呢？对我们的孩子我们的认知有多少？我们的孩子是不是出类拔萃的孩子？应该考重点，还是应该考一个普通的大学？将来孩子最大的可能能干些什么？当你明了这一切时，就知道孩子应该是哪个层次的，孩子努力会到什么程度，这样你可以接受很多东西，我觉得最主要的是要教育孩子，做事一定要尽力，不留下遗憾就行了，人总得有个区别，没办法都是最好的。

第三，了解孩子的需要，孩子想要什么

孩子需要的是一种和谐的宽松的环境，无非是想让你理解他、帮助他，让他在有困难的时候，你能伸出手去拉他一把。和孩子共同努力，让自己和孩子成为一个整体，这样教育就可以达到效益最大化了。

第三类家长是不想管，放任自流

现在社会的大气候，让很多有家庭很是不稳定。而这种不稳定带来的第一个现象就是单亲的孩子太多了，单亲之外，还有很多都是老人带孩子，这样就为教育带来了很多的不便。

这样的孩子往往性格十分特殊。他们可以没有任何的情感可言，也没有任何的理性可言，因为他们没有接受过正常的这样的教育环境，他们接触到的是隔代人的溺爱，他们所得到的就是常人得不到的更为优越的物质条件。会有父亲给的一份，还会有母亲给的一份，还会有老人给的一份，他们不会去问及你的钱有多少，他们总会从骨子深处觉得孩子没有父母在身边，大人欠孩子的，既然没有办法补偿，那就让孩子吃得好，穿得好，有钱花就好，他们万万想不到，这是把孩子推向了无法前行的深渊，这是对孩子最大的伤害，这也是让孩子学坏的最快的途径。

这样的孩子的家庭处境是没有办法改变的，我们没有办法不让他们的父母离异，但我们不能不考虑孩子的前途，既然生了孩子，我们就应该有对孩子教育的义务和责任。

首先，我们让家长明白他们的责任

有很多家长认为，自己有点钱，给了孩子物质上的满足，这就算做父母的尽心了。孩子那么小，无非就是需要些钱，能不饿，不冻就行了，而且好一点的家长还可以让孩子穿名牌，吃想吃的所有的东西，这还不够吗？特别是有一次，我巧遇一名犯了错误的家长来学校，满嘴的国骂，孩子在边上，他把自己所有的不满都用脏话表现了出来，最后说"我给你吃，给你穿，你还给我惹事,小兔崽子!"这是我在听到的他的话中最文明的一句,唯一让我可以写出来的。我觉得他没有明白,他身上的责任,他要养孩子,他还要教育孩子,都说教育是苍白的,这样的家长,让我们怎么教育。

第二,让家长意识到,物质上的满足绝不是养育孩子的全部

我班有个家长离异,孩子的后妈又生了一个小孩子,父母的精力全在这个小孩子身上,当然也会关心一下这个孩子,但他父亲说"没有太多精力,我还得挣钱,你想啊,两个男孩,没钱怎么养啊,我得挣钱,他这个妈妈对他挺好的,孩子成长得也挺好的,他听话,也没有坏习惯。"

"是的,他是没有坏习惯,可他的性格太内向了,我觉得你作为父亲的是不是应该和孩子多交流一下,我知道你很忙,但孩子已经是高二了,你再忙的话,也应该和孩子交流一下,看看孩子有没有什么需要父亲帮助的,或者有没有人生不太明白的地方,孩子需要有一个倾听者,在亲人中,我认为男孩子最应该的倾听者就应该是父亲,再忙也可以陪孩子洗个澡吧,在澡堂可以谈两个小时吧,那样可以让孩子把一周以来的问题、不快、疑难等都予以倾述,还增进了父子的感情,何乐而不为呢?只是一点点的关心,会带给孩子心灵上的震撼的!"

第三,让家长知道,教育是一种责任,是一种必须,而不是离了婚孩子就可以放下了。让家长明白,后边的路要比教育的路更难走

离婚了,孩子放在了老人身边或者给了对方,其实这是一种不负责任的表现,你离了婚能说孩子就与你没关系了吗?我们每个作为父母的都有对孩子的责任和义务,离婚是夫妻的事,但孩子没错误,孩子不应该承担责任。最主要的是,你不教育,孩子今后的路走得不好,你的良心能安吗?你的责任和负担不是更重吗?社会的担子不是更重吗?

无论哪一类家长,一定要明白:教育的核心有四个最重要的词:责任、理解、潜移默化和坚持。

教育是全社会的责任,不但需要学校的教育,更需要家长的充分理解和配合,当然,如果能有大的教育环境和氛围,那是其他的教育所不能替代的。

可事实上，现在的社会带给孩子太多的新奇和影响，让孩子生活在一个多彩的世界，孩子的是非分辨能力又很差，我们不能不说，学校和家庭教育的担子愈发的重了。

作为当代社会的教育工作者，如果单纯作为一名教师而言，可能只是教一下课本中的内容就可以了，可是如果想让我们的教育起到真正的育人作用，那还是需要大量的反思，从而可以使教育达到效益最大化。

不能单纯做一名教书匠，现代社会更需要教育家，要思考正确的方法，要把握最好的教育机会，这样才可以让一代人更健康地成长起来。

家校合作将是一个永远的阵地，教育将是一份永远的坚守！

加强家校合作　实现互补共赢

吕艾静

在影响学生发展的各种因素中，家庭教育和学校教育是两个最重要的因素。两大因素各有所长，也各有所短，整合家庭教育和学校教育，形成教育合力，用家庭教育的优势来弥补和完善学校教育的不足，用学校教育的优势来指导和转变家庭教育的不足，加强家校合作，实现互补共赢，对学生的全面、健康发展非常必要。

成功的家校合作的基础是家校之间平等而又真诚的沟通与交流，家校之间可以通过灵活多样的方式、途径，利用各种媒介和人际交流来传递各种信息，从而促进双方的互动，使双方受益。下面，结合自己的班主任工作，对家校合作谈点粗浅的看法。

以理念为先导，提升自身与家长对家校合作的认识。我自己对家校合作的认识是有一个不断提高与深化的过程的，由于担任班主任工作，我认真参加学校组织的有关家校合作的专题讲座，翻阅了大量相关资料，积累了生动的家校合作素材,并虚心向同行学习,尤其是向有经验的班主任请教,与他们多交流,遇到问题多求教,慢慢积累自己的家校合作理论水平和实践经验。

与此同时,我利用各种渠道,采取多种形式与方法,向家长宣传家校合作的意义、原则、内容与方法,并通过具体的事例,与广大家长分享家校合作的心得,想尽办法,征得广大家长对家校合作以及班级管理工作的支持,经过耐心细致的工作,在班级管理和教育教学工作中,我拥有了一支强大而默契的支持者和同盟军,扩大了教育资源,构建起了良性的家校合作方式。

在宣传家校合作,提高家长认识方面,我觉得真诚很重要。多年前,我带的班中有一位学生的父亲,是一个铁路工人,长年工作在野外,根本无暇顾及子女的教育,更谈不上和我联系了。我了解情况后,不仅和学生的母亲经常沟通,还通过书信与电话、短信的方式与这位父亲保持联系,孩子的成长状况、学校的活动安排都及时地汇报给他,我还对他的辛苦工作表示了理解与慰问。这让他很感动,有时,知道开家长会,他会特意请假过来,在家长会上,积极发言,表达他对家校合作的认可与赞同,给予了我极大的肯定。有了家长的理解、信任、配合和支持,班主任的工作将轻松、高效得多。多年来,我送走了一批又一批的学生,也结识了一批又一批的家长,并和他们成为了好朋友,这些家长朋友不仅仅是我事业上的伙伴,也成为我生活中的知己,是我教育工作的宝贵资源与财富。

在初步取得了家长的信任与配合的基础上,我还专门组织家长的专题培训,与家长面对面,宣传家校合作。培训中,除了做专题讲座外,还结合家长的需要和兴趣,以他们的切身经历和实际体会,让家长真正参与有关问题的讨论,用他们教育孩子过程中出现的问题作为讨论素材,引导他们自己找到解决问题的办法。就学生普遍面临的问题,组织研讨,集思广益,共同面对与解决现实问题,也会针对一些具体的问题答疑解惑,给予科学指导。

大量的事实和调查数据显示,当今大部分青少年承受挫折的能力比较薄弱,即所谓AQ值较低,挫折复原力较差。进入高中之后,学习强度和学习压力都陡然加大了,许多学生出现了不同程度的不良反应,加之,我们是住宿制学校，许多学生因为不适应，想家而变得抑郁寡欢，严重影响了学习，对此家长反应强烈，因而，我组织了《青春期挫折教育》专题辅导。

培训会上，我帮助家长分析了这种现状的成因主要来自两个方面，其一，随着生活条件的改善，每家一个独生子女的结构，导致许多父母对子女的教养方式是娇生惯养的，只要不出大格，多数父母会选择顺从孩子的意愿，这样就出现了所谓独生子女的一系列特质，如依赖性强；自制力差；自我中心等。其二，由于升学机制的局限，迫使社会、学校甚至包括家长，都无奈地将关注点聚焦在学生的学业、学分上，忽略了学生个性培养，跟情感、意志等非智力因素的训练与教育。这样，家庭教育出现极大漏洞，而社会与学校教育又未及时跟进，这样背景下成长起来的学生在面对坎坷与挫折时，内心必定会产生极大的矛盾，感觉焦虑、惶恐，处理不好，还极易产生极端行为。

我向各位家长提出了一系列建议：诸如，家长要引导学生充分认识挫折的必然性和普遍性；建立良好的亲子关系；引导孩子确定适己的目标；家长学做心理导师，引导孩子积极进行心理调整等。并针对他们提出的具体问题，给予了指导，给出了建设性的意见。

培训研讨中，发生了一件很有意思的事，竟然有好几位家长讲了同样一句话，"这个孩子一点也不听我们的，我们真的是无能为力啊，拜托老师多加管教，因为孩子会听您的话的"。针对这种有代表性的现象，我告诉家长们：其实这是一种绝对的"倒错"。孩子们都是由近推远的，最近的关系就是最大的支撑。即使再难，作为家长也要努力建立深层次的依属关系，这是父母的责任，否则亲子关系就会处理不好。而存在问题的亲子关系，会让孩子的人生迟早会遇到许多与其相关联的问题。对此，我和家长们详尽探讨了关于构建亲子关系的具体方法，比如关注，沟通，倾听，认真处理情绪等。

这样的培训和交流，反响极好，提高了家长们参与家校合作和班级管理的热情和积极性，密切了彼此的关系，很好地推动了班级工作的开展。

优秀家长现身说法，也是我在家校合作中常常采用的方式。榜样具有无穷的力量，身边的榜样更有说服力，让优秀家长现身说法，很受家长们的欢迎。

陶然的父母都是大学教授，并且是家庭教育方面的专家，知晓了这个情况，我很欣喜，通过深入的了解，我觉得，陶然的父母不仅在理论上有颇高的造诣，而且对陶然的教育也十分成功，陶然不仅学业优秀，而且个性随和，积极乐观，多才多艺，在学校的各项活动中都有出色表现，深得师生们的喜爱与好评。可我知道陶然的父母工作很忙，很担心他们抽不出时间来，当我把我的想法告诉给陶然的父母时，却意外地得到了他们的大力支持，他们说，我们就是从事这方面工作的，深知家校合作的意义重大，我们有义务也愿意做出努力。在整个高中三年的时间里，陶然的父母为我们班的家长，还为全校的家长做了多次的报告，既从理论高度做了总结，也列举大量实例，汇报他们在家庭教育上的做法和心得。家长们不仅从活动本身得到教益，也从参加学习的家长群体中得到支持，获得其他家长情感上、技术上的支持，从而更加从容地面对压力，广大家长从榜样的身上进行反思、对比、借鉴，收到的实效是可想而知的。

约谈式家长会。家长会是学校最常见，也是最有效的传统家校合作方式。为了避免以往家长会过于刻板，无法顾及学生个体特征的局限性，我校开展了约谈式家长会，我便利用这个契机，充分利用约谈式家长会，加强家校合作，努力实现互补共赢。家长会上，要宣传先进的教育理念，向家长汇报学生存在的主要问题，以及学校开展的各项活动的必要性，我重点听取家长对学校管理和教育教学的意见和建议，并做好解释和说明工作。我认为，约谈式家长会是就一些有共性的学生分期分批召开的家长小型联谊会，由家长、教师和学生三方共同完成。

担任我们班数学课的王老师，年龄比较大，他为人、做事都比较严谨，课堂上，对学生的要求十分严格，但似乎缺少了点幽默和轻松的气质，非常反感学生在课堂上与其调侃，有好几次，下课之后，他都怒气冲冲地向我告状，说有几名同学太调皮了，上课爱捣乱，被他严厉地批评过，但还是希望我好好批评教育一下。

　　我多次和班级学生沟通，希望大家体谅王老师年龄偏大，身体不太好的实情，更希望同学们能够理解并欣赏王老师作风严谨的治学态度，要学会配合他的工作。可许多同学表示很无奈，说王老师太刻板也太严肃了。师生关系一度陷入尴尬的僵局。一次约谈式家长会上，我特意安排王老师参与曾经与他发生摩擦的同学座谈，王老师不顾自己身体欠佳又年事已高，一直认真地和同学们以及家长探讨他们的学习，分析他们存在的问题，并真挚地提出了宝贵的建议，令学生与家长很感动，通过交流，彼此达成了谅解，增进了感情，让同学们了解了王老师在课堂以外的风采，师生关系得到了极大改善。

　　在我看来，如今的家长会，不再是班主任或者任课教师一味单方面地灌输，从而缺少互动、缺少个性的说教会，而应该是一个平等沟通，真诚交流，形式灵活，注重针对性与实效性的家校合作联谊会。

　　亲子活动。由于传统文化的影响根深蒂固，中国许多家庭，家长与孩子之间不仅缺乏信息沟通，更因为疏于表达，而使彼此之间的情感沟通缺失。根据不同的节日，我会在班级开展不同主题的亲子活动。如，感恩教育系列活动。

　　感恩是一种生活态度，更是一种责任意识、自立意识、自尊意识，是健全人格的体现。结合母亲节或者父亲节，我会在班级组织开展感恩主题班会，请来部分学生家长，从亲情、师恩、友情等角度切入，引导学生产生共情、引发共鸣，唤起学生对父母、老师、同伴的感恩之情，进而激发学生作为独立个体思索未来，并焕发出向上的奋斗动机。班会上，不仅让学生们表达了自己的感恩之情，也给家长机会，让他们表达自己的真实感受，每次看到亲子之间的深情告白和流淌出的激动泪水，都会让我自己感动不已。另外，还组织亲子互通书信，交流思想，增进感情，消除矛盾，加深了解。设立感恩墙，让学生把对父母、老师、同学的感恩的情怀用文字记录下来，然后发布到班级博客上，曾经有一个学生这样写道："亲爱的爸爸妈妈，请好好保重自己，在我有能力回报你们之前，请别老去！"这样的情感交流，是极具感染力的。丰富的亲子活动，为每个家庭建立良好的亲子关系做出了贡献，也因此收获了广大家长对我的认可和支持,这便是共赢。

利用互联网,建立家校通,为家校合作搭建一个高效、便捷的沟通平台。利用互联网,我们建立了班级博客,设立了班级QQ群,在这里,学生们可以互相探讨学习的方法,分享成长的故事,交流思想,增进友谊。家长、班主任及任课教师也可以通过这个平台与大家一起探讨和解决所面临问题。在这里,大家交流信息,沟通思想,既节约了时间,又提高了效率。在班级博客里,常会上传一些班级活动的照片,发表一些学生的作品,家长育子心得和教师工作心得,也可以介绍一些有价值的材料,在这里,学生、家长、教师三位一体,共同促进深度交流,密切沟通。

陈谨玉同学,学业成绩很不理想,常常在班级排名最后,因此,她很自卑,在班级里几乎很少讲话,是一个常常被同学们忽略的学生,有一次,她的一篇周记,写得特别好,讲述了她与父母之间温暖的亲情故事,我对其大加赞赏,并鼓励她将其发表到班级的博客上,她接受了我的建议,当她的这篇文章发表之后,得到了同学们的广泛好评,真可谓是好评如潮,这让她很有成就感和被认同感,同时,她的这种行为也为其他同学提供了榜样,之后,有许多同学开始热衷写作,不断有美文发表在班级的博客上,进而提高了学生们的写作水平和创作热情。也有许多同学在陈谨玉的身上找到了差距,这样一个默默无闻的同学,竟然可以写出这么高水平的文章来,也让个别喜欢嘲笑人,瞧不起人的同学有了反思。陈谨玉同学的父母看到文章后,也深受感动,因为她的内向与自卑,他们的亲子交流十分有限,这篇文章里,陈谨玉抒发了自己对父母的深厚感情,也把自己学习成绩差的内疚心情表达了出来,得到了家长的理解与宽容。家校通,班级QQ群,班级博客,这些现代信息平台,也让广大家长之间加深了沟通,交流经验,学习教育孩子的方法技巧,消除困惑,了解孩子的内心需要,掌握与孩子沟通的技巧。作为班主任,我常利用这个全新的家校沟通的平台,发布各种班级信息,有针对性对家长进行指导,向家长和学生展现课堂以外的自己,彼此之间增加了解,也增进了情感。这个平台,让家校双方得到更多的交流与沟通,意义深长。

诚心家访。这是又一个被老师们广泛采用、效果较佳的传统家校合作方式，比较受家长欢迎。孟树坤同学出现了早恋倾向，据我了解，他多次追求一个外校的女生，均遭到拒绝，心情十分低落，影响了学习。我找他谈过，可他没有讲实话，我没有直接揭穿他，只是做了适当的提醒与心理疏导，绕开了他追求女生的事情。但是接下来的一段时间，他不但没有改进，而且还和外班的同学打群架。我电话联系了他的父母，可他的父母都是一线工人，不太容易抽出时间。所以，我根据他父母的工作时间，选在一个下班的时间，对他进行了家访。这个时间段，孟树坤不在家，便于我深入了解情况，又不会伤他自尊。去家访之前，我和他的家长预约过，我个人认为，家访时，老师不做"不速之客"，以免使家长因教师的突然来访而感到不自在。家访前，我也做了深入细致的准备工作，掌握了确切的信息。家访中，我发现，他的父母根本不了解这方面的情况，他们工作很辛苦，对孩子的教育基本属于放任自流的教养方式。我如实地向他的父母反映了孟树坤在校表现，包括他有早恋倾向与打群架的事实，他们听后，很慌张，一副手足无措的样子。我因势利导，讲了我的想法：作为父母，不管工作多忙，也要时刻关注孩子的成长，尤其是孩子进入青春期之后。作为家长一定要有适度的敏感度，也就是在教育孩子时要用心，把孩子的一言一行看在眼里，及时掌握他经历的事情、接触的人，了解他的思想动态，把握他的情绪脉搏。当然，我也请两位不必大惊小怪，惊慌失措，其实，有喜欢的女生是件很正常的事情，关键在于，我们要善于引导，将这种情感转化为积极向上的动力。家访中，我也了解到，孟树坤家境一般，父母工作忙，他有时还会帮助父母做做家务，生活上也很节俭，懂得体谅父母，我真诚地向他的父母强调了孟树坤身上难得的优秀品质，并建议他们，既不能不闻不问，也不能简单粗暴，针对孟树坤的问题，要心平气和，冷静处理，要巧妙地和孩子沟通，慢慢引导，双方很快达成了共识。家访很顺利，接下来，在我们双方的共同关怀与引导下，孟树坤摆脱了恋爱受挫的烦恼，重新振作了起来。

我认为，家访一定要围绕事先确定的目标进行，无目的的家访可能是在浪费家长时间，容易引起家长误解。事后，要建立家访档案，对发现的问题做进一步探讨。

邀请家长访校也是我在工作中，采用频度很高的一种家校沟通的方式。因为是大班额教学，班级学生众多，平时我们的科研任务又较重，学生家庭居住十分分散，这些极大限制了家访面，家长访校就很好地弥补了这一不足，通过邀请家长访校，与家长进行面对面沟通，利于准确地交流信息，化解矛盾，可以较好地解决问题。有时，也可以根据家长要求安排家长参观学校，听听课，看看孩子的作品展等。

家校合作，还有诸多有效的方式方法，诸如家校联系卡，家校热线等，也可以充分利用学校开展的家长学校和家长委员会开展家校合作，实现互补共赢。

站在思考的维度，我常心怀感念回望。在我无数次聆听孩子们的故事，倾听他们内心的焦虑、紧张、矛盾与孤独的时候，一个声音也就无数次地在我的心底响起："孩子的问题多数都与家庭教育相关"。因为每一次，当我耐心地和苦恼着的学生深入交流，层层递进，细细寻根溯源的时候，总会听到有关家长教育失当的故事。曾经有一项调查：在135名违法犯罪青少年中，父母与家庭成员有劣迹的占76%，父母离异的占34%，父母教育不当占91%。青少年问题多源于家庭，显示在学校，危害在社会。教育问题学生是治标，教育问题家长才是治本。改变中国教育，必须从改变家庭开始，从教育家长开始。作为班主任，我有责任和义务去引导家长，提高他们的家庭教育水平。当然，在与他们沟通、合作的过程中，也弥补了我工作的局限性，提升了我管理班级的素养，加强家校合作，就会实现互补共赢。

余秋雨说：与笔端相比，我更看重脚步。在有限的职业生涯中，我曾徘徊痛苦过，面对困境如履薄冰；也曾在期盼中有滋有味的一路亢奋地小跑过……担任班主任多年，甘苦自知，但更多的时候，是收获，是成长，是在广大学生和家长的陪伴下，不断进步，不断成熟，不断感受幸福的过程。面对未来，我满怀喜悦，我会在家校合作的路上继续探索，为家校合作，互补共赢奉献自己的力量。

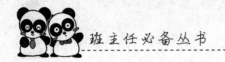

家校沟通, 刚柔并济

——谈后进生的教育

张振宇

有这样一部分学生, 成绩对他们来说不重要, 他们每天想得最多的问题就是怎么样才能玩好, 怎么样才能躲避老师的教育, 怎么样才能逃避学习。这就是大家眼中的后进生。

后进生, 一度成为教育工作者最头疼的问题。作为教育工作者来说, 面对着一班的后进生, 怎么才能把他们的不良习惯纠正过来, 同时还能让他们的成绩有一个提高, 成为很多人探讨的话题。

马卡连柯曾经说过: "如果没有严格的要求, 那就不可能有教育。"诚然, 面对高中的孩子, 严格已经成为我们工作的一个基本要求, 正所谓"无规矩无以成方圆", 只有严与格并行, 才能让一部分淘气的孩子在课堂上老老实实地听老师讲课, 才能保证课堂井然有序。在工作中, 我也践行着这一准则。但是是否这样就真的能让课堂变得符合老师心目中的标准, 观察了很久发现, 长期坚持下去, 一部分学生的不良习惯确实得到了纠正, 课堂上也很少有学生捣乱, 说话, 做小动作。但是, 一个不可忽视的问题却显现出来, 面对严格的老师, 学生渐渐地失去了学习的兴趣, 每天的目的只是不违反纪律, 对学习毫无热情, 甚至开始讨厌老师。如果这种情况得不到改善, 那么对于学生来说, 将是一个噩梦。

陈垣先生曾经说过这样一段话: 教一班中学生站在讲台上要有样子, 人脸是对立的, 但感情不可对立。万不可有偏爱、偏恶, 万不许讥诮学生。以鼓励夸奖为主。不好的学生, 包括淘气的和成绩不好的, 都要尽力找到他们一点好处，加以夸奖。不要发脾气，你发一次脾气，即使有效，以后再有更坏的事情发生，又怎么发更大的脾气？万一发了脾气之后无效，又怎么下场？你还年轻，但在讲台上即是师表，要取得学生的佩服。

那么我们不禁疑惑，到底应该怎么样管理大家眼中的后进生？在长期的工作中，我渐渐地摸索发现：严格不是万能的，虽然严格可以有很多可取之处，但是我们更应该考虑到，我们面对的是一群正处在青春期的孩子，一群叛逆心极强的孩子，如果只是一味地严格要求，那么必然会导致学生的反抗甚至厌恶的情绪。苏霍姆林斯基在论教育技巧的时候说：学习上的成就这个概念本身就是一种相对的东西，对一个学生来说，五分是成就的标志，而对另一个学生来说，三分就是了不起的成就。教师要善于确定每个学生在此刻能做到什么程度，如何使他的智力才能得到进一步的发展，这是教育技巧的一个非常重要的因素。因此，我们在日常教学中，对于后进生，不要一味地去追求成绩，在德育教育方面，要家校结合，加强家校之间的沟通，刚柔并济。做到严而有格，爱而有度。

虽然说"师者，传业授道解惑也"，但是随着时代的进步，社会竞争压力增大，教师身上的责任似乎也不单单是教授学生知识，而是在教授知识的同时培养学生的健康人格，让学生健康发展，这样才能为国家培育栋梁之材，而不是现在出现的一些"虽有优异的成绩，却不懂得与人交往；虽有过人的智商，却不懂得控制自己的情绪；虽有超人的推理，却不了解自己"的畸形学生。

在长期的教学过程中，我总结出了自己的一套方法——加强家校沟通，刚在课堂，柔化人心。

"刚"，第一即所谓的严格。对于不同的学生，严格程度也不同。这就要求教师在管理之前，应对学生有充分的了解。很多人会说，对于一个人的了解不是一朝一夕的事情，怎么样才能在短时间内了解所有的学生呢？这无疑是一个头疼的问题。其实，老师们忘了一个最简单的办法，那就是通过家长来了解学生。对于一个老师，你刚开始接手一个学生的同时，这个学生的家长已经了解学生很多年了，所以，我们应该找到准确的切入点，及时和家长沟通，加强家校之间的交流，这样就能在很短的时间内了解所有的学生，根据他们不同的性格特点以及习惯特点，制订不同的标准，对于纪律性较强的学生，要求他不能迟到、早退、无故旷课，上课不能随便聊天吃东西，不能顶撞老师等等；对于纪律性稍差的学生，那么允许他一周有一次可以迟到，但是必须每周都有进步，循序渐进，加强纪律性。这是严格要求的，必须执行下去的，谁也不能改变的，"君子犯法与庶民同罪"，班级里没有特权，让学生知道，这就是铁的纪律。只有严格要求，严肃纪律，必要惩罚，学生才能在高标准严要求下，和谐健康成长，但是要注意：要爱不要恨，要教不要训，要拉不要推，要管不要整的原则，使他们自尊、自信、自强，正如一位著名的教育学家所说的，要"让每一个学生在学校中抬起头来走路"。方显教育本意与成效。孔子云：其身正，不令而行，只要你一贯不偏不袒，公正无私，学生的眼睛是雪亮的，让每一个同学都在感情上亲近而不是抵触，这样为每一位学生都撑起一片心灵的广阔蓝天。

时代变幻，风云突起，当今世界已然是一个知识大爆炸的世界。面对海量的信息，很多高中生开始迷茫，后进生尤为严重，他们不知所措，加上社会上"读书无用论"的影响，和一些社会上没有通过读书却取得成功的案例推动下，很多后进生把韩寒当成偶像，认为不读书、不上大学也同样可以成功，同样可以实现人生的梦想，生活过得也很惬意。即使每天坐在教室里闷头学习、两耳不闻窗外事，目的也单纯的变为为了能顺利通过高考。只是他们没有看到，在当今市场经济下，只有知识创造的财富才能永久。他们没有意识到知识的长远作用，只简单地把知识看作挣钱谋生的手段，因此反而缺少了对知识的敬畏。很多人可能知道"一个没有知识的民族是一个野蛮的民族"这句话，但是却忘了后面还有一句"一个不敬畏知识的民族是一个趋向自我毁灭的民族"。

因此，我说的"刚"还要表现在另外一方面——对知识严肃。

由于每个人之前接受的教育不同，因此对于不同的学生，面对同一种知识也会出现不同的状况，这就要求我们作为教师的要提前通过家长了解学生，他们之前读过什么书，喜欢读什么类型的书籍……这样在学习过程中，我们才能严格要求学生，针对不同的学生制订不同的长远的目标，让学生不断面临挑战，面对知识，要让学生心里有一个严肃的态度，一就是一，二就是二，不能对知识模棱两可，要始终保持敬畏的态度。什么时间完成什么任务，什么时间学习哪部分知识（这期间必须调动家长的积极性，通过家校之间即时沟通，让家长在家里能够充当老师的作用），必须有一个明确的概念。只有敬畏知识，才能渐渐地消除"读书无用"的想法，才能真正地把学习当作任务去完成，才能认识到今天所学到的一切知识对于个人来说都在内化着你的心灵、提升着你的层次、升华着你的灵魂。

但是要做到让每一个学生都健康成长，我们在严格要求的同时还要在情感上感化学生，这就要求我们做教师的要像慈母般在心灵上感化，即柔化教育。对于比较切实可行的，就是谈心和鼓励。

谈心和鼓励是教师教学工作中的重要组成部分，但是怎样做却是个学问。学生千差万别，经历的事情各有不同，怎样能够做到谈话有针对性，通过自己的经验，总结了以下几个方面：

一、谈心之前多了解情况

教育者应当深刻了解正在成长的人的心灵，只有在自己整个教育生涯中不断地研究学生的心理，加深自己的心理学知识，才能够成为教育工作的真正能手。

我班有个女生，入学成绩很好，但总是低着头，上课也不抬头看老师，很孤僻，不合群。通过及时和他亲人沟通，了解到她的家庭情况，很小父母离异，母亲再婚，但仍处于弱势地位。父亲不知踪影。了解情况以后，我借口班级活动让她帮我干活，在活动中和她聊天，谈谈我对一些问题的看法，把话题渐渐地引向她的实际情况，告诉她：大人的世界，孩子是进不去的，每个人都有每个人的生活轨迹，很难改变……。之后，我发现她在我的课堂上变得开朗很多，经常回答问题，也有了几个好朋友，现在的她，完全看不出曾经的影子。从她身上，我知道，不打无准备之仗，如果不是提前观察到她，不是提前及时和她亲人沟通了解她的家庭状况，那么我和她之间的谈话就会变成说教，对于她来说更难以接受。因此，在谈心之前，一定要多了解情况，所谓"知己知彼百战百胜"。

二、谈心之后更多地与家长沟通

高中学生对教师的教育不再是听而不问，信而不疑，全盘接受。加上家庭和社会的影响，他们越来越呈现出功利性和实用性的状态。所以，仅仅靠教师的力量是不够的，这就需要加强教师和家长之间的沟通，建立起一个完善的家校联系体系，让家长及时知道孩子在学校的状况，也能让教师及时了解学生在家里的表现，这样，教师和家长的工作就都具有了针对性，面对学生的异常行为，能够有的放矢。

三、表扬鼓励要有针对性

这里的针对性是指针对不同的学生给予不同的鼓励方式，以达到一箭双雕的目的。举个简单的例子。我们班级的学生层次比较低，每次考试基本上都排在年级的后面，"甘为人梯"。面对这样的学生，我很少从成绩上鼓励他们。我的课代表是有名的娇娇女，从来没有做过家务，但是有一次不小心踢翻了我的垃圾筐，可能是出于不好意思，手忙脚乱的直接用手去捡垃圾，然后帮我把垃圾倒进指定位置。我没有责怪她不小心。而是在班级里撒了一个"慌"，表扬她能够不怕脏为老师倒垃圾。仅仅就这么简单的一句话，却收到了很好的效果，后来家长打电话询问我为什么孩子在家里开始做家务了，我没有回答，只是告诉家长要继续表扬鼓励孩子。我认为，学习不是一时间就可以成功的，做人却是时时刻刻的，通过这次表扬，我的课代表上课非常认真听讲，回到家里也经常动手做家务。我想，这要比单独的表扬她成绩有进步要有效得多。

我们班还有一个男生，成绩更靠后，家长告诉我，孩子回家只看历史书，只学习历史，从小到大都这样，家长也头疼不已，但是毫无办法。因为只学历史，所以每次我在课堂上讲解古文的时候他都知道里面的人物事迹，我并没有表扬他这方面比其他学生优秀，而是一直严格地要求他语文达到一个层次，经过了几次考试，他终于考出了一个比较满意的成绩。针对于他这次的成绩，我及时地找到他，告诉他，古文历史底子好的人，语文肯定会学好的，这次考试就是一个证明。同样是简单的一句话，他在那之后的语文课堂上就像另外一个人一样，积极地回答问题，并参加到讨论当中，而且一直保持着课前预习、课后复习，他现在的语文成绩每次都能达到优秀。家长之后也多次告诉我，孩子比以前有了很大的进步。

通过这两名学生，我们应该认识到，作为教师，表扬和鼓励要恰当，要讲究方法，不能单单的只就着学习成绩去表扬他们，尤其是后进生，要找到他们身上的闪光点去有针对性地表扬，让他们能够"触一发而动全身"。这就靠我们在平时要加强家校之间的沟通，通过家长及时了解学生，才真正做到有的放矢。

老子在《道德经》第二章中这样写道："天下皆知美之为美，斯恶已；皆知善之为善，斯不善已。故有无相生，难易相成，长短相形，高下相倾，音声相和，前后相随。"世界上万事万物都是对立的，但却是也统一的，更重要的是可以相互转化的。我们每一位教师，都应该在做好充分准备的基础之上，集"刚"与"柔"于一身，并能相互转化，巧妙地适时转换这两种角色，让学生能够和谐健康的成长。

后进生的德育教育，永远是一项长期并且艰苦细致的工作。它需要我们每一位教育工作者都要跟上时代的步伐，加强家校之间的沟通，通过家长了解学生，跟上学生思维的进度，不断地思考，不断地去完善。只有让学生成才与成人并重，在加强学习成绩的同时努力做好德育教育工作，才能培养出真正的人才，才能为社会主义精神文明建设做出应有的贡献。

家校沟通之与家长的沟通技巧

刘 伟

与家长沟通，是每一个老师，尤其是班主任老师避不开的工作内容。对孩子的全面细致的了解离不开与家长的对话沟通；对孩子的启迪教育，离不开家长的配合、支持。有效地与家长沟通形成家校合力，对促进孩子的成长与进步，能起到事半功倍的效果。如何与家长沟通，建立良好的家校关系，我以为作为班主任老师，可以从以下几个方面做一点尝试和努力。

一、热情大方，尊重家长

尊重家长，是我们与家长沟通的第一原则，长期的职业习惯，很可能我们在与家长对话时，是一种教育和要求配合的口吻，以教育孩子和帮助孩子的名义，对我们的家长朋友提各种要求和注意事项。实际上这是一种忽视家长在这个教育过程的重要参与者的身份和地位的做法。对孩子的教育，单凭教师的力量是远远不够的，怎么样充分调动家长的积极性，让他们充分参与进来呢？首先要做的就是尊重他们，让他们觉得自己在对孩子的教育过程中是重要的一员，身上有无可推卸的责任和使命。让他们觉得自己很重要，自己也需要不断地努力想办法，促进孩子的进步，进而达到我们教育工作者的目的。所以与家长沟通，首先是一种平等的对话协商，是共同想办法出对策的一种教育对话方式。

其次，与家长对话沟通，应该表现出很高的积极性，热情大方，让家长觉得你是一个可以很好沟通，很容易对话的班主任。怎么样能很好地表现出我们的热情大方？电话沟通，语气亲切、自然、流畅、心平气和与他们对话；发短信要客气，要注意礼节，不起高调，不发火，要有包容心，以平常心对待学生的冒失和错误。当面对话，可以准备一杯茶（水），热情地邀请他们坐，面带微笑，表情自然，话语诚恳，不让对话环境尴尬，对待家长要像对待同事、朋友一样平等友好，和家长谈话，只有如此，才能打动家长的心，这样他们在你的面前就会畅所欲言，袒露心声，让你尽可能掌握更多的学生信息。没有对话的隔阂，也便于家校之间达成更多的共识，使他愉快地与你合作，以便于我们教育教学工作的展开和实现。

二、知己知彼，"针对"沟通

俗话说"知己知彼方能百战不殆"。了解孩子的个性特点，掌握孩子进校以来的具体学习和生活习惯，清楚自己想要达到的教育目的，这是我们做好与家长沟通前提，这就是我们所说的"知己"。在与家长沟通时，我们对孩子的情况了若指掌，陈述自己的教育想法和策略有理有据，这样才会让家长信服和佩服。

当然与家长沟通我们还需要了解学生家庭状况。父母是孩子的第一任教师，也是孩子的终身教师。一个学生在什么样的家庭环境中成长，就会有什么样的性格，这就是说每一个孩子都是其所在家庭或是其父母的缩影。这一点我在做班主任后深有体会。因此，了解学生家庭情况，了解学生父母职业、文化程度、家庭结构等，是班主任与家长进行良好有效沟通的保障，这样有助于我们与家长沟通时对症下药，采取针对性的措施。只要家长是重视孩子学习的，那么我们就有沟通的机会和希望，所以我在家长会上跟家长说："孩子是你们的未来，是你们这一生最重要的作品，我们奋斗一辈子，其实就是为了孩子，在校时间我会尽心尽力地教育好孩子，在家时间请你们尽力而为，但你们一定要在思想上重视孩子的成长。"因此"知己知彼"是我们与家长有效沟通的"良方"，是我们达到教育目的的重要保障。这就需要我们在与家长对话前，做好充分的准备。

怎样来准备？事先可以找其他同学谈话，充分了解该学生在学习和生活中表现出来的问题，了解他（她）在其他同学们眼中的形象。其次找科任老师了解该生在课堂和作业上表现出来的特点或是问题。最后再找该同学详细了解他（她）的学习和生活情况，以及他（她）的家庭情况。这些都准备充分

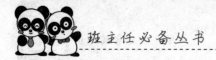

之后再通知家长前来，协商解决问题的办法。这样的沟通才会有实效，才会尽可能多地达成共识。

三、勤勉真诚，适时沟通

很多班主任老师可能都会存在一个误区，那就是孩子出现问题了才与家长进行沟通。其实要建立良好的家校关系，取得家长最大限度的信任和支持，离不开平时勤勉真诚、适时的沟通。

作为家长，谁不关心自己小孩在学校的一举一动？而家长想知道小孩的"详情"，必须从老师的口中才能具体得知。给老师拨个电话吧，白天怕老师在上课不敢贸然打，中午晚上怕影响老师休息还是不敢"下手"，一天下来总找不到适合的时间与老师沟通交流。在这样的情况下现代信息技术为家校沟通提供了更多的方便和快捷，如电子邮件、网络论坛、班级主页、建立班级QQ群进行留言、利用微博倾听对话等。方式多样后，沟通就有可能随时随地，将孩子在校的信息及时传递给我们的家长朋友。这样也便于问题的及时解决。

比如，今天孩子进校时间的变化、到达班级以后的情绪变化、言行举止的异常、作业情况的进步和退步、上课听课状态的变化、回答问题的次数、参与活动的积极性和结果、打扫教室清洁得主动卖力等等，都可以通过以上沟通交流的渠道进行及时的发布和对话，让家长清楚地了解孩子们在学校的举动和细节、进步与退步、成长与变化，这样会最大限度地吸引和调动他们的积极性和参与度。家长们都被动员起来了，试问还有什么事情做不好呢？

良好有效，紧密结实的家校关系从勤勉真诚，适时沟通开始。

四、期许鼓励，"正面"沟通

有人说，期许和鼓励是教育教学工作中最美也是最有力量的武器。这个话可能会有些偏颇，但是恰当的鼓励和期许，会激起学生心中被潜藏的动力，会勾起家长心中最美好的希冀。孩子都是父母心目中的宝贝，没有一个家长喜欢听老师只诉说罪状。所以，我会多表扬孩子的优点、成就，例如：对于成绩不好，特别活泼好动的孩子我会说"这孩子有运动的天赋，将来可能是一名优秀的运动员"；对于特别爱讲话，不是特别专心听讲的孩子我会说"这孩子语言天赋特别强，有很强的表现欲望，将来可能是一名杰出的演说家"；对于特别爱看漫画却不爱看文学方面的书籍的学生我会说"这孩子形象思维特别好，将来可能会成为一名漫画家"；对于平时不爱说话，特别沉静的孩子我会说"这孩子特别冷静，总是在积极的思考，如果他要是表达出来，一定会语惊四座，他的思想见地让人叹服，没准儿他将来就是一个著名的哲学家""这孩子长得很可爱""挺聪明的"……家长在听了这些好话后，自然就比较听得进去孩子的其他缺点，然后再让他们去配合学校老师针对缺点和不足进行教育和弥补，就会水到渠成，理所应当了。

多赞美，少批评，期许鼓励，"正面"沟通。让家长清楚地知道你是真诚的为了孩子的未来着想，为了孩子的健康全面成长，他们会从内心深处感激你佩服你，沟通起来也就事半功倍，达成目标也就轻而易举。

五、精心组织好家长会、家长开放日

组织家长会是家校教育过程中的必要环节，是班主任同家长沟通，凝聚教育合力的重要方式之一。学校通过家长会，向家长汇报学校教育教学的工作情况及今后工作计划，并向家长提出教育的具体建议，听取家长的意见，共同研究改进工作，从而协调学校教育与家庭教育的关系；家长通过家长会，不仅能了解到自己子女的学习成绩、思想表现，还能了解子女所在班级其他学生的成绩与表现等，从而能更客观地了解自己子女发展水平在集体中的位置。这是对学生施以教育不可缺少的信息。因此，组织家长会是不容忽视的。

六、填写好家校联系本

孩子进校后，我会组织学生给他们自己做一个漂亮的家校联系本，用于记录孩子们在校成长的点点滴滴，同时它也是家校进行联系的一种重要手段。将学生在学校的表现记录在教师评价一栏里，带回家家长就能了解孩子在学校的表现，家长也根据孩子在家的表现填写家长意见一栏，老师就可以根据学生在家的表现，在学校督促学生改正不良习惯。所以家校联系本也是值得我们重视的。

如何做好家校沟通工作，对于班主任来说，是一个不得不去面对的难题，沟通的技巧和方法因人而异，但是有效的家校沟通一定是能够拉近家庭和学校的距离，巩固夯实家长与老师平等友好的关系，从而形成家校合力，促进孩子的健康全面的发展。"仁者见仁智者见智"，最好的办法总是最适合自己的办法，这需要我们每一位教育教学工作者在实践的过程中去不断总结，不断发现，进而探索出一个又一个最科学最有效的家校沟通办法。

寄宿制学校家校沟通存在的问题及解决策略

朱琳琳

家校沟通是为了实现共同的教育目标，家庭与学校之间的彼此了解、相互合作，通过语言等多种媒介而进行的信息传递和思想交流的行为。如今，家庭在学校教育中的地位和作用已引起全世界范围的关注。如何实现家校之间有效的沟通成为当今学校教育改革的一个热点研究课题。

一、家校沟通的意义

首先，家校沟通是青少年健康成长的重要条件。一方面家校沟通能帮助家长树立正确的教育观念，让家长走出教育的误区，从而给青少年以适当的引导而非压力；另一方面家校沟通可以增进教师与家长的了解与理解，使家庭教育与学校教育保持一致。加强家校沟通，在学校和家庭之间建立便捷、稳定的联系通道，可以使学校把办学思想、内容、方式、方法以及学生在校的思想动态和行为表现等信息传递给家长，引导家庭德育按计划、有秩序、科学地进行；也使家长及时将孩子在家的活动信息反馈给学校，把家庭德育的一些有效的方式、方法传递给学校，促进学校与家庭，教师与家长在未成年人教育中的交流与合作。

其次，家校沟通是学校可持续发展的重要条件。老师一旦与家长建立起了愉快的合作关系，便会赢得家长对学校教育工作的理解、支持和积极的配合。这是学校获得生存、求得发展的重要条件。家校沟通有利于形成教育合力，提高教育质量。家校沟通将使家长更深入地、更全面地了解学生在校接受教育的情况，提高教育的针对性和实效性，更好地配合学校教育，更有效地开展教育，使得家校在育人问题上达成一致。这将大大提高学校教育的成效。良好的家校沟通有利于吸纳家长中的教育资源。学生家长中蕴藏着丰富的教育资源。家校沟通是对学校的一种监督和压力，有利于学校健康长远的发展。

二、寄宿制学校家校沟通存在的一般问题

（一）家长来学校的机会少

一方面，家住外地，与学校相距较远。往返的乘车占去家长们更多的时间。在寄宿制学校，家长会对参与学校的活动感到过于疲惫，以各种理由推辞搪塞掉。另一方面，更多的家长都有自己的事业。放下手中的工作往往会造成一定的经济上损失，所以，一些家长便让亲属或者朋友帮忙参与学校活动，而自己则很少来学校亲自与老师沟通。这些家长，大部分时间在为生意而奔波，甚至学校专门设计的家校联系手册和综合素质评价他们也无法完成，使家校沟通难于实现。

（二）教师的家访比较困难

家访是老师了解学生及家庭，分析学生优缺点和听取家长对学校教育工作建议的最好途径。老师到家，可以亲身感受到学生的成长环境，对学生进行全面地认识、分析、理解。在宽松的家庭气氛中，老师与家长、学生促膝谈心，学生能够倾吐平时不敢说的心事，也更容易接受老师的开导。这种方式增进了老师、学生、家长之间的情感，"亲其师"而"信其道"，家长能够更密切配合老师的教育教学工作，确保学生健康成长。但在寄宿制学校，由于学生分布范围广，教师的家访变得非常困难。

（三）家校不同步问题严重

1. 教育最佳时期经常被错过

在寄宿制学校，由于学生每隔一周或两周回家一次。学生在学校出现的

问题,教师往往只能在周末通过信件、电话或当面与家长取得联系。而这时,往往错过了教育的最佳时机。积攒了一周甚至两周的问题没能与家长及时沟通,教师得不到家庭教育力量的援助。这种单方面的教育往往使学生对问题的认识不够全面、透彻,甚至使他们对教师的教育形成偏见,使教育效果大大降低。

2. 家长的错误教育方式使学生的不良行为习惯出现反复

学生在校寄宿,回家次数少,并且年龄较小,父母更多的是疼爱有加。学生回到家后,父母往往抓住这样的机会弥补自己对孩子的关心不足。除了在生活起居上无微不至地进行照顾外,还无限制地满足孩子提出的各种要求。而对孩子身上暴露出的问题则视而不见或刻意回避,甚至对原则性问题也采取让步。这样,学生在学校养成的良好习惯逐渐被以往的坏习惯所取代。

(四)家长教育观念和教育能力的局限

寄宿制学校的家长以经营生意的居多,工薪阶层少。他们中,由于时代、家庭和个人等原因,接受过高等教育的比较少。他们对孩子的教育更容易出现教育方式简单粗暴、对孩子过分宠爱、对孩子放任不管、教育无计划等错误方式,给青少年的教育和成长带来阻碍。

三、寄宿制学校家校沟通的特殊问题

1. 家长期望值过高与实际精力付出不足的矛盾

望子成龙、望女成凤在中国有着很深的历史渊源。随着社会竞争的加剧,人们对孩子成龙成凤的期望更加强烈。而在寄宿制学校,家长的期望值过高则表现得更为突出。过高的期望值与寄宿制学校的学生来源有关。

2. 来源于县城或农村的家庭期望值过高

在寄宿制学校,有相当一部分学生来自县城或农村,由于当地不具备更好的师资,便把学生送到省市学校就读,这样的家长往往顶着老一辈人的反对,执意把学生送去住宿。家长们对孩子抱有过高的期望,希望孩子的教育能立竿见影。而他们本身不但没有科学的教育方法,更不会投入大量的时间, 这样的矛盾即使家长对学校的教育教学工作不能做出正确的评价和判断, 也对孩子的心理健康和良好人格的形成极为不利。

四、解决策略

(一) 提高认识, 建立平等合作的家校关系

1. 重视家长在教育中的地位

在寄宿制学校, 应该让家长们充分感受到校方对他们的尊重。在学生入学初, 学校应该主动地将自己的教育理念, 教学设施和即将开展的教育教学活动介绍给家长, 并耐心解答他们的各种疑问。作为班主任, 更应主动与学生家长联系, 并长期通过走访、电话、书信等及时将学校的教育教学信息通知给家长, 并重视与他们的互动, 及时将家长的意见和建议吸纳过来, 改变家校教育不同步的状况。重视家长在教育中的地位, 充分对他们给予尊重, 有利于家长形成对孩子教育的更强的责任感, 激发他们参与学校管理的热望, 变 "旁观者" 为真正的 "参与者"。

2. 与家长建立平等互助的关系

在寄宿制学校, 家长更多地把教育责任推卸给学校。面对家长不实际的期望时, 教师应该建议他们遵循教育的规律, 正视现实, 从孩子的实际情况出发, 对孩子的成长给予更多的鼓励和帮助。另外, 教师在与家长沟通时, 切忌指责和奚落, 要注意营造平等感。使双方在心理、感情上接近和融洽, 这是沟通的基本前提。

(二) 改进策略, 增强家校沟通的实效

1. 家校预约卡制度的实施策略

根据寄宿制学校学生家庭分布范围较广、父母工作比较繁忙的特点, 学校应该建立家校预约卡制度。学校在召开家长会之前, 提前1个月给家长寄去一封预约信, 告知学校将在某月、某日某个阶段内召开会议, 一般都会有三四天不同的时间段, 供家长挑选预约, 以便家长安排好工作, 按时到校参加。家长只要把这封预约信填好寄回学校, 到时按预约时间就可以分别与自己孩子的主要任课老师见面交谈。建立预约卡制度, 避免了家校沟通的随意

性, 充分考虑了寄宿制学校家长的实际情况。一方面不会给家长的工作带来不必要的麻烦, 另一方面也有利于保持家校沟通的持续性。

2. 分区域负责家访策略

建议寄宿制学校采取全体教师参与的分区域负责家访的策略。就是把学校的学生按地域进行分类。然后, 由全体教师组成家访小组, 到各个地区对各家各户进行亲自家访。这样, 才能保证所有学生都能接受到教师的家访, 缓解了班主任的家访压力。在寄宿制学校, 通过分区域负责家访, 老师们真正走进了学生的心灵, 走进了家长的心灵, 家庭与学校之间的关系更为密切了。

3. 分类型的专题指导策略

(1) 同质学生的家教专题辅导

在一个班集体里, 教师经过一段时间的教育教学之后, 便会发现, 在学生当中, 虽然个性都有一些差别, 但是, 总有一部分同学属于同一类型的。教师可以采取同质分组的办法。把同一类型学生的家长请到学校来, 与老师共同探讨科学的教育方法。由于定期召开这种类型的专题研讨会会, 家校沟通将更加有效, 更有利于为孩子创建一个和谐的家校环境, 避免家校教育的不同步。

(2) 异质学生的家教专题辅导

在一个班集体中, 教师还可以召开这样专题讨论会。将不同类型的学生家长, 尤其是可以互补的家教类型的家长召集到一起。学校与家长共同针对每个孩子的教育探讨出科学、具体的方案来。通过这种方式改善学生的交往状况, 促进学生的身心健康发展。

4. 校本家长学校建设策略

家长是孩子的第一任老师, 对孩子的影响至关重要。但是, 我们在实践中了解到, 在寄宿制学校, 许多家长教育孩子的方法单调、落后, 很不科学。家长不合理的家教方法往往是直接导致孩子与父母矛盾产生的主要根源, 也直接影响着孩子的学习和身心发展。在寄宿制学校, 可以根据各个年龄阶段的孩子特点, 编写出家长学校的校本教材, 组织家长到校学习。同时, 还可以邀请专家和研究人员给学生家长做有关家庭教育的报告或者就学生某个阶段或某个共性问题,进行现场的答疑解惑。

5. 家长委员会运行策略

寄宿制学校的家长委员会一般由各个区域的家长代表或者关注教育的家长组成,每个班级推选一名。家长委员要参与学校决策,协助学校运作,参与各种教育培训,逐步成为家庭教育方面不可或缺的教育力量。各班还可以组建由家长委员领导下的家长工作小组,在家长委员的带领下配合教师完成本班级的教育工作。家长工作小组可以及时反映其他家长在教育方面遇到的问题,成为家长与教师之间沟通的桥梁。

6. 经验分享的互助策略

在寄宿制学校,建立在经验分享基础上的互助活动,能够密切家庭与家庭之间,家庭与学校之间的关系。学校可以请优秀家长介绍经验。由老师或者家长工作小组的成员作为活动的组织者,根据各个家庭的实际情况,围绕"如何培养孩子独立完成作业的好习惯""怎样在孩子面前树立威信""如何扩大孩子的视野""假期如何制订合理的作息时间"等话题进行讨论。

7. 展览汇报的互动策略

寄宿制学校的学生,与家长相处时间短,家长与老师见面的机会也比较少。作为学校,应该将学生的学业以及身心发展情况全面地反馈给家长,实现家庭与学校的良好沟通与合作。在学期末,通过展览汇报等活动,可以充分展示学生的学业成果和特长发展,更容易在教师、家长和学生之间形成轻松愉快的交流氛围。这种活动可在全校、年级或班级开展。可以展示学生的书画、剪纸、折纸、布贴画、作文、贺卡作品。也可以举办文艺表演,充分展示学生的艺术特长。

苏霍姆林斯基说过:"最完善的教育是家庭教育和学校教育的结合。"在寄宿制学校,只要家庭与学校之间建立密切的关系,经常通过各种形式进行沟通,那么,学生一定能够健康快乐地成长,学校也一定会获得长远而健康的发展。

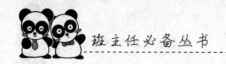

搭建家校沟通的桥梁　谱写教书育人新篇章

王晓凤

　　时间的底片总能冲洗出许多令人难忘的瞬间，在记忆的长河里拾取点滴的碎片，串联成一个又一个美丽的故事，这里有温馨，也有感动。从教十几年，我体味到了人生的酸、甜、苦、辣。面对教室内一张张稚嫩的脸庞，一双双渴求知识的眼睛，我的心被深深地震撼了。从站到三尺讲台的第一天起，我就发誓要把全部的热情都献给我所热爱的事业。在多年的班主任生涯中，深深地体会到教育人、培养人是复杂的、艰辛的、长期的过程，教师紧靠个人的单枪匹马，是不够的，它还需要家长的配合，要家校携手，共同肩负起教育的责任和使命。

　　成功的家校沟通，可以使教师尽快地找到教育的突破口，能够有的放矢，对症下药，找到教育良策，及早地走进学生内心。家校联合，让教师的教育更有力量，它可以穿越心灵的距离，可以给顽劣以理智，给懦弱以坚强，给浮躁以沉稳，给颓唐以激昂，给迷茫以信念。

　　马某，是我曾教过一个家庭特别贫困的学生，他头脑聪明，学习刻苦，成绩突出。但总是沉默寡言，很少与同学交流，也不愿意主动接近老师。对于这样的好苗子，我打心眼里喜欢，也想走进他的内心，和他沟通，可几次谈话，他的话很少，几乎都是在听我说。"没关系，我有足够的耐心，精诚所至，金石为开！"我在心里暗自给自己打气。多年的班主任工作经验告诉我，这样心里封闭的孩子要想让他从心里接受你，喜欢你，需要一个过程。你要用耐心去走进他、了解他，用爱心去感化他。

　　可是没过多久，他竟然不辞而别。以前每天早晨他都会早早地来到学校，都会比别人更早地进入学习状态。可是突然有一天，他没来上学，也没有请假。我心想，这孩子是不是病了，否则不会轻易旷课。我马上拨通了他家的电话，没想到接电话的是他的姑姑，一听说孩子没来上学，他姑姑也很惊讶很着急，说孩子早上是背书包走的，没来上学，会到哪里去呢。听到这儿，我心里猛地一沉，看来这孩子一定是遇到棘手的问题了，我一定要帮帮他。我迅速理清头绪，马上把他姑姑约到学校。在同他姑姑的交谈中，我了解到了，原来他的母亲有精神病，父亲没有工作，四处打工，没有时间照顾孩子。马某经常住在姑姑家，由于家庭特别贫困，所以孩子上学的学费也成了问题。姑姑家虽然也不富裕，但也经常接济他们。自从马某上高中以后，上学的费用加大，家里经常为此发愁，孩子看在眼里，也流露出想辍学打工的想法。听到这里，我终于明白了，为什么这个孩子一直郁郁寡欢，心事重重。同时我也有几分自责，如果早一些和家长沟通，及时了解孩子的家庭情况，早一点找到解决的办法，也不至于出现这样的情况。这么优秀的孩子怎么能辍学，我一定要想办法帮他！可是当务之急应该先找到他。

　　我和他的家长找遍了所有他可能去的地方，都没能见到他的踪迹，回到学校，我的心情很沉重，整个下午都在紧张、不安和期待中度过。晚饭以后，我没有回家，一直坐在办公室里等消息，一直期待电话铃声响起。可是时间一分分的过去了，正当我已经绝望，想起身回家的时候，几声轻微的敲门声响起，我兴奋地跳了起来，直觉告诉我，一定是他。但是表面上我仍保持着平静，轻轻地拉开了门，果不出我所料，出现在我面前的正是马某，马某的身边还有一个个子不高的中年男人，从二人的容貌上看，他应该是孩子的父亲。孩子眼圈红红的，见到我嘴巴动了几下，可是话没说出来，眼泪却刷的掉了下来。我的心揪紧了，男儿有泪不轻弹，这么小的年龄却要背负这么沉重的家庭负担。我感到很心疼。但是在孩子面前，我要控制好情绪，我强作镇定，请他们父子俩坐下，过了好一会儿，马某的父亲才开口，"老师，我这个做父亲的，不称职……"说话的时候，眼中流露的满是愧疚和自责。我真诚地说："你家的情况，我都了解到了。先让孩子安心学习，一切都会解决的！"一提起孩子，家长除了愧疚，更多的是自豪，他跟我谈了孩子的成长经历，还有孩子对未来的设想。据他讲述，马某从小就特别要强，想通过自己的努力改写自己的命运和家族的历史。看着这位父亲因为激动而略显微红的脸庞，我的心也为之一震。多好的孩子啊！有理想，有抱负，有责任心，马某身上的这些品质也正是同龄孩子所欠缺的。我一定要尽我所能帮助这个孩子实现自己的理想。

第二天，我马上去找校领导，把马某的家庭情况如实向他加以汇报，最后学校决定减免他在校期间的所有费用，如果成绩优异，还能获得学校的奖学金。当我把这个消息告诉给他的家长时，他的父亲哽咽地说不出话来，他的脸上露出了久违的微笑，他当时只说了一句话："老师，我不会让你失望的。"我也鼓励他说："人生的路很长，遭遇挫折坎坷在所难免，但不管怎么样，都不要逃避，要乐观地去面对生活，要有男子汉应有的勇气和担当，要积极地想办法解决问题。要会学习，也要会生活，要学会去关心和帮助别人，同时也要用心去享受来自集体的温暖和关爱。"

这以后，他更加刻苦地学习，人也变得开朗自信多了。我和他父亲有个约定，每周通一次电话，沟通孩子一周来的学习和生活情况。这样他在心理上出现的一些细微的变化，我都能及时地了解到，并与家长共同制订相应的教育策略。同时也尽量让家长以一个积极的心态来影响孩子，多抽出时间来关心孩子，让孩子感受到来自家庭的温暖，看到生活的希望。正是这样细心的跟踪教育，他在以后的学习中没有出现过什么闪失，成绩始终保持在学年前10名，最后成功考入了自己理想的大学。

虽然他已毕业多年，但一直到现在，每到教师节的时候，他依然会给我给我发一条短信、或打一个电话来表示祝福。还记得他的那条短信：当黑暗笼罩了黎明，当前路布满风霜，老师啊，是您用爱心帮我拂去黑暗，遮挡风霜。从今以后，我将不再犹豫，不再忧伤！每每看到这条短信的时候，作为教师的幸福感和满足感便油然而生。

创建家校沟通的平台，及时了解学生的家庭生活情况，对于一些需要帮助的孩子，及时伸出爱的双手，解决他们的困难，帮助他们走出困境，温暖他们的心灵，并及时地抓住教育的契机，走进学生的内心，成为他们的良师益友。

学校教育不仅要让孩子读好书，更要让孩子做好人。做好人是一个系统工程，需要学校、家庭联合起来，形成合力，学生缺一节课可以补回来，但思想上有一个盲区，要纠正过来恐怕不容易。处于青春期的学生们人生观和世界观还没有完全形成，这个阶段极有可能出现这样或那样的问题，面对学生身上出现的问题，教师不要大惊小怪，要及时和家长沟通，讲究教育的艺术，处理的方式绝不能简单粗暴，要灵活多变，充满智慧，做好孩子的精神导航，使其树立起良好的健康的人生观。

我曾接过这样一个班，班级经常出现丢失东西的现象，一些学生早上带来的钱物，没等到中午放学，就"不翼而飞"了。大到手表、现金，小到学习用具。据同学们反映，班里有一个叫王某的孩子，就有这一不良习惯。我接手这个班级以后，一段时间内，班级还很平静。我心中暗喜：也许这个孩子正在向好的方向转变。

可是好景不长，一次，班级收会考费用，数目高达5000元，粗心的班长晚上竟将钱放在了班级的笔筒里。第二天上学发现放在班级的钱不翼而飞，同学们马上把这个消息告诉了我，同时也给我提供了一条重要的线索。有人看见，晚放学后，王某中途又返回了教室。当时我特别心痛，也很自责，如果能早一些跟这个孩子进行沟通，对他加以正确的引导和教育，或许能避免这件事情的发生。但是事情已经发生了，我必须得面对。我先找了那几个能证明他确实在晚放学后只身返回教室的同学，经调查确认，他确实在教室无人的情况下独自一人返回了教室。证据确凿之后，我心里基本上已经明确了处理的方案。为了不影响同学会考的报考，我先找了几个家庭条件好一些的同学，让他们先把会考费垫上。接下来我在班级讲了会考报名的期限，如果钱找不回来的话，会耽误同学的报考，这样无形当中给他施加了压力。同时我也在班级声明，那个作为重要证据的笔筒已经拿到公安机关去取指纹了，老师有信心能把这笔钱找回来。这样也给同学们吃了一颗定心丸，先稳定班级同学的情绪。然后我又动之以情说，如果是谁一念之间犯了错误，大家也会给他改正错误的机会，只要他把钱还回来，大家就原谅他。我讲这番话的时候，一直在暗中观察他的反应，可是并没有看出太大的破绽。我心想：这个孩子的心理还是很强大的，看来这次我是遇到难题了。

坐在办公室里，我迅速地理清了思路。这次问题的处理，我要这样的结果：第一是把钱找回来，第二是不能让这个孩子在犯罪的路上滑得太远，第三也不能让这件事情的影响面太大，否则他以后无法在班级立足。这个问题确实给我造成了困扰，如果处理不慎，将会给这个孩子心理留下阴影，也会影响到他的前途。

经过一番周密的思考之后，我拨通了他母亲的电话，委婉地把她约到了学校。他母亲来到学校后，我详细地把事情的经过讲给她听，为了不让家长感到太难堪，我尽量从关心孩子的角度出发，分析问题的严重性。我说话的时候暗中观察他母亲的反应，以便随时采取应对的策略。她刚开始显得有些尴尬，脸色通红，后来情绪渐渐平定下来。她告诉我，她和孩子的父亲在经营一项小本生意，平时对孩子关心得不够，这些年孩子完全属于自由成长，只感到孩子变了，长大了，并没有和孩子做过心与心的交流，忽视了孩子的心灵成长。从她的话语中无不透露着对孩子深深愧疚。听到这里，我的心被深深地触动了。在孩子人生观和世界观还没有完全形成的时候，作为家长，一定要做好孩子的心灵导航，让孩子在正常的轨道上健康的成长。为了不让家长过于失望和沮丧，我也肯定他在学习方面的成绩，并且说："你儿子个子高，形象气质那么好，篮球打得也棒，头脑也很聪明，身上有很多闪光点，如果教育得法，一定会有一个美好的未来，也会成为众人之中的佼佼者，父母的骄傲。"但同时我也告诉她，这次的事情一定要处理好，要把孩子拉回来。平时在孩子的日常花销上也不要太过于苛刻。听了我一次又一次耐心地分析，她也意识到家长身上存在的问题，而且也意识到孩子如果不能尽快地改变自己此时的状态，后果肯定会越来越严重。该怎么办？该怎么样做才能既不伤害孩子，又能让他尽快地转变过来呢？我开始和他的妈妈一起想办法。事情才刚刚发生，孩子应该不会这么快就把钱花掉，最后决定让她先回家找一找钱的下落。如果找到了，不要打骂孩子，要做好孩子的心理疏导工作。让孩子早晨来上学的时候悄悄地把钱放到班级的讲台上。这样把这件事情的消极影响降到最低，孩子还有重新改过的机会。

目送王某的妈妈离开以后，我的心久久不能平静，事情能不能按照我预想的进行，家长能不能和孩子顺利地沟通……

第二天早晨，还未等我到班级，就有好几个同学跑出来抱住了我，兴奋地说："老师，钱找到了，早上在讲台上发现的！"我当时也特别激动，看来昨天和家长的沟通是成功的。

此后，心理疏导、打气鼓励、当面夸奖、全班表扬，凡是能想到的教育方法我都用上了，逐渐地使他增强了自信。而且，只有他有一点点的进步，我就立刻和他的妈妈联系，请她在家里也鼓励帮助……渐渐地，这个小伙子似乎感受到了老师和他妈妈的那份苦心，和其他同学们相处变得更加融洽了，心态也阳光了。从此以后，班级再也没有发生此类事情。班级有什么活动，他也总是冲在前头。他的眼神中更多了一份阳光和坦然。后来我让他做了体委，发挥了他的特长。凡是我交代给他的工作，他都能尽心尽力地去完成。

后来高中毕业了，他也考上了理想的大学。临别前，他给我写了一封信，信中有几句话，我至今还记得，"老师，当我跌倒的时候，是您给了我重新站起来的勇气。是您的宽容和爱心改变了我的一生。能做您的学生是我今生最大的幸福！长路奉献给远方，玫瑰奉献给爱人，我拿什么奉献给你，我的老师……"

我想当时如果我没有做好家长的工作，妥善地处理这件事，而是采取另一种办法去处理这件事，一味地批评指责他，甚至是扩大影响，这样反而容易使他产生逆反心理，甚至是破罐破摔的想法，他的前途也将毁于一旦。通过这件事，使我更加深刻地感受到教书的责任教师可以独自承担，但育人的使命一定需要家长与学校携手来完成。

从教十几载，像这样让我感动的事情有很多。多年的班主任工作经历告诉我，教育这些正处于青春期的高中生，学校和家庭，不仅要一致行动，而且要志同道合，始终从同样的立场出发，无论在教育的目的上、过程上还是手段上，都不要发生分歧。都要用爱心去呵护他们，用健康的人生观去引导他们，时刻关注学生的心灵成长。俗话说："十年树木，百年树人。"这些孩子正处在人生的关键时期，可谓"一失足成千古恨"。因此，无论是老师还是家长都有责任帮助他们完成人生的过渡，及时地帮助学生拨正人生的航向，驶向正确的人生港湾。

感谢明月，照亮了夜空；感谢朝霞，捧出了黎明；感谢教师这一神圣的职业，让我可以与学生进行心灵的沟通，与孩子们共同成长。感谢家长，是你们的信任与配合让我们在育人的路上创造出一个又一个动人的奇迹！

朋友们，让我们一起搭建家校沟通的桥梁，谱写出一曲育人的优美乐章！

班主任与家长沟通模式新探

石如玉

【摘要】

对于基础教育阶段的学生来说，家庭、学校是他们两个最重要的生活环境。因此，在学生受教育期间，作为家长，就有必要关注自己孩子在校的表现情况；而作为教师，同样需要了解学生在家里的某些情况。而长期以来，传统的学校家庭沟通模式过于单一导致的弊端日益凸显，本文力求通过举例论证的方式来探寻班主任和家长沟通的新模式。

20世纪60年代，终生教育观念的提出，加快了教育社会化的进程，教育的范围和领域也在日益扩展。美国学者保罗·郎格郎提出："终生教育体系形成的基本原则是不同教育部门之间的相互依存性，即相互联系性，只有加强不同教育部门之间的合作与联系，才能实现教育的逻辑一贯和整体化发展。这种逻辑一贯和整体化发展具体体现为学校教育、家庭教育和社会教育之间的有机结合，其中家庭教育是基础，学校教育是关键"。

班主任是由学校指定的，全面负责一个班级教育与管理工作，对学生的思想、学习、健康和生活等方面进行全方位指导的教师。班主任是班级的组织者、领导者和教育者，也是该班全体任课教师工作的协调者。班主任是班级教育管理的第一责任人，承载着社会、家庭、学校对下一代的培养教育重任，被人看作是班级的灵魂。

随着社会的发展，在我们这一时代，独生子女家庭逐渐成为主流。因此，从物质条件，从传统文明层面，对孩子的成长的关注都是家庭、社会体现出高度的重视。毋庸置疑，学生的成长和发展是学校、家庭、社会相互作用的结果，并且人们也日益达成共识：学校教育是学生成长的主要塑造者。当然，要想发挥学校教育的最大塑造作用，就必须有家庭教育的支持与配合。

当然，班主任在充当这一桥梁与纽带作用的过程中，目前主要是通过"电话""家访""互联网"等诸多形式来开展工作。而这其中最主要的手段还是家访。从笔者多年来的工作经验看，如何搞好家访工作，是对学生情况进行全面的了解，和家长进行有效沟通，开展班务工作，提高教育质量的重要手段。

当今时代学校与家庭对于青少年教育问题的沟通却存在许多问题：

1. 家长、学校及教师对家校沟通重视不足

符号互动理论认为，一方的反应取决于另一方所说所做的程度，相互依赖则成为互动的中心。家校沟通的效果取决于家校双方所做的努力。在市场经济和体制改革的影响下，家长面对着来自社会工作、学习、家庭等方面的压力，他们往往无暇顾及子女的教育，更谈不上走进校园，与教师就子女的教育进行良好的沟通。家长参与学校教育的民主意识淡漠，认为对子女的教育就是学校教师的事情，没有认识到家长走进校园与教师共同协作，更有利于子女的发展。家长虽然对提高学生全面素质的思想持认同态度，但在社会大

环境影响下,绝大部分家长还是更多地关注自己孩子的学业成绩。在历史文化背景中,教师和学校塑造了自己的权威意识,同时在今天的教育变革中,教师和学校处于教育改革的主导地位,因此家校沟通中起主导作用的是学校。但是我国现有基础教育初中阶段条件差,班额大,教学任务重,家长和社会期望值高,造成教师过重负担。教师日常的工作繁重,还要面对不断变革的教育改革加强自身的学习,让教师与每位家长沟通,经常探讨每个学生的教育问题是不切实际的。来自家长和学校双方的原因造成了家校沟通的低效。

2. 家校沟通关注范围狭窄

在升学压力、就业压力依旧巨大的社会环境下,家长和教师往往将较大的精力关注在学生的学业成绩上。家校沟通以学生的成绩为主线,谈论的话题也是围绕成绩,而忽略了学生其他方面的发展。对于隐藏于成绩之后的学生的心理问题,学习的方式方法问题,学生对于学习目的的认知,学习态度及造成学习态度不端正等深层的问题得不到发现和解决。家长和教师通常是因为学生成绩退步才想到沟通,当学生成绩进步或稳定时就认为万事大吉,完全没有沟通的必要。学生学业成绩的起伏往往是其思想波动的体现,家长和教师如果只关注成绩这个表象,所导致的结果是对学生的教育"治标不治本",不能从根本上解决学生的思想问题,不能调动学生学习的主观能动性,因此不能有效地促进学生成绩的提高。

笔者认为,家长与学校的沟通方式在内容上应改变以下几点:

1. 指导家长对子女进行科学的教育

指导家长对子女的爱,需要理智而有分寸,对子女的疼爱的缺乏和过度的溺爱,对孩子的成长和教育都是十分不利的。那么这种爱在配合学校教育的过程中,就需要体现在对孩子学习成绩的期望值适中,对他学习情况进行了解和监督等方面。只有这样,才能有效发挥父母的爱的教育功效。如果脱离子女的实际水平,一味追求高水平的期望并不现实。

2. 要注意学习典型

在对孩子进行家庭教育过程中,同班的,周围邻居中,如果有一些优秀家长的家教例子，是值得其他家长学习和仿效的。作为班主任，可以把这些成功的经验和事例总结好，并在开家长会或者家访过程中把这些宝贵的经验推广开来。

3. 把学生的心声反馈给家长

要帮助孩子健康地成长，就必须倾听孩子的心声，这是优秀家长必备的心理素质。在与家长交流时，可以把学生的心声反馈给家长，从而使家长自觉改正一些不恰当的家教方式。在笔者从教过程中遇到过一个学生，家庭离异，玩逆异常，不学习，他母亲每次都是当着老师同学的面大声斥责他，他也总是摆出一副不在乎的样子，一切照旧。我觉得即使孩子错了，他也是有自尊心的，这样的责骂只会让他更加自暴自弃，于是我主动和他母亲谈了这个问题。事后，我告诉了这个学生，告诉他母亲向他保证以后不再这样责骂他，但是大家的尊重你你也应该尊重自己，要努力改掉坏毛病。第一次，我看见了他眼睛里的泪花。之后，他真的在变化，一直都努力在改正身上不良的习惯。

4. 阐明、宣传有关政策，增加理解，消除隔阂、误会

由于在对孩子实施教育过程中，类似于义务教育、教育收费等诸多的问题，可能引起家庭、学生、学校三方的不愉快与矛盾。因此，就有必要利用家长会宣传《义务教育法》等方法条例，帮助家长对辍学就工等违法现象进行分析，提高认识。特别是关于学校收费问题，要对相关收费情况进行解释，产生矛盾的原因往往是家长对学校及上级有关政策不清楚，以及学生以学校的名义向家长骗取零花钱。教师可以利用家长会或者家访过程中讲明为什么收费，从而得到家长的谅解和支持。

除了内容上的变化之外，我想我们还可以进行形式上的变化，现代的社会通讯技术突飞猛进，QQ、手机、微信、MSN等，现代、生动、让双方体验科技之乐。网上聊天式家访，还有网上各个家庭开Blog式家访。但我想，面对面的交流还是最好的，但我们似乎可以在传承传统教育的同时因地因时地进行一些小小的改动。

我们可以这样和家长见面：

无意撞见。由于多数家访都是经过预约准备的，因此往往会给家长和班主任都带来一定的心理压力。因此，如果有机会无意撞见家长，班主任不妨采用这种方式进行访谈。一般来说，这种无意撞见式的形式，会使家长与班主任之间的谈话、沟通、交换意见会更加放松、随意、不再显得拘谨。

互相约见。从我们常见的家访形式来看，我们喜欢将家访的地点定在学生家中。随着时代的发展，我们认为，学生家庭不是唯一约见地点。如果总是把地点确定在学生家中，那么容易给人的感觉是老师永远是家访的主导者，学生与家长是被动的受访者。如果我们变更下约见地点，或许会获得意想不到的效果。比如学生生活社区公园或咖啡馆相对轻松、又能了解学生生活社区的背景。

联合行动。家访不是一种班主任的个人行为，它涉及到其他学科教师。因此大多数老师家访都只身前往学生家中，这种开展工作的方式需要视具体情况而进行改变。有一次，班上一个孩子家里突然失火，一间房烧得干干净净。索性他和哥哥逃了出来。衣物和书包全没有了。而他的父母都在外地打工，听闻后我立即去找他，可是他由于害怕和羞怯躲了起来。正在这时，我听说班里的几位学生也要去劝他回校学习，于是我便召集他们一起来到该学生的家中。由于有同学的参与，他深深地感受到老师的关爱与同学真挚的友情，不再固执地拒绝，终于重新回到了学校。

此外，还可以进行作业家访。每次批改作业的时候，老师在学生的本子上问学生一个关于家庭的问题（聊天式，轻松诙谐），让学生自己来答。如此种种，我想，班主任和家长沟通的方式还有很多，关键的是我们都有着真诚地为学生付出的心。

在沟通策略方面，作为班主任，应当注意以下几点：

1. 第一印象

"第一印象"的好坏与人际交往的成败有着极大的关系。从心理学上来讲，人都有一定的心理定势——印象一经形成，就很难改变。因此笔者注意挖掘心理定势中积极的因素，和家长见面时：礼节周到热情。亲切的微笑是打开对方心灵的窗户，获取信任的金钥匙。在接待家长来访时，笔者时刻面带微笑，保持良好的精神状态。从礼节上，起身欢迎、端椅让座；家长离开时，起身相送。谈话中注意使用文明用语，如"请坐"、"请喝茶"等等，这样就向家长展现了笔者良好的个人修养。

2. 重视语言沟通

语言是人们在人际交往过程中表达情感的一种重要工具。笔者在与家长交谈时，注意讲究语言艺术，做到：一是，态度谦和，语气诚恳。能放下为人师的架子，和家长推心置腹。谦和的态度能拉近彼此的距离，给人以亲近的感觉，赢得家长的信任。诚恳的语气让家长觉得你确实是在关注孩子的发展，关心他们的将来，这样易与家长产生共鸣。二是，说话留有余地，学生在发展的过程中，是具有极大的可塑性，即使是表现较差的孩子，也不能放弃他，对他家长说出"你的孩子就这样了""没救了"之类不负责任的话。三是，说话有准备、有重点。家长到校来主要目的是想了解学生近一段时间的表现，班主任就应详细地向其介绍近一段时间内学生在校的生活、学习情况，也可以把学校近期的一些工作要点简要地向家长说明，让家长明白学校的教育与孩子的表现之间的内在关系。笔者想如果笔者不了解这一点，面对家长泛泛而谈，可能就会产生以下两种不良后果：一是不能让家长了解学生详细情况，达不到其到校的目的；二是很容易让家长觉得你不关心他的孩子，造成心理隔阂。

3. 重视家长人格

平等地对待家长，和家长接触，不能带有世俗的功利色彩。不论家长的职业贵贱，职务高低，都要一视同仁。笔者找家长谈话时，多半是学生出了问题，家长到校后，笔者与其一起研究对学生的教育方式。对家长特别是文化层次较低的家长，笔者会克服容易滋生的"我是专业教育工作者，我懂你不懂，我讲你听"的心理情绪。在谈到学生问题时笔者也就事论事，不把学生的问题或不好的习惯，归结到家长或家庭方面，更不训斥家长。

尊重家长的情感。每位家长对自己的孩子都有一种天然的偏袒心理，是父母爱子女的一种必然反应。因此当着家长的面,笔者注意对学生的批评委婉一点,照顾家长的情绪。又根据学生家长的文化水平、道德修养、职业特点,选择恰如其分的语言,反映其子女的表现。

尊重家长的建议。家长们总是希望老师们在教育教学中,能够注重孩子良好的养成教育,培养健全的人格,使他们能学有所成,自立于社会。不过,具体到每一位家长,各有其侧重点。个别家长会根据自己的了解和学生介绍的情况,综合分析后,对老师的教育教学和学校管理提出诸多建议。这时,笔者会认真耐心地听取家长倾诉。对一些不合理或不可能实现的建议,笔者也能坦诚地说明自己的观点,表现出对家长心情的理解。

4. 定期召开家长会

笔者尊重了家长,建立了良好的关系。赢得了家长的信任、鼓励和支持。只要班上搞什么活动,家长总是全力支持。在家长会上,我根据本学期教育教学计划,对家长提出必要的要求,如:在孩子面前时时维护教师的尊严,不议论、贬低老师,树立孩子心中教师妈妈的良好形象。帮助孩子树立责任心,让孩子学会洗碗,整理自己的床铺、用具,尽到自己的那份责任。对笔者或任课教师有看法时,找笔者来处理,如果笔者处理得令你不满意,再找学校处理。笔者不赞成越级处理,影响面过大,对孩子的心理会造成压力。在孩子带病上课时要给我通话告诉,有利于老师多给予关心和照顾,增进老师和学生之间的亲和力等等。同时给家长介绍一些教育孩子的方法、经验,推荐一些教育方面的书籍,"如怎样教育独生子女""怎样使你的孩子更聪明"、"父母必读"等,通过这些工作,使很多家长重视子女的教育,改进了对子女的教育方法,增强了做家长的责任感,收到了较好的效果。如;我班李城的家长听说班级布置,送来500元钱,用于班级布置和买奖品,胡恒阳的家长在三跳运动会期间给班级赠送两副跳绳,像这类的事情还有很多,笔者就不一一再说。

总之,笔者体会到尊重别人,他会给你提供许多快乐和方便。在多年的班主任工作中,笔者清楚地认识到,只有让家长在认识上与老师保持一致,如此方能收到事半功倍的效果。在当今社会高节奏的环境里，家庭教育已经不具有普遍性。或者说家庭教育只保留影响教育。多数家长忙于工作与生计无暇顾及孩子。只是家长的行为在直接影响着孩子，影响着孩子世界观的形成。班主任与家长沟通，最主要的目的是要解决家长对孩子前程失望问题和家长在高期望值下的非理性观念。使家长接受完整的教育观念，重新燃起家长对孩子的期望之火。

宽容与沟通

陈林一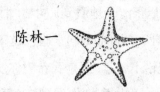

教室里有三盆绿萝，悠悠的绿意缓解了高三学习的紧张氛围，作为班主任的我每天都会给它浇浇水，除去发黄的叶子。

老师的工作与这有着一种微妙的联系：按时的浇水，恰到好处除去坏了的枝叶，放置在合适的地方，既可避免被人撞倒，又可以接收到合适的阳光。对待学生不也正是如此？传道授业解惑，悉心呵护，宽容地对待他们的缺点，适时纠正。

一、作弊女生引风波，真挚反思平怒气

H女生，是我们班级的文娱委员。能歌善舞、活泼可爱、热心班级事务，和同学关系良好，唯一不足是成绩一直处于班级的倒数。进入高三前的整个暑假她都在补课，她的母亲也对她给予了很高的期望，希望高三成绩能有起色。可是，在第一次月考中紧张导致机读卡涂错，加之落下的知识点太多，成绩依然无起色。

很快又迎来了第二次月考，考试后年级考务老师给我打电话，监考老师反映H女生有可能和后桌同学交换了试卷，但她们拒不承认作弊并辩称是后桌同学的试卷掉了，H女生帮她捡起来。考务老师向我了解H同学平时的表

现。我说了我的看法：不是调皮的同学，但还是请年级核实监控。周末返校，我找到她，再次问整个事情的经过，她依然坚称帮同学捡试卷，我说："那好，老师选择相信你，但是即使同学的试卷掉了，你也应该知道避嫌，请监考老师帮忙处理。但是，我们还是要找负责考务的老师去澄清。"她很惊讶："现在就去？""嗯"我坚定地点头。于是我陪着她一起找到了考务老师。

当着考务老师的面，我让她再把事情的经过说一次。在说之前，考务老师提醒她："你要对自己的话负责，学校的监考是很清晰的！"但是，她依然坚称之前的说法。这时，考务老师拿出手机，让我看了一段他用手机从监控室翻拍的视频。

从视频中，可以很清晰地看到H同学，悄悄地把自己的试卷叠起来，从抽屉底下递给后桌同学。此时，H同学脸色越来越难看，我忍不住说："H，再给你一次机会，人犯错不要紧，但是我希望你能正视自己的错误，为自己做过的事情负责！"考务老师也说："你看，陈老师对你是很信任，当我打电话询问你的品行时，陈老师对你的评价不错，今天还亲自陪着你一起来解释。可见老师对你的关爱，今天这个问题不是我们要惩罚你，而是想给你人生路上一个教训！"

说话过程中，H再也忍不住了，眼泪一颗颗往下掉，她轻轻说："的确是我把自己的试卷递给她对答案，我太想考好了！"我和考务老师都松了一口气，因为我们都想这个问题由她自己说出来，这样也更利于后期的教育。"这个问题学校一定会严肃处理，通告处分。"

从考务老师那里往办公室走，我心里也是十分难受，因为如果不是有这个视频为证，我一开始是有七分相信她。回到办公室，我递给她一张纸巾，语重心长地说："我很理解你想考好的心情，但是用这种办法真是愚蠢至极，即使是后面的那个同学叫你给他，你就给他吗？你做人的原则呢？你做人的底线呢？你分析过这个结果的严重性没？作为一个女生，是非不明，没有底线和原则，今后你的人生怎么办，以后你还会面临很多选择，你这样思考问题的方法行吗？在这个问题出现以后，竟然放弃后面的考试，虽然这次理综的成绩不计入排名,但是老师依然会帮你阅卷,这也是一次自我检测的机会,你却放弃,不知道在事情发生后将对自己的伤害降到最低! 面对关爱你的人,一再撒谎,不是想着如何解决这个问题,而是想着如何掩盖,有些问题是能掩盖得了的吗?……你必须对这次的行为写反思!"

"老师,处分会不会放在档案里就消除不了啊?""这要看你自己的表现,警告处分,一学期以后表现良好,可以由你自己申请,班级同学讨论通过,班主任签字后撤销,撤销后不记入档案",我说。"老师,能不能不要告诉我妈妈,成绩也不要发给我妈妈?"她哭着请求说。我回答,"处分决定必须由家长签字。"她继续说:"妈妈,最近生病住院了,我不想她再操心!"听见这句话,我突然觉得这个孩子还是比较懂事的。于是,我答应了她的要求。

第二天,她把反省交给了我。在反省中,她表达对父母的愧疚,对我以及监考老师的歉意。她这样写道:

"在学校,成绩固然重要,但在我们学校里,老师不仅是想我学习知识,还更想我学会做人。……犯错并不可怕,可怕的是不能面对和承担责任。我为自己曾试图掩盖真相而羞耻,事实永远胜于雄辩,老师们是为了将我这棵已经有些倾斜的树苗摆正,而我却选择了抗拒。老师的话点醒了我:'这不是为了惩罚你,而是为了让你今后的路不再重走曲折。'谢谢老师们对我的教导,谢谢老师们把我从悬崖边上拉了回来,给陈老师,给这个班级抹了黑,唯有发愤图强,我才能些许弥补这次的过错。经过这次的事情,让我重新意识到以下几个问题:

1. 做人——要做一个有原则的人。

2. 责任——犯了错,一定要勇于承认。逃避、掩饰,从来不会从根本上解决问题,不仅会降低自己的形象,而且,真相总有浮出水面的一天。

3. 所好——自己想要的东西,一定要通过自己的双手而得到。

4. 冷静——遇到任何情况,都要保持冷静,把影响降到最低。在被监考老师发现后,我完全放弃了做物理,但就算最后被视为零分,我也应该认真冷静下来把物理做好。……

看了这份反思，我心甚感安慰，心想这一番口舌让学生能吸取这些教训也总没有白费。当天我通知了孩子的父亲，给他交流了这些情况，告知孩子认识的情况不错，不用太过责骂她。并请他来学校签署处分决议书。可是，恰巧孩子的父亲在外学习，要等到周五才能回来。不过通话中还是核实了孩子的母亲确实最近身体不好，前段时间在医院住了几天。

二、激动母亲掀波澜，污秽话语惹人气

（一）

两天过后的一天中午，突然接到H女同学母亲的电话，电话中她很着急又有些气愤。原来刚才她整理孩子房间时，在孩子的桌上突然发现了一张没有写完的反省，文中的内容让她大为吃惊。

我告知了她事情的始末，她既惊讶又气愤，怎么能有这样的事，然后问："老师，你告诉她爸爸了？"言语中充满了怀疑。此时，我很庆幸自己在事情发生后及时联系了家长，这也是几年班主任工作的经验。她很着急地说孩子父亲竟然一点都没跟她透露。看她如此的着急，我就让她今晚7点到学校面谈，也顺便让她签署处分通知书的家长意见栏。

晚上，在和孩子母亲的交谈中得知，她这段时间的确也是身体不好，但是孩子强烈要求告知父亲，也是因为在平时教育管理中，她要更严厉些，孩子的父亲总觉得她太过严厉，每次她教育孩子的时候总是帮孩子。

听完，我便知道他们的问题出在哪里。父母双方在教育孩子时立场不一致，这是极大的问题，这样会使教育效果大减，而且使孩子有侥幸心理。

孩子的母亲开始述说对于这个孩子她用尽心思，没想到却是这个样子，说道伤心处，禁不住哽咽。她看着女儿写的反省，面对学校的处分通知书，久久不能落笔，我看她如此的忧郁，心中一想，便说："这样吧，这个通知书还是让孩子的爸爸来签字，也让他来一趟学校，毕竟这个他也要负责任的。"孩子的母亲一听，仿佛放下一块很大的石头一样，"对，也应该让他来趟学校。"

其实，做这样的安排我也是想听听孩子的父亲的想法，看看他们俩在教育孩子这个问题上问题究竟出在哪里。

在和家长面谈的时候,我一般都会叫上孩子,让他在一边旁听,这样既能够起到一定的教育作用,而且让学生明白,老师不做背后说人的事情。这种方法,事实证明也是能有好的教育效果的。可是,H女生当晚恰好是外出补课的时间,所以并未旁听。

聊了一会,我起身送孩子的母亲,因为我要去班上辅导,于是往班级门口走,走到班级外边,孩子的母亲又说到伤心激动处,忍不住落泪。我拍拍她的肩膀,又说了些宽慰的话。孩子的母亲对我表示了感谢,离开了。

在和家长的交流中,我一般遵循两个原则:

(1)信息沟通及时。(2)真诚理解。

(二)

还有两分钟下晚自习,我习惯最后几分站在教室门口,因为最后几分钟往往是学生比较浮躁的时候。这时,我发现坐在墙角里的T男生一直低头,这个男生以前被我发现过在自习课的时候玩手机,此时我很明白他在干什么,我心里很明白他在干什么,但是,连日来各种各样的事情让我也感到很疲惫,下课铃响起,我也想转身离开,但是教师的责任感让我不能就这样转身离开,于是我回到后门,迎上了T男生,他手里正拿着手机,手机亮着。班规规定:在教室范围内手机一律不许开机,所以我让他把手机给我看。T男生很合作地交给我。

这时手机突然震动了,原来QQ开着,显示是H同学发来信息。我很生气,因为之前为他玩手机的事情,他父亲已经给他换了一个手机了。于是我把他叫到办公室,想再跟他交流下。加之,H同学今晚是在补课,又怎么能上网呢?我让T输入手机密码给我看聊天的内容,但是他怎么也不肯打开。情绪很激动,说:"老师,我和H绝对不是你想象的那种关系!"此时,我心里一瞬间还真是那样想过,但是我说:"什么关系?我绝对没有这样想过!你自己这样想,又不敢让我看手机里的内容,到底是什么东西这样不能见人!"刚才我看到的是H发来的信息。我立马打电话给H的母亲让她看看H是用什么在上网,因为她妈妈告诉我H是没有手机的。可是,连续几次电话都没有人接听。

于是我耐心地做T的工作。

经过差不多30分钟的谈心，晓之以理，动之以情。平日里我对T也比较关注，他也能感觉到我的用心良苦。于是犹豫着把手机打开，说："陈老师，其实也没什么，不过里面有骂你的话，我不想给你看！"我说："骂我没关系，做班主任我早就有思想准备被你们骂了，我宁愿你们现在骂我，也不愿意你们毕业了以后骂我！给我看吧！"

打开聊天记录，整个对话断断续续几乎从8点持续到10点40几分，也就是几乎是整个晚自习的时间。这期间，T在教室自习，H在校外补课，他俩都没有专注地做自己的事情。聊天的起因是，T听到教室外面有声音，很想H妈妈的声音，于是在QQ上告诉H，由于H并不知道她妈妈来了学校，于是开始很气愤，在QQ上对我进行了各种人身攻击，并且连带我妈妈一起骂！

看完聊天内容的一瞬间，我很生气，但是我还是先冷静地处理了T同学。肯定T同学最后的选择，批评他在自习期间缺少自制力。同时很高兴地说："看来你还是支持陈老师的，不管H怎么骂，你都没有附和！"最后，我一边送他回寝室一边进行感化教育，希望他能想办法解决目前学习上的困境。

第二天一早，她妈妈给我回电话，了解了整个事情，她比较惊慌，很害怕我和孩子计较，我说："你放心，我不会和学生计较，虽然作为个人我很生气，但是我的职业素养不允许我和学生计较……"挂了电话，她妈妈给我发来短信：感谢陈老师的宽厚，作为家长，我先保证，让她好好吸取教训，痛改前非！至于H一会让她亲自表态。"

等我在另一个班上完课回办公室，H妈妈和H已经在等我了，H显然已经被她妈妈批评过了，两眼挂着泪。我问H，哪里来的手机。她告诉我们是偷用妈妈的手机。我问："几点的时候用的？"我看她又想辩解，明显是撒谎。我又说："H，你必须想好以后再回答，我是看了你们聊天记录的时间了的。"H想想说："老师，其实……是……同学借了我一个手机！"H妈妈当时就伸手要打H，我立马制止了她。

此时，我的目的已经达到了，就是想让家长意识到孩子的问题很顽固，哪怕是前两天刚犯过撒谎的错误而且写了如此深刻的检讨, 她也同样会犯。

我告诉H, 我知道她是因为我答应她不告诉她妈妈, 而她妈妈又知道了所以生气。但她妈妈之所以会来学校不是我请的家长, 并让她妈妈亲口告诉她始末。她一下懵了, 说当时她是气急了。在她妈妈的督促下, 她对自己的问题做了检讨, 表达了愧疚, 并把手机交给我保管。

我让她妈妈陪孩子出去校园走走, 趁这个时间也让她母亲和她平心静气地交流。

(三)

周五晚上, H的父亲来学校。他说他一到重庆没回家就过来了, 我跟他交流了这几天孩子的问题。

他也承认他对孩子比较宽容, 因为他认为孩子的母亲太过严厉了, 爱打孩子。于是, 孩子很怕母亲, 一出了问题就想到掩饰, 撒谎。

很明显, 这对父母的问题出在一个过于严厉, 一个过于宽松。

我让他先看了孩子的反省, 然后在处分决定同意书上签字。他意识到也是该给孩子一个教训。我给了他们几点建议:

(1)夫妻加强交流, 在教育孩子的问题上同一立场。即使有分歧, 也应该是背着孩子讨论, 即使是对对方的做法不赞同, 也应该是两个人私下解决。如果确实是处理不对, 自己也要对孩子反省, 起到榜样的作用。

(2)父亲在对孩子的教育中, 应该充当的是一个明辨是非的公正的角色, 在关键时刻, 应该是比母亲更权威的力量, 而不是简单的一个孩子的保护伞的作用。

(3)把握教育的时机, 孩子不能随便敲打, 要在合适的机会, 给孩子一个足够的经验教训, 使其牢记。比如这次的事件就应该是一个很好的教育的时机。思想认识端正了, 才能做好其他的事情, 这将使孩子受益终生。

三、结语

事情终于算是告了一个段落。在处理这个事情时, 有以下几个经验:

(1)出现重要事情的时候, 要及时和家长沟通意见。处理这个事情, 和家长反复沟通了很多次，但从事后的效果看，家校联合教育的效果是很好的，这个女生心服口服地接受了批评和教育，学习态度相应也好很多。学生也感受到老师和家长统一的立场。

（2）做教师，特别是担任班主任老师一定要有良好的心态，宽容的胸怀，每个人都有生气的权利，也有选择不原谅的权利，但当我们是站在教师的角度看问题时，就多了一层使命感。要求我们有更宽广的胸怀。这种宽广最终也会赢得孩子和家长的尊敬。

（3）一旦是老师答应学生的事情，老师一定要做到，这样在面对学生处理问题时能更有底气。

教室的绿萝在我和同学们的共同呵护下，及时除去枯黄坏死的枝叶，更加郁郁葱葱。自习时，看看它们，看看认真学习的学生们……也许，这就是教师的使命吧！

用爱架起家长与班主任的桥梁

谢 菲

自从担任班主任工作以来，我越来越强烈地感到班主任工作与家长的密切配合分不开，班主任与家长之间加强联系、加强沟通、加强合作，对孩子的教育是至关重要的。对于班主任来说，每一个孩子就是一个学生，但对于每一个家庭来说是这个家庭全部的希望。用全部的爱心去对待每一个学生，把他们当作自己的孩子来看待，设身处地地去想孩子和家长的想法，才能让对方接受，最终达到教育的目的。

记得一天上午，地理老师气鼓鼓地跑来告状："你们班这节课简直是无法上了，这节课我才上到一半，裴××就开始与同桌又说又笑，我提示她不要讲话，她还跟我顶嘴，我只好停下来让他们自己看书做作业，这个学生是该好好教育的了,不然,以后这课怎么上?"又是裴××!平时上课简直像一只乌鸦,几乎每节课都没有不说话的时候。为了这样的事情不知道教育了她多少次,而且请了家长来校教育。平时家长也非常的通情达理,每次与家长交流都说:"我家这个孩子,从小行为习惯就不好,一直被我们宠坏了,所以,希望你们一定要对她严格要求,不要给她什么面子,如果她有违反纪律的事,你们一定要对她重罚,我们家长一定会大力支持,绝不会再袒护她。"而且每一次都说给老师添麻烦了,万分感谢之类的话。

的确,裴××在这段时间是有点不像样,已经有好几个老师给我反映她的情况,又想到裴××的家长平时说的那些话,干脆就拿这件事作为切入点,好好处罚她一下。于是,我把裴××叫到办公室,轻言细语地说:"裴××,你这段时间的表现怎么样,上课不认真听讲,下课后又不努力,每科的作业也不完成。你今天的举动,让地理老师发这么大的火气,是不是心里有什么不愉快的事情,或身体不舒服。这样吧,你先回家休息,好好反省一下你这段时间在学校的表现"。裴××一听这个话就有点慌了,连忙解释:"老师,我不是故意要惹地理老师生气。他上课对我脾气特别大,他让我做什么我就做什么了,我也挺生气的。"说完就表现出气呼呼的样子。我一看她还挺有情绪,就想进一步了解事情的来龙去脉:"那你说说看,你的道理是什么?"她就说:"我上课照镜子,老师看见了让我收起来,我承认我照镜子不对,那我就放在桌子上了,他还是不高兴,就批评我,我也没说话,然后就开始正常上课,是别人说话,他就看着我认为是我在说话,单单批评我,我也受不了啊,就跟他顶起来了。"每一个孩子在发生问题的时候都千方百计地陈述自己的道理,如果我完全听信他的话就不能公平地处理这件事了。幸亏我在找她之前就已经了解清楚了,然后我就问她:"那为什么你的镜子会碎呢?是老师给你扔到地上的吗,还是自己掉在地上的呢?"她一听就说不出什么来了,嗫嚅着:"啊,是我扔地上的。"这个时候我继续指出她身上存在的问题:"裴××,你知道这件事你哪里做错了么?第一,你不应该上课照镜子,上课就是学习的时间,老师指出你的问题,你不仅不改正,相反还和老师顶撞;第二,当老师让你把镜子拿过来的时候，你就不应该继续让这件事情恶化，而应该大事化小，以上课为主为重，但是你却故意把镜子摔在了地上，这是要表明你的不满，向老师示威么？"裴××低下了头，没有说话，我看出来她听进了我的话，而且这件事确实是她做得有问题，就继续把最近她的表现一一列举出来。上课听课不认真，总是和同学说话，作业不能及时完成，再加上今天顶撞老师，每一件事都有具体的时间具体的事例，她听了不得不一一承认，心服口服。最后我说："你觉得你最近的表现怎么样？是不是应该回家反省反省？"我当然知道她不会同意的，这也是敲山震虎，用威吓来达到教育她改正的目的。果然，她听了之后很害怕，连连表示要好好改正，并且向地理老师承认错误。

这件事我之后反思，我觉得与我之前和她家长曾经的沟通分不开。如果没有之前良好而及时的沟通，我对家长态度的充分了解，我不会采用这种强硬的态度来处理这件事情。因为我知道她的家长是责任心比较强的家长，不会遮掩孩子身上存在的问题，能够直面孩子的缺点和错误，并且愿意配合老师。所以我能够毫不留情面地指出裴××的错误，并且用回家来威慑她，因为她知道她的父母不会袒护她，相反会很严厉地批评她。我认为，班主任在与家长沟通时不要等到出了问题再联系，一定要平时多沟通，充分了解家长的脾气秉性、为人处事的方式，这样才能够更好地教育他们的孩子。

文理分班后的一个下午，我接到了一个家长的电话，说在学校门口想见一见我了解一下孩子的情况。我想，正好，我正准备找他，他今天却自己过来了。家长进来后，我来了一个反攻为守："孩子原来学习怎么样？"

家长说："成绩不是很理想，时高时低，成绩很不稳定。"

我感觉自己引导得好，为进一步交流做了一个好的铺垫。"怪不得，您的孩子上课不能好好听讲，太活跃，随便说话，这样他学习怎样能好？还影响到了别的同学。这样下去，其他同学的家长也会有意见的。"

"那咋办？！"家长并没有我原先预想的愧疚、不好意思，反而从语调里听出来一些不悦的味道。我有些吃惊，甚至不快："您说呢？我想听听您的想法。"

家长似乎感到自己的语气不对，努力笑了笑，说："不瞒您说，您反映的问题，以前的老师已经多次说过。可该讲的道理我不知讲了多少遍，各种方法也都用过了，就是没有明显的效果，我们做家长的也十分苦恼。希望老师帮助想一个有效的办法，我们肯定会积极配合的。"

"您能介绍一下孩子的情况吗？"

"怎么说呢？李××可以说是一个优点和缺点都特别明显的孩子。他兴趣广泛、知识面广、性格开朗、乐于助人，但是他处理不好兴趣和学习的关系，再加上一些不良的学习习惯，就导致现在的状况。他课堂上不守纪律，随便说话，这可能与他的性格和习惯有关。"

原来这样！要不是今天恰好遇到李××的爸爸，就真有可能把李××当成调皮捣蛋的问题学生。细想一下，他一到学校就与同学熟悉起来，在为集体服务方面表现出很高的热情。看来，及时与家长沟通对于了解学生是多么重要啊！

这件事对我的触动很大，家长是教师的"教育合作者"，也是学生生活中最重要、最有影响力的人物，学生的许多问题都是由于家长观念偏差、教育方法不当或者其他自身因素等原因造成的。尽早建立起亲师联系，及时沟通学生的情况，互相交流教育方法，对于学生的健康成长大有益处。通过与家长的及时沟通，可以进一步了解学生的真实情况，及早避免不良教育后果的出现。

但是，班主任与家长的沟通是一种特殊的人际交往，"第一印象"在交往中十分重要，它不仅直接影响当时的沟通效果，还会影响以后师生关系的建立。因此，需要提前做好准备，认真对待。

其实，与家长的沟通既可以通过面谈，也可以借电话、书信等形式进行。比如，在开学第一周，跟全班学生家长写一封信，介绍一下自己的基本情况、教育观点以及对家长配合班级管理的要求，请家长及时回信，介绍自己孩子的情况，效果也会不错。

虽然老师找家长沟通是为了他们的孩子好，但家长客观上也是在配合教师的工作，所以主动保持友善的态度是教师首先应该做到的。教师切忌与家长谈话时不能让家长认为老师是在告孩子的状，这样会引起家长的误解。

"护犊之心，人皆有之"。教师在与家长沟通前，应先全面观察学生的行为表现，对家长叙述时，要多给予学生正面肯定，少做负面谴责，对学生的偏差行为也要尽量客观陈述事实，不加情绪化地批评。另外，家长不仅想知道孩子的问题，而且更迫切需要的是知道"怎么办"。比如这个李××的家长就对孩子这种活泼好动的性格手足无措，他并不是不想教育孩子，而是不知道应该如何教育孩子。在这种情况下，教师如果提不出具体的解决问题的办法和建议，同样会影响沟通效果。如果能在有充分准备的前提下，与家长共同分析学生出现问题的原因，深入讨论教育对策，并提出期望，形成共识，沟通的目的就达到了。只有这样，家长才能从思想和行动上担负起家庭教育的职责，孩子的问题才能得到圆满解决，才能有利于学生的健康成长。

进入高中以来，家长最担心的就是孩子的感情问题，生怕孩子早恋，视之为洪水猛兽，曾经不止一次有家长来问我他的孩子是不是在早恋。周××的妈妈就是这样一位家长，她也是文理分班之后到我们班级的。我和她妈妈第一次见面她就问我她的女儿是不是有早恋现象。当时我对周××还不是很了解，据平时观察，我感觉她很乖巧，话不多，上课状态也很好，注意力集中，也没有听说有作业不完成的情况，我把这些跟她妈妈说了，但是她还是很担心。之后她妈妈又通过电话联系过两次，还是反复谈这个问题。我觉察出来了不对。我就开诚布公地问她是不是孩子曾经出现过这样的问题。她对我说，她是在年龄很大的时候生的这个孩子，非常疼爱她，家里条件不是很好，但是孩子提出的要求一般情况下都会满足，可以说是"捧在手里怕碰了，含在嘴里怕化了"。文理分科之前在原来的班级和一个男生很要好，说是早恋么又不算是，说不是早恋呢两个人又走得很近。家长就以为文理分完班之后两个人就疏远了，但是又担心在一个年级还会继续交往。

了解了这个情况之后，我就多留意周××，这样过了两个星期，我找她深谈一次，先是鼓励她最近的表现，听课状态、自习纪律、作业情况，然后再问她和那个男生的事情。她红着脸说："老师，我们不是处朋友，就是在一起学习。"听了这个话，我知道她对这个事还是有所忌惮的，我就谈了一下早恋的危害性，今后上大学后再考虑这个问题，到那个时候可选择的余地更多。她反复地说："老师，我们真的不是那种关系，我已经很久都没有见他了。上次，他到咱们班级门口来找我，我都没出门，不信你问同学。"这样，我就心里有底了，我说："周××，我相信你，我也觉得你不会出现这样的问题，我想是大家误会你了，那么要消除这样的误会，你就更应该远离他，这样才会清者自清，谣言不攻自破。"她点点头，看得出来她还是听进去了。

然后，我把周××最近的表现和这次的谈话跟她家长沟通了一次。我说："家长，我觉得我们还是应该相信孩子，也要相信孩子能够处理好这个问题。她不承认才是好现象，就怕她承认、满不在乎。给孩子一定的时间和空间，相信她的感情就会淡然了。如果硬性干涉，可能会适得其反，激发起她的逆反心理，会把她推向那个男生，她可能会觉得那个男生让她更自由，心灵更贴近。"又过了一段时间，家长给我反馈说，这段时间他们询问的少了，孩子的心情反倒稳定多了，回家之后看书很专心，和那个男生也没有再出现打电话联系的现象，家长也放心多了。

这件事情让我对于那些比较溺爱孩子的家长有了新的认识。我想首先应该肯定其孩子的长处，给予真挚的赞赏和肯定，充分尊重家长的感情，肯定家长热爱子女的正确性，使对方从心理上能接纳意见，然后再用婉转的方法指出其不足之处，恳切地指出溺爱对孩子的危害，让家长如实地反映学生的情况，千万不能因溺爱而隐瞒孩子的过失，诚恳而耐心地说服家长采取更好的方式方法教育孩子。而且要真诚地面对家长，让家长感受到老师是"一切为了学生"、"为了学生一切"，让家长体会到老师的真诚与良苦用心。家长与教师一样都是孩子健康成长的引路人，都肩负着教育好孩子的重任，教师与家长加强联系，目的是共同的。教师与家长是同盟军，家长和教师一样应该对孩子的成长起教育、引导和示范作用。家长与教师之间不存在身价、地位的高低之分，教师与家长若能够相互信任、相互激励，则会出现友好、愉悦和互相合作的气氛。所以对于这样比较溺爱孩子的家长，班主任要拿出真诚的态度对待他们，取得他们的信任，争取他们最好的配合，说出孩子身上存在的问题，不是袒护、遮掩这些缺点，然后才能共同探讨对孩子的最佳教育方法，以达到共同的教育目的。

有人说，一个人的成功，70%取决于沟通的能力。这话虽有点夸张，但是对于班主任来说，沟通能力的强弱，的的确确极大地影响着我们工作的成效。管理学生需要沟通，协调科任教师之间的关系需要沟通，与家长合作共同教育孩子也需要沟通。只有与家长进行良好的沟通，才能得到家长的理解和鼎力支持，正所谓"能此者大道坦然，不能此者孤帆片舟"。班主任与家长的沟通艺术越高，孩子的第一教育责任人家长的作用就发挥得越好，老师就会赢得家长的信任、理解、满意、放心，家长就会全力配合支持学校的教育教学工作，这样我们的教育教学工作就会收到事半功倍的效果。我坚信以自己的努力，使我的每一个学生都获得益处，以至于对她的一生将会产生积极的影响。让我们每一位教师，不仅仅成为学生成长的教导员，也成为学生人生路上的引航员。

并肩作战的战友

——谈班主任与家长的沟通技巧

郭艳华

有家长说，现在的班主任厉害，动不动就请家长。孩子要是犯了错，家长都得跟着被班主任劈头盖脸地训斥一顿。"无论你多忙，都得立马赶到班主任面前挨训"。

有班主任说，以前，班主任说什么家长就听什么。可现在，家长敢直接推门进办公室，告诉你应该这样、应该那样，似乎比你更"老师"。教育是一门学问，哪能这样乱来？班主任和家长，双方都有说不完的理。原本应该携手合作的双方竟然变成了冤家。

教育即服务，是为人的发展、为社会进步而服务。教师不再是高高在上的主宰，而是学生的朋友，学生学习的引导者、点拨者和组织者。因此，班主任和家长是利益共同体，应是同一个战壕里的战友，为了我们的孩子并肩作战。

那么怎样使教师和班主任成为并肩作战的战友呢？即教师要真诚地与家长沟通。与人沟通的能力是现代人必须具备的基本素质之一。教师沟通能力的强弱，沟通水平的高低，可以直接影响我们的工作。国内外的教育专家普遍认为：在当今时代，教师已经不能独立解决许多迫切的教育问题，现代的学校，需要家长们的积极参与。而教师如何与家长进行融洽的沟通，至关重要。教师与家长的沟通是一门艺术，更是一种超越知识的智慧。家长是教师教育活动的合作者。身为老师，特别是班主任，很多时候都要和家长谈话，共同商讨如何使孩子成长得更好。那么，怎样才能更好地与家长沟通，达到自己的教育目的呢？我认为在与家长沟通的过程中应注意掌握以下技巧。

一、真诚相待，信任尊重家长

我们要真诚地与家长沟通交流，让家长充分感觉到教师是真心地为学生成长和发展着想，对学生有爱心和责任感。班主任要尊重学生家长，摆正摆好自己与家长的位置。家长与教师一样都是孩子健康成长的引路人，都肩负着教育好孩子的重任，教师与家长加强联系，目的是共同的。教师与家长其实是同盟军，家长和教师一样应该对孩子的成长起教育、引导和示范作用。家长与教师之间不存在身价、地位的高低之分，教师与家长若能够相互信任，相互激励，则会出现友好、愉悦和互相合作的气氛。所以教师要以真诚与平等的态度对待学生家长，取得他们的信任，争取他们最好的配合，共同探讨对孩子的最佳教育方法，以达到共同的教育目的。

班上有一个同学，家庭作业完成情况不好，有时是完不成，有时虽然写完了，但错误很多，书写马虎。我几次打电话与其家长沟通交流，希望家长能做好家庭辅导。但家长总说孩子在家认真学习了，但有时他工作忙，没时间辅导孩子写作业,有时虽然答应好教师好好辅导孩子写作业,但之后孩子的作业完成情况仍然没有好转。

这位家长也许真的是工作忙,但我觉得偶尔抽一些时间管孩子还是能做到的。另外,家长有时好像有点敷衍塞责,对孩子的学习不太重视,有点放任自流。但我尊重这个家长,并相信他确实工作忙而没有时间督促孩子学习。于是我没有放弃对这个孩子学习的关注,没有放弃跟他家长的沟通交流。我继续通过电话或预约见面的方法与他交流学生的学习情况,争取家长的配合。每次交流时,我都很尊重家长,没有过多地说学生学习存在的问题,也没有直接说家长哪些地方做得不好,以免让家长觉得教师心有抱怨。我本着对孩子关心负责的态度,怀着一颗真诚的心与其进行交流。对于孩子在校的表现情况,我做到"多报喜,巧报忧。"我说你的孩子性格活泼,关心集体,积极参加文体活动,反应也不慢,只是学习态度不太端正,学习习惯不好,所以影响了学习成绩的进步和提高。如果他踏实努力学习,家庭作业认真及时完成的话,成绩一定会很不错。由于我对家长非常尊重和信任,对学生有充分地了解,对其做了较为客观的评价,并且话语中饱含着对孩子的赏识和鼓励,使家长很信服、很感动。家长深切的感受到教师是真心实意地关心爱护他的孩子,老师所做的一切都是为了让孩子能够成为一个优秀的学生。我对他说虽然事情多,但孩子的学习也很重要,对孩子进行一些家庭作业的辅导也很有必要的。他也渐渐认识到了这一点,表示以后会多抽时间关注孩子的学习,做好家庭辅导。他还告诉我,必要时还会给孩子请一段时间的家教。我说除了学习,对孩子的纪律卫生习惯等方面也要进行教育,他欣然接受了。由于有了家长的配合,学生的学习态度端正了,家庭作业完成情况也变好了。孩子为此心情愉快多了,家长也多次向我表示感谢!

二、与家长沟通,要善于倾听

成功的老师通常是最佳的倾听者。倾听不意味着不说话,但倾听绝对是少说话。在倾听时,要听明白家长反映的事情和此次谈话的真正用意。

一天晚上,班上吴宇欣同学的妈妈打来电话,和我足足聊了半个小时。

开始，我认真倾听了家长的诉说，了解了情况，听出了家长谈话的用意。这位家长向我反映说孩子在校老是受到我班一个女同学郝一佳的欺负，心里很难受。郝一佳是教师选的班干部，负责组织同学每天的体育活动，据吴宇欣妈妈说，郝一佳在活动时，总是让吴宇欣摇绳，使吴宇欣很少有机会去跳大绳。吴宇欣有时在课间想先去饮水机取水喝再去活动，郝一佳就不同意，还对吴宇欣说："你喝那么多水干什么？"而郝一佳对其他同学就不是这样。家长还说郝一佳和吴宇欣关系不是很好，所以觉得是郝一佳故意为难欺负自己的孩子，因此很生气，希望老师能帮助解决。

当时在电话里听完家长反映的情况后，我跟她说你难过的心情我非常理解和明白，老师和家长一样，都希望孩子在校快乐生活。不过，由于吴宇欣没有向老师反映这件事，教师没能及时调查了解情况，做出处理，使孩子感到委屈，也希望家长能理解和体谅，如果教师及早知道这件事，一定会很快处理的。我告诉她以后要鼓励孩子遇到事情大胆向教师反映，便于老师及时解决问题，给予她帮助。我还跟她说，同学之间发生一些矛盾也是难免的，大家都是没有太大恶意的，不会有同学真的有意欺负别人的，请家长不要太放在心上。我说等学生上学后，我会很快找她们把具体情况了解清楚，到时会做出公正妥善的处理。教师对学生真心的关爱，对家长真诚和尊重的态度，使家长听后很认同和感谢。这次电话交流在大家的愉快中结束了。后来，学生上学后，我了解到郝一佳同学是因为觉得吴宇欣不太会跳绳，所以才老让吴宇欣摇绳的。她说还因为课间时间少，想多活动一会儿，才对吴宇欣说不要喝太多水的。我跟郝一佳说，以后还是按老师事先交代的要求，先让某些同学喝好水再活动，其他同学可以先玩，小组同学要轮流摇绳或者牵皮筋，不太会的同学也要多锻炼，多学习，慢慢就好了。我跟郝一佳和吴宇欣说以后要团结友爱，互相关心和帮助，争取成为好朋友，她们都很同意。过了几天，据我的跟踪观察了解，得知她们关系不错，真的成了好朋友。吴宇欣的妈妈知道后也非常高兴，说孩子为此心情愉快多了，并多次向老师表示感谢！

任何教师，无论他具有多么丰富的实践经验和深厚的理论修养，都不可能把复杂的教育工作做得十全十美、不出差错。而且随着整个民族素质的提高，家长的水平也在不断提高，他们的许多见解值得教师学习和借鉴。加之"旁观者清"，有时家长比教师更容易发现教育过程中的问题。因此，教师要经常向家长征求意见，虚心听取他们的批评和建议，以改进自己的工作。这样做，也会使家长觉得教师可亲可信，从而诚心诚意地支持和配合教师的工作，维护教师的威信。了解学生的家庭情况，对不同类型的家长采取不同的沟通方式。

学生来自不同的家庭，每个家长的文化水平、素质和修养都不同，因此，我觉得要根据实际情况巧妙地运用语言艺术与不同类型的家长进行沟通。同样一件事情，由于表达的方式不一样，其效果截然不同。

三、了解学生的家庭情况，对不同类型的家长采取不同的沟通方式

有些家长会事无巨细地与老师交换意见，有些家长则持冷眼旁观的态度，有些家长会坚决拥护班主任的威信，也有些家长会持审视、监督的姿态，发表议论，对班主任工作指手画脚，有些家长热衷于与班主任建立良好关系，希望孩子能从中获益，也有些家长会对班主任敬而远之，保持一定距离。不同家长间的迥异情况与个性差别给班主任的家校沟通工作平添了许多复杂性，使得很多班主任都对家校沟通表现出一定程度的焦虑和不适应。

虽然难以穷尽家校沟通中的各种情状，但我们还是可以大致将家长概括为六种类型：依赖型、旁观型、支持型、评价型、交际型、距离型。

支持型家长是一种理想的家校关系类型，具有正向积极的促进意义。

对于依赖型家长，只要与家长约定交流时间和方式，不要过多占用工作和休息时间，就不会有太大的难度。但一定要让家长清楚地知道，家庭教育无可替代。要求家长相应地承担在学生成长过程中的独立责任。

旁观型和距离型的家长是一种交往消极型家长，他们的行为背后往往有其自身的客观原因。一方面可能是由于家长受教育水平不高、工作忙碌、文化上有差距、经济上有劣势等因素，另一方面也可能是家长对学校教育和班集体建设意义的认识程度不高，或是在教育方面的束手无策。

如果家长在家校沟通中受排斥，往往会造成学生在学校教育中被隐性排斥的事实。这样的家庭需要班主任给予更多的关怀，创造机会倾听这类家长的内心想法。

　　交往消极型家长容易在家校沟通中处于一种被动状态，需要班主任积极引导和热心鼓励，有时还需要给予一定的指导与教育。

　　评价型和交际型两类家长往往问题较大。前者容易对班级事务评头论足、横加干涉，会让许多班主任老师难以应对；后者则会动用各种的社会关系网络来渗透、影响班级工作，有时还会干扰班主任正确平等地处理学生事务。

　　面对各种类型的家长，就需要我们反过来追问班主任在家校沟通中的角色定位问题。从班主任的社会角色内涵出发，班主任在家校沟通方面的工作职责主要反映了班主任在学校教育制度中特殊的位置与身份。

　　解读教育部2004年颁发的《班主任工作规程》第一章对"班主任工作岗位"的描述，班主任角色的制度性期望是"班集体的组织者、教育者和指导者，是班级德育工作的主要实施者和责任人"。虽然班集体建设与班级德育工作主要是在班级内部相对独立地进行，但构成班集体的学生个体都不可避免地带有不同家庭具体的社会文化特征，学生之间互动交往的形式和内容也不可避免地会受到其成长环境的不同影响。

　　为了更有效地履行角色职责，班主任应当积极地与所有家长建立良好的互动联系。这样不仅可以更好地了解所带班级的具体特殊性，在班集体组织、指导和教育过程中，也更易做到高屋建瓴、全局在胸。而且可以呼吁并争取家长在班级管理和德育工作中的更多的支持、配合与参与，形成教育合力。

　　班主任应确立起主导地位。如果从这样的角色定位出发，我们不仅会进一步明确如何面对支持型、依赖型、旁观型、距离型的家长，还会对评价型和交际型家长有一个截然不同的认识。

　　评价型家长的表现不正是一种积极参与学校教育和班级管理心态的外露吗？也许他们的表达形式和内容不尽正确，但他们言语间流露出来的渴望参与的心态和为孩子着想的心情，却可以转化为建设家校联系、鼓励他们参与学校教育的有利契机。

交际型家长的表现虽然很难说是一种对学校教育的参与，但他们的热情本身就是一种可以争取的外部资源。要充分重视一些家长的交往热情，鼓励他们参加学校或班级家长委员会建设，邀请他们参与一些班集体活动的组织和管理，指导他们成为学校教育教学中的志愿服务者。

学生来自不同的家庭，每个家长的文化水平、素质和修养都不同，因此，我觉得要根据实际情况巧妙地运用语言艺术与不同类型的家长进行沟通。如：一是对于素质比较高的家长，我就坦率地将孩子在校的表现如实地向家长反映，并主动地请他提出教育孩子的措施，认真倾听他的意见和适时提出自己的看法，共同做好学生的教育工作；二是对于那些比较溺爱孩子的家长，我就首先肯定其孩子的长处，给予真挚的赞赏和肯定，然后再用婉转的方法指出其不足之处，诚恳而耐心地说服家长采取更好的方式方法教育孩子。三是对于那些对孩子放任不管，把责任推给学校和老师的家长，要想办法吸引他们主动参与到教育孩子的活动中来，开始主动关心孩子，主动与子女沟通，与学校沟通，为学生创造一个良好的家庭环境。四是对于后进生或是认为自己对孩子已经管不了的家长，我们应尽量挖掘其孩子的闪光点和特长，让家长看到孩子的长处和进步，对孩子的缺点适时地每次说一点，语气委婉，并提出改正孩子缺点的措施，重新燃起家长对孩子的希望，使家长对孩子充满信心，只有这样，家长才会主动地与我交流孩子的情况，配合我共同教育好孩子。五是对于个别不太讲理的家长，或是不理解学校的一些工作安排的家长。遇到这种情况时我就沉住气，先让家长说完，发完脾气和牢骚，并对家长的这种心情表示理解，然后再耐心地以平静的语气与家长解释、分析事情的利弊和对错，以理服人，并体现出自己的宽容大度，赢得家长的好感，从而得到家长对学校教育工作的理解和支持。

在家校沟通中，班主任应该确立起一种主导的地位，尊重家长的需求和期盼心理，引导家长的合理交往行为，同时又可不失时机地提出看法和要求。个别家长基于一些功利性的目的，希望与班主任之间建立更加密切的个人关系，甚至会在经济上给予报答与表示。这就要求班主任能坚定其职业道德信念。但也不应该简单地回绝家长的个人化关系需求，而应说服家长改变原先可能需要的时间上和经济上的付出，寻找其他更经济、更合理、更有效的交往形式。

四、充分了解学生，与家长谈及孩子的缺点时注意方式方法

学校教育与家庭教育是相互联系、相互作用，不可分割的。因为班主任与家长之间加强联系、加强沟通，加强合作，对（学生）孩子教育是至关重要的。然而，目前班主任与家长沟通意识、沟通技能、沟通策略等存在一定的障碍。这些障碍不利于孩子的健康成长，也直接导致了家长与班主任关系的紧张或恶化，甚至酝酿了冲突。所以，我认为班主任与家长进行沟通一定要注意方式方法。

也许是家长出于私心，也许是家长出于严格要求孩子，也许是家长对孩子抱希望于未来——总之，家长不可能客观地看待自己的孩子。对所有的父母来说，孩子是他们最宝贵的财富，是他们自身最好的体现，也是他们未来的延续。尤其是现在的独生子女家庭，孩子就是他们希望的100%，家长都希望教师以自己的孩子为中心，而不考虑班里的其他学生是怎样想的。聪明的教师总应该时刻记住这一点。所以，我们与家长沟通时不要与家长争论，不要批评家长，不要指责孩子。

班主任与学生家长之间的关系，是不折不扣的合作者之间的平等。通过消除各种诱发心理障碍的因素，营造一种平等的氛围，使双方在心理、感情上接近和融洽，这是合作的基本前提。所谓平等，实质上是对合作伙伴的一种高度尊重。

语言是心灵的窗子，是一个人综合修养的反映。身为人民教师，在与家长谈话时也应该为人师表。得体的称呼，使对方一听称呼就有一种相知感，从而产生亲切感，缩短交流双方间的心理距离，甚至建立起感情基础。在与家长交往的过程中，班主任应做到文明礼貌，尊重对方。班主任通常比家长

更熟悉教育知识和教育手段,懂得教育规律。决不能以教训式口吻与家长谈话,而应像对待同志或客人那样用商量或交流的口气;态度要随和,语气要温和,语态要真诚,语调要亲切,语势要平稳,语境要清楚,语感要分明,使家长一听就明,能准确把握要旨,领悟当家长的应做些什么,从你的谈话中受到启发。特别是当其子女在学校"闯了祸"的时候,班主任仍要在谈话时给对方以尊重。也不能当着学生的面训斥家长,这不仅使家长难堪,有损家长在孩子心目中的威信,而且家长一旦将这种羞愤之情转嫁于孩子,极易形成孩子与班主任的对立情绪。当与家长的看法有分歧时,也应平心静气地讲清道理,说明利害关系,既要以礼待人,更要以理服人。教师得体的语言,可以赢得家长的尊敬,增加家长的可信度,形成和谐的沟通氛围。

评论学生要客观如实。教师要树立正确的"学生观",客观地、全面、公正地评价每个学生,使学生家长听后,觉得这是教师的肺腑之言,感到学校教育的目的和任务是与学生家长的愿望相一致的,从而做到心理相容,共同教育学生。班主任在对家长介绍学生情况时,不可以漫不经心或是毫无根据地对其子女做出能力和行为评价。班主任对学生任何不尊重、不客观的评价,都不会被家长疏漏或遗忘,而只有伤害家长的感情,使他们为此而感到伤心。因为家长都有一个"望子成龙,望女成凤"的思想,假如教师向家长过多列举学生不好的方面,会严重挫伤家长的自尊心,造成一种"无药可救"的印象。这不仅无助于问题的解决,也是一种极不合理、极不负责任的做法,最差的学生也还有他的闪光之处。

谈话要委婉和注重可接受性。班主任和家长谈话时,一般应先讲学生的优点,后讲缺点,对孩子的缺点也不要一下讲得过多。应该给家长一种感觉:孩子每天都在进步。唯如此家长才会欢迎班主任,愿意接受班主任的建议,愉快地与班主任合作,对孩子的优缺点也能正确认识和正确对待。

要把握好沟通步骤的时序。"哪壶先开提哪壶",先说说孩子的优点和进步,等家长有了愉快的情绪,再逐渐提一些建议,家长会更乐于接受。可以采取"避逆取顺"的策略,避免触动对方的逆反心理而迎合其顺情心理的策略；也可以采用变换语言或变换角度的手法来叙述。因为同一件事，往往可以从多个角度来描述它，为了使人们乐意接受，我们就可尽量从人们的心理易于接受的那一个角度去叙述，尽量避免那种容易引起人们反感的角度。要注意了解各种讳语，尽量不说别人忌讳的话语。掌握上述心理策略，在沟通中就可减少一些产生逆反心理的可能。

方法建议要有建设性。原则上是提出问题，同时要提供可行性的建议，尽量避免"登门告状"、"漫发牢骚"的印象。班主任应善于找到向家长提出要求的适当形式，语言尽可能委婉，最好用建设性口吻。如："你看，我们是否可以这样做……"、"你能否试一下这种方式"等。对于家长不符合教育要求的行为、观点应予以说服工作，向他们解释这样做对孩子教育所带来的危害。切忌将教师应当承担的责任推卸到家长身上，不仅证明班主任的无能，而且证明班主任的不负责任。

老师与家长的谈话都是为了孩子，作为老师，我觉得首先必须充分了解孩子的情况，如：孩子的学习成绩、性格特点、特长和爱好、优点和缺点等等。因此，我和家长谈及孩子的发展情况时是比较具体的，从不笼统、模糊和泛泛而谈，没把握和不准确的不说，让家长感到我对孩子的关心和重视，感觉到我工作的细致、认真和负责。而且，我与家长交流时，对孩子的评价也是客观而全面的，既肯定孩子的优点与进步，也真诚地提出其不足之处及改进办法。在谈到孩子的缺点时，我也是根据具体情况而区别对待，与很熟悉的家长我就说得直率一些；而有些家长自尊心强的，会把谈孩子的缺点视为对自己的批评而感到有压力的，我就说得委婉一些，注意家长的可接受性，同时也表达对家长心情的理解，以心换心，坦诚地与家长交流，这样就可以达到共同解决孩子问题的目的了。

五、教师要用行动赢得家长的信任

孩子是一个家庭的天，是他们的未来、希望，家长对孩子的关注程度可以说已经到了一个极限。作为班主任要做好教育教学工作，就一定得先过家长这一关，取得他们的信任。有了这种信任，随之而来的是理解，是支持，是愉快的合作。否则就会给我们的工作带来很大的麻烦，会给我们做老师的增添许多烦恼，会让我们心里有一种说不出的不舒服：我们在孩子身上倾注了全部，家长却凡事找别扭。这样长此以往，老师的这种情绪就会让教育效果大打折扣。因为，老师不可能做到全情投入，所以过家长关，得到他们的信任支持，在教育过程中就显得举足轻重。

如何取得家长的信任，其实我也没什么经验，也是在磕磕绊绊中，不断调整，不断修正，慢慢地磨合，才有了感觉，才有了这么良好的和谐的教师与家长的关系。

(一)注意言行举止，时刻不要忘了自己的教师角色

我一直是这么认为的：自尊自爱的人，才能真正得到他人的尊重。所以自尊自爱，是我们得到家长信任与尊重的唯一途径。我非常注意自己的一言一行，觉得面对家长时，我展现的是位教师应有的风范。面对学生时，我也时刻注意我是一位教师。我们往往会有这样的想法，在孩子面前稍微放松一些，但我却不认可这种想法。可不要小看这些孩子，家长对老师的了解多半是来自他们。我们就有这样的家长，每天和孩子有一个新闻交换时间，孩子跟他交换那一定是学校同学老师，老师一定是主角。老师的一言一行，老师对他的态度，老师对其他同学的态度，老师今天批评谁了，表扬谁了，甚至是老师今天发火了……他们都会新闻转播的。

孩子就是传声筒，是录影机。家长普遍还有这样的想法：你在他面前表现得再好，他们会觉得不真实，把老师在孩子们面前的表现才视为是最真实的，往往拿这个来评定老师，是不是有爱心，是不是有耐心，是不是一位公平、正直、有教养的人。所以一定要在孩子们面前时刻注意自己的形象，就是像一名老师。

(二)遇事要宽容，学会换位思考

和任何人相处都会有些误会，都会有一些不理解，就是一家人，也难免有不愉快。所以和家长相处中的过程中也会产生一些问题。这时就需要教师有宽广胸怀。我一直很欣赏这样一句话：与人相处要七分欣赏，三分包容。如

果我们都抱着这样的态度处事为人的话,那友好和谐的关系就一定会形成。

换位思考、理解宽容、忘记,是我与家长相处的时候,时刻提醒自己的座右铭。一年级刚入学不久我就被投诉过,因为孩子穿校服的问题(女孩子不穿校服)。遇到这样问题,我会分析一下原因,自己清楚了,就尽量站在家长的角度,试着理解家长的投诉。但不会做过多的解释,清者自清,时间长了家长心中自有公论,这样会更有说服力。然后尽快忘掉这些不愉快,学会忘掉对自己的健康也是很有利的。其实家长每次投诉之后,他都在密切注视着老师的表现,你的一言一行,你对待孩子的表现……。我们千万不能因为家长的一些不当做法,而影响对孩子的态度。

(三)正直,坦诚,敢说真言

在和家长的相处过程中要坦诚,要敢于表达自己的真实想法。和他们相处,不讨好他们,但也不惧怕他们。一些家长的行为有时会给孩子带来不好的影响,我会选择直言,但这个直言是建立在尊重的基础上的。我们班有个孩子脾气不好,动不动就发火,有时控制不了自己的情绪。我和家长交流时说:你是不是脾气也很不好,经常跟他大发脾气啊?所以孩子自然会受到影响。还有几个男生,有点娇气,当跟家长谈到这个问题时我会直接跟他们说:你们太娇惯孩子,我老家有句俗话:穷养儿,富养女。男孩子要多摔打摔打,这样才是更爱孩子。

一些家长因孩子没写作业,就会打个电话给老师,解释理由。或者是孩子没带书本,我是不让家长给孩子送书本到学校的,所以家长有点跟我道歉说:老师,是我忘记给他带书了。凡遇到这样的事情,我都跟家长明确表明自己的态度,指出家长这样做的不妥。

现在的孩子比较自我,不太懂得尊重别人,我就针对这个问题写了一篇文章挂在我的博客上,是对家长开放的,希望引起家长的重视。

去年底,我们班曾经有一起投诉过校车老师的事。家长投诉是因为接车的老师态度不太好,老师的批评伤了孩子的自尊。这件事我事先不知道,直到校车老师到我们班找两个孩子赔礼道歉时我才知道的。当时看到校车老师跟我们班两个孩子道歉的情景，我心里说不出什么滋味。我们这两个孩子平时就非常淘气，我不问都知道，在校车上肯定是最让人头痛的孩子。校车老师可能处理问题时也有点急躁，所以才有了这样的事情。

没过几天，这两个孩子就又出事了。两个孩子都在篮球班，这个篮球班有一个我们学校老师家的孩子。他们之间就发生点冲突，于是其中一孩子就指着老师家的那个孩子说：我让我妈去学校投诉你，让学校把你妈炒掉。

这件事让我想到了很多，所以我认为有必要在家长会上跟家长谈谈我的感受，目的是想让家长们明白，有时我们的一些举动，尽管这个举动本身没有太大毛病，但无意中却给孩子带来了不好的影响。我要从一个班主任的角度谈谈自己的看法。我谈了三点：

第一，投诉，是对一些不太称职老师的批评，不满的表现（绝大部还是误会）。轻者，老师跟孩子们承认错误。重者，换掉。孩子的分辨是非的能力不强，他看到这种现象，以后他稍受委屈，就会想尽办法让家长出面为他们摆平。于是他们就倍感优越，越来越不懂得尊重别人，所以就有了那个孩子的那番言语。所以就有了一部分同学不懂得他人不理解别人的现象。

第二，我们家长的投诉，往往都是在这样的情况下发生的。听了孩子的一面之词，很多家长特别相信自己的孩子，认为孩子不会说假话。不是这样的，现在的孩子为了达到自己所要求的，他们会撒谎的。（举例：校服）

第三，何不换个角度去看待老师批评，就算这个老师的态度不好，就算委屈了这个孩子，这也是对孩子承受能力的一种锻炼。受委屈也要学的，现在的孩子是受到的关爱过度，受到的保护过分，但唯独怕孩子受一点委屈。很多家长意识到这个问题了，还跟我提出了这样的要求，说现在孩子的承受能力太差了，老师你要多给他制造点麻烦。

在家长会上，这么直接地谈这个问题，可能会让一些家长感觉不舒服，但作为老师，我发现了问题，发现这样的事在孩子身上造成了不好的影响，我必须直言，这是对孩子负责。

我当时也跟家长说：如果我这个老师，是非不辨，你们把孩子送到这样的老师身边, 你们放心吗?

这件事之后我发现, 我并没因此得罪家长, 他们反而更尊重我了, 前段我们家长开放日, 当事的家长带他的朋友来考察学校, 想把孩子转过来, 还跟他的朋友说, 把孩子送这个学校你就放心吧。

因为在班主任工作中, 不可避免地存在着这样或那样的问题, 何况要满足几十个学生家长的需求。家长投诉是正常的。班主任应该正确对待投诉, 正确对待自己。不能因为投诉影响自己的心情和工作。对待家长的投诉老师应该表示理解不排斥。随着社会的开放、政务和校务的公开, 家长对学校教育的监督意识不断增强, 对班主任老师的要求也越来越高。当他们的需求得不到满足时, 投诉成为他们解决问题的一种方式。这是一种进步, 是对班主任工作的有效监督。作为班主任, 应该认同家长的这种行为, 尊重家长的合法权益, 不反感、不排斥, 表现出一个教师开阔的胸襟。

(四)教师要有主见, 该坚持的一定要坚持

我们的家长大部分是通情达理的, 但有个别的家长还是很自我的, 凡事都要以他们意志为转移。做老师的不能太被动了, 要该坚持的就支持, 不能让家长牵着鼻子走。我觉得只要自己心底无私, 就不要有太多的顾虑。我们有一些家长的无理要求, 我都会婉言拒绝的(例如调换座位问题)。我之所以拒绝, 因为他的要求不利于孩子的成长, 对孩子不利。

心底无私天地宽, 做一名教师, 心里想的是学生, 所作所为都是为了让孩子们有个更好的发展, 只要你想这样做, 就一定能得到家长的尊重、信任和支持。

"教育是第三产业, 也就是服务业。我们服务的对象就是学生。我们要为学生成长负责, 要为他们终身受益考虑。"不管我们遇到什么样的家长, 只要我们把握住了我们共同关注的对象——孩子, 让家长感受到我们对孩子的爱, 我们对孩子负责的善心, 我们总能取得家长的信任和支持。

总之, 教师在与家长沟通交流时要真诚友好, 不卑不亢, 把自己对学生的那份浓浓的爱心、耐心和责任心充分地流露给家长, 让家长深切地感受到

教师是真心实意地关心爱护他的孩子,老师所做的一切都是为了让孩子能够健康成长和发展,那么我们工作一定能够得到家长的理解、支持和配合,我们就会与家长成为并肩作战的战友,为了我们的孩子并肩作战,从而取得较好的教育效果。

班主任与家长沟通技巧之我见

谢 菲

现代的学校,需要家长们的积极参与,而班主任如何与家长进行融洽的沟通,至关重要。为了有效地促进家长提高家庭教育水平,使学校和家庭合力育人,班主任必须和家长互相沟通,寻求有效地解决学生问题的办法。班主任沟通能力的强弱,沟通水平的高低,可以直接影响我们的工作实效。教师与家长的沟通是一门艺术,更是一种超越知识的智慧。身为老师,特别是班主任,很多时候都要和家长谈话,共同商讨如何使孩子成长得更好。那么,怎样才能更好地与家长沟通,达到自己的教育目的呢?

一、了解学生的家庭情况,对不同类型的家长采取不同的沟通方式

学生来自不同的家庭,学生家长的知识结构、职业类别、性格气质、修养程度等都参差不齐。班主任要对学生家庭进行调查分析,对家长的文化水平、职业、状况、年龄、家教思想等做到心中有数,才能做到"知己知彼、百战不殆"。这样,对待不同层次的家长,就可以有针对性的沟通预案,适当采取相应的沟通方式和沟通内容。

对于那些比较溺爱孩子的家长,我就首先肯定其孩子的长处,给予真挚的赞赏和肯定,充分尊重家长的感情,肯定家长热爱子女的正确性,使对方从心理上能接纳意见,然后再用婉转的方法指出其不足之处,恳切地指出溺爱对孩子的危害,让家长如实地反映学生的情况,千万不能因溺爱而隐瞒孩子的过失，诚恳而耐心地说服家长采取更好的方式方法教育孩子。

对于素质比较高的家长，我就坦率地将孩子在校的表现如实地向家长反映，并主动地请他们提出教育孩子的措施，认真倾听他们的意见，充分肯定和采纳他们的合理化建议，并适时提出自己的看法，和学生家长一起，同心协力，共同做好学生的教育工作。

对于后进生或是认为自己对孩子已经管不了的家长，应尽量挖掘其孩子的闪光点和特长，让家长看到孩子的长处和进步，对孩子的缺点适时地每次说一点，语气委婉，并提出改正孩子缺点的措施，重新燃起家长对孩子的希望，使家长对孩子充满信心。只有这样，家长才会主动地与老师交流孩子的情况，配合老师共同教育好孩子。孩子学习差或调皮捣蛋，家长是很苦恼的，在老师的面前也会感到抬不起头，因为每位家长都是"望子成龙，望女成凤"，虽然有时"恨铁不成钢"，但心底里还是很疼爱孩子的。所以我在约见家长的时候，总是先说孩子的闪光点，再谈孩子的不足，让家长感到我是在尽心尽力地教育他的孩子。当孩子取得点滴进步的时候，我也会通过不同的方式告诉家长。这样家长会感到孩子并没有因为差而被老师冷落，相反会很感激老师。我们不能只顾自己痛快，把学生的种种不是和自己的苦水一股脑倒出来，更不要使用推卸责任的讽刺、挖苦的语言，避免伤害家长的感情。班主任最头痛的是面对"后进生"的家长。面对孩子可怜的分数，无话可说；面对家长的失望叹息，无言以对。对于后进生，我们不能用成绩这一个标准来否定学生，要尽量挖掘其闪光点，要让家长看到孩子的长处，看到孩子的进步，看到希望，要让家长对孩子充满信心。对孩子的缺点，不能不说，但一次不能说得太多，不能言过其实，更不能用"孩子很笨，没药可救"这样的话。说到孩子的优点时要热情、有力度，在说缺点是语气要委婉，这样就会让家长对孩子有信心。只要家长对自己的孩子有了信心，他才会更主动地与老师交流，配合老师的工作。

对于那些对孩子放任不管，把责任推给学校和老师的家长，多报喜，少报忧，使家长意识到孩子的发展前途，激发家长对孩子的爱心与期望心理，同时要委婉地说出放任不管对孩子的影响，使家长明白，孩子生长在一个缺乏爱心的家庭中是很痛苦的，想办法吸引他们主动参与到教育孩子的活动中来，开始主动关心孩子，主动与子女沟通，与学校沟通，为学生创造一个良好的家庭环境。

对于个别不太讲理的家长，或是不理解学校的一些工作安排的家长，遇到这种情况时最有效的做法就是面带微笑。在人际交往中，微笑的魅力是无穷的，微笑能让人轻易度过尴尬、困难的场合，既能赢得别人的好感，还能体现自己的宽容大度，从而消除误解和矛盾。而且一定要沉住气，先让家长说完，发完脾气和牢骚，并对家长的这种心情表示理解，然后再耐心地以平静的语气与家长解释、分析事情的利弊和对错，以理服人，并体现出自己的宽容大度，赢得家长的好感，从而得到家长对学校教育工作的理解和支持。

对于转学生的家长，我在他们上学的第一天都会给家长打个电话，告诉他们孩子第一天的情况，班上的同学都能主动地和孩子交流，孩子的情绪不错，请放心吧。因为我知道家长对孩子到一个新环境时的情况是非常关心的，我主动汇报孩子在学校的情况，这会让家长感到放心，也会让家长感到你当老师的责任心和爱心，进而有利于今后的交流与配合。

二、真诚相待，尊重信任，平等地对待家长

首先，对家长要真诚。真诚地面对家长，让家长感受到老师是"一个教师，是多么高尚的人"。班主任在与家长的谈话中，始终要反映或体现出老师对学生是"一切为了学生"、"为了学生一切"，让家长体会到老师的真诚与良苦用心。我们要摆正摆好自己与家长的位置，家长与教师一样都是孩子健康成长的引路人，都肩负着教育好孩子的重任，教师与家长加强联系，目的是共同的。教师与家长其实是同盟军，家长和教师一样应该对孩子的成长起教育、引导和示范作用。家长与教师之间不存在身价、地位的高低之分，教师与家长若能够相互信任、相互激励，则会出现友好、愉悦和互相合作的气氛。所以教师要以真诚的态度对待学生家长，取得他们的信任，争取他们最好的配合，共同探讨对孩子的最佳教育方法，以达到共同的教育目的。

其次，对家长要尊重。由于家长和班主任扮演着不同的社会角色，处于不同的社会环境，在经历、经验、思想水平、知识能力上存在着明显的差异，这就决定了班主任与家长在教育孩子方面具有互补的必要性和可能性。这种经验、思想和知识的互补，恰恰是双方自我提高的有利因素。尊重学生家长是处理好班主任与学生家长关系的重要条件，要尊重学生家长的人格，不能说侮辱学生家长人格的话。不论在任何情况请家长到校，应主动给家长让座、倒水，特别是学生犯错误时要求学生家长到校时更应注意这一点。在学生犯错误要求学生家长到校的情况下，我认为应注意以下几点：第一，如果能自己联系上的就尽量不叫学生自己回家联系，应主动联系，以表明我们做老师的诚意和态度。第二，学生家长来校以后不应该当着学生家长的面训斥他的孩子，不管怎么样，听别人训斥自己的孩子肯定不好受。第三，可先把家长叫出办公室，在一个单独的环境里向学生家长说明情况，形成一致意见。在学生犯错误解决问题的时候，顾及家长的面子，尊重家长的感受，有利于教师和家长形成合力，共同完成对学生的教育。另外，现在的学生家长很多都有很高的学历，有很高的认识水平和管理孩子的水平，如能经常征求并尊重学生家长的意见，会让家长觉得我们当班主任的比较民主、诚实可信，有利于班主任和家长的联系沟通。班主任与家长谈话时，不能一见面就告状，埋怨数落家长。这样会使家长产生逆反心理，与教师对着干。事实上，班主任能够从家长身上得到大量信息，也能从家长的尊重中激起从事教育事业的崇高感和责任心，反过来，很多家长又能从班主任身上汲取教育的知识技能和为班主任的师德精神所感动。这样，家长与班主任结成和谐、融洽、互相信赖、彼此合作的教育同盟力量，共同完成把孩子教育成材的重任。

再次，要与家长搭起信任的平台。"孩子是家长的心头肉"，每一个孩子对于我们老师可能只是一个学生，但是对于每一个家庭就是全部的希望，我们要相信家长为了孩子一定会全力以赴，尽心尽力，要与家长之间尽可能地建立起信任的平台。目前在校学生的家长，普遍缺乏教育学和心理学方面的知识，最棘手的是独生子女的教育问题，因为家长没有教子经验的积累，对孩子的成长规律认识滞后，对孩子的教育力不从心，导致许多错误做法，甚至在教育理念和方法上也与班主任存在着分歧。而且现在社会上存在一些对教育的反面宣传，有些家长对老师有一些过激的偏见。所以，有的家长对老师不能完全信任，当学生有错时，一旦与家长取得联系，家长就会认为老师把学生的错误轻易转嫁给了家长，推卸应有的教育责任。因此，要多与家长联系，多交流，多沟通，在沟通中加强信任，班主任切不可因工作忙或其他原因，而忽视了平时与家长的联系，非等到学生学习或思想方面出现了问题，才想起与家长联系。这时联系，学生会认为班主任是向家长告状，家长心情不好，容易出现打骂学生的行为，这样的家访很容易引起家庭冲突，不利于解决问题。家长来到学校，班主任以商量谈心的口吻或方式来交流教育孩子的得失，对于家长心中存有的对老师、学校工作的意见，要怀"有则改之，无则加勉"的态度，这样，家长才会与老师同心教育学生。当然，班主任在与家长的交往中，也要指出，老师也是普通的人，家长也应注意信任老师的情感，学校不能一味地迁就家长，委屈自己，降低教师的威信。

最后，对家长要平等相待。家长与班主任之间是平等的，是不折不扣的合作者之间的平等，缺少了哪一方的配合，教育的效果都是不完整的、有缺憾的。犯错误的是学生，而不是家长。双方都要注意消除各种诱发心理障碍的因素，营造一种平等的氛围，才能在心理上、感情上接近和融洽，友好交流沟通才能顺利进行。教师和学生家长社会角色分工不同，人格上是平等的，从工作关系上讲，地位也是平等的，都是学生的教育者，目标也是一致的，都是培养好学生。孩子犯了错误，做家长的被老师急召到校，心里一定很难受，他们非常想得到老师的谅解和具体指导，何况，班主任和学生家长都是成年人，如果班主任居高临下，盛气凌人，当面训斥或故意贬损学生的人格，甚至是对家长进行贬低，家长会觉得无地自容，从此，形成一种"惧怕"老师，不想上学校的心理。甚至有的家长脾气暴躁，把气发泄在学生身上，当老师面就对小孩一顿拳脚，这样无论对学生还是对家长，工作都不能更好地开展下去，反之，如果老师把家长当作朋友，与家长共同讨论发生的问题，就会找到解决问题的方法。

家长来访或家长来校交换意见，我们要立即转换角色，把家长当成自己的朋友，要笑脸相迎，千万不要板起面孔去教育家长或指示家长怎样，否则是很难解决问题的。家长来访时，我坚持起身欢迎，端椅递茶，家长走时要起身相送。而且要尽量使用文明用语，如"请坐"、"请喝茶"等等。这样就会使家长明白你是一个很有道德修养的班主任，为彼此间的交流奠定良好的基础。为了让家长知道你对他的孩子特别重视，事前要充分了解学生，包括学习成绩、性格特点、优点和缺点、家庭基本情况以及你为这个孩子做了哪些工作等，这样在与家长交流时，就能让他产生老师对他的孩子特别重视的感觉以及班主任工作细致、认真负责的好印象。这样从情感上就更容易沟通。让家长表达他的意见很重要，要谦虚诚恳，专心倾听，会让家长感到自己很受重视。即使是一个牢骚满腹、怨气冲天，甚至最不容易对付的家长，在一个具有耐心、具有同情心的善于倾听的班主任面前，常会被"软化"，变得通情达理。抱着平等的心态与家长交流，这样可以对学生情况有更全面的了解。

三、与家长谈话时，要实事求是，要一分为二

"金无足赤，人无完人"，再好的学生也有不足之处，再差的学生也有闪光点，对学生的评价要一分为二，实事求是，不要以偏概全。

教师与家长接触，往往离不开评价学生。在家长面前评价学生，可以先请家长谈学生在校外的表现，而后教师谈学生在校内的表现。肯定主流，肯定进步，肯定成绩。这样彼此之间容易达到心理平衡。应该极力避免在与家长的交谈过程中，由于学生所出现的问题，产生老师和家长相互责备对方"没有教育好学生"的心理阻碍，导致搞僵关系。老师与家长的谈话都是为了孩子，我与家长交流时，对孩子的评价也是客观而全面的，既肯定孩子的优点与进步，也真诚地提出其不足之处及改进办法。使家长听后觉得这是教师的肺腑之言，感到学校教育的目的和任务是与家长的愿望相一致的，从而做到心理相容，达到共同教育学生的目的。在谈到孩子的缺点时，我也是根据具体情况而区别对待，与很熟悉的家长我就说得直率一些；而有些家长自尊

心强的，会把谈孩子的缺点视为对自己的批评而感到有压力的，我就说得委婉一些，注意家长的可接受性，同时也表达对家长心情的理解，以心换心，坦诚地与家长交流，切忌挫伤家长的自尊心。因为家长都有一个"望子成龙，望女成凤"的思想，"庄稼别人的好，孩子自己的好"，在他们心里，自己的孩子是不错的。假如，我们教师在家长面前尽说学生这不好那也不好，把学生看扁了，会严重地挫伤家长的自尊心，毕竟最差的学生也还有他的闪光之处。

总之，班主任工作是一项常做常新的工作，与家长沟通是一门很深的学问，需要我们在工作中不停地摸索不断地总结，前人的经验固然可贵，更重要的是自己的实践总结。让我们怀着一颗热忱的心去迎接每一个美好的明天。

与家长携手，助力学生规划人生

毕亚丽

大量调查研究表明：中学生学习动力不足是制约学习效果的主要因素。而中学生学习动力不足的最主要原因是无明确的学习目标。中学生在学习中既无近期目标，也无长期目标，对自己在每学年、每学期究竟要学什么，怎么学，达到什么要求，很少考虑。甚至怀疑自己是否需要学习，或者怀疑学习某些知识是否必要。

如果一个人在前行时心中没有目标，没有梦想，那么这种不知目的的行走，将越走越消沉，越走越懒散，越走越痛苦。因而，修复学生内心情感系统的发动机，激发中学生的理想目标，打开他们的心锁，帮助和引导中学生树立明确的学习目标，是增强学习动力的根本措施。

不同阶段的学生的共同学习目标是在学业上达到一定的水平或者取得一定的成绩，但高中阶段不仅要在学业上取得一定的成绩，还要在自己的理想大学和自己即将学习的专业方面做相应的了解和准备。这就要求，高中生不仅要树立自己的学习目标，还要明确自己的大学目标，专业目标，甚至职业目标。也就是说，高中阶段，职业生涯规划必须被提升到一个相当重要的地位。这不仅有利于增强学习动机，同时还关系到一个学生专业的选择和未来的职业发展方向。而这项工作必须是在学校和家庭的共同努力下，发挥家校教育的合力，才能收到最好的效果。本文中，笔者将结合在实际教学中的经验浅谈在家校沟通中，家校如何形成合力帮助学生规划未来人生。

一、高中阶段开展职业生涯规划的必要性

关于职业生涯规划的概念不同国家和不同的书籍定义不一，但其内容大体相同。职业生涯规划大体上是指一个人对自己未来职业发展历程的计划，具体是指个人结合自身情况、社会需要、面临的机遇和制约因素，为自己确定职业方向、职业目标，选择职业道路，确定学习、训练和发展计划，为实现职业生涯目标而制定的行动方案。

联合国教科文组织第十八届大会通过的《关于职业技术教育的建议》中明确指出："学习和职业方向指导，应看成是一个连续过程和教育的一个重要组成部分，其目的是帮助每一个人在教育上和职业上做出正确的选择。"职业生涯规划教育在通俗意义上就是帮助学生回答"我是谁？""我想做什么？""我能做什么？"的问题。

西方发达国家一直比较重视职业生涯的设计和规划，许多国家的学校教育中早就有"职业设计辅导"这一课程。据有关资料显示，美国职业生涯教育从六岁开始。美国的国家职业信息协调委员会把所有的人群分成小学、初中，高中，18岁以后四类，并在不同类型人群中开展职业生涯规划的不同内容。在日本，无论是小学、初中还是高中、大学，都认识到中学生需要对未来做一个规划，鼓励学生对未来进行深入思考，选修感兴趣的课程。澳大利亚高中会考中学习计划占10%，学校要求学生在不同的时间段有不同的职业生涯分工，要求学生学会对自己的兴趣、专长、特点、能力等进行"自我认识"，要进行"教育与职业关系的探索"，研究教育与职业的关系，了解职业信息的获得和使用、工作与学习的关系、工作与社会的关系等；还要学习职业决策和进行"职业规划"。 新加坡教育部推出 "教育与职业生涯规划"网络系统的试验计划,帮助小学生展开职业规划。加拿大也是从小就开始注重培养孩子的职业观念。可见,世界各国已经相继开展了职业生涯规划教育,并日趋成熟和完善。

相对于国外学校相对成熟的职业生涯规划教育,我国还差之甚远,目前只是在部分高校和企业中有相关的职业生涯规划训练,高中阶段开展职业生涯规划的地区和学校少之甚少。据有人对北京人文、经济类综合重点大学的在校大学生进行的调查显示:62%的大学生对自己将来发展、工作、职业生涯没有规划,33%的大学生不明确,只有5%的大学生有明确的规划。大学生对未来的人生都如此困惑和迷茫,忙于学业的高中生更是没有方向。但是,如果高中生不能明确未来的发展方向,或者说不能明确自己的目标大学和目标专业,那么高中生就很难从高一开始定位,并为了自己的目标而坚持不懈地奋斗。《国家中长期教育改革和发展规划》(2010-2020年)已经明确提出,高中阶段教育是学生个性发展、自主发展的关键时期,……建立学生发展指导制度,需要加强对学生的理想、心理、学业等多方面的指导。为此,在高中阶段开展职业生涯规划教育既迫切又必要。

目前,我校已经开发了相对完善的校本课程,并在高中部开展了职业生涯规划课程,此举深受学生和家长的欢迎。借着学校开展职业生涯规划课程的东风,我们一线教师在与学生和家长沟通时,充分结合并利用职业生涯规划课程,努力与家长形成合力,助力学生的职业生涯规划,从根本上激发学生学习的内动力,提高学生学习的积极性。

二、在家校沟通中如何与家长形成合力助力学生职业生涯规划?

高中生进行职业生涯规划必要而迫切,但是在家校沟通中,教师如何与家长沟通,形成家校合力助力学生的职业生涯规划,这是摆在教师面前的一个艰巨的任务。

柏拉图说开端往往是整个工作中最重要的部分。高一阶段对于高中生来说不仅是奠定知识基础的阶段,更是高中三年维系后续学习动力的重要阶段。高一新生报到之后，我们会针对不同层次的学生做相应的理想大学调查问卷，但是根据我们的调查问卷结果显示，无论是成绩非常好的学生群体，还是成绩一般甚至是成绩非常差的学生群体，学生理想大学目标却有惊人的形似性。百分之九十甚至更高比例的学生的理想大学是国家重点大学，而选择国家二类本科或者专科学校作为自己的理想大学的学生微乎其微。但当我们再询问学生的理想专业以及未来的职业方向时，学生都表示很迷茫，没有方向，更没有思考。面对学生的不知所措我们不禁感到惊讶，学生之所以能有这样惊人的一致的选择足以证明学生们对一流大学的向往，但是却同时也说明学生们并不能准确地认识自己，并且不能根据自己的实际情况制定适合自己的目标。这种目标如果只停留在理想阶段还不会有什么严重的后果，但是当学生经过三年的学习，最终的结果让他们大失所望时，这无疑是对学生的身心的巨大打击。针对这种情况，我们在高一阶段就通过约谈式家长会的形式，通过学校、学生、家长的三方面的面对面的交流，分析学生目前的学业水平，了解学生的爱好特长，家庭对学生的未来期待甚至是人脉关系等。在了解的基础上我们再通过和学生及家长的反复沟通帮助学生制定短期目标和长期目标。短期目标可以是一周的课堂学习状态，一个月在某一学科的努力目标，暑假期间对于自己所感兴趣的大学的实地考察方案，自己所感兴趣的工作的实际体验计划等。远期目标我们会帮助孩子制定一个学期的学习目标，一个学年的学业水平提高情况，三年的理想大学和专业目标等。

　　制定学习目标只是帮助学生暂时明确努力方向，并不能从根本上帮助学生形成学习的动力。学生学习的最有效的驱动力来自学生内部，也就是根源于学生自己的兴趣，正所谓兴趣才是最好的老师，跟着自己的兴趣走，学生很多时候甚至可以无师自通。因而，教师和家长的面对面交流，权利配合，发现和挖掘学生的兴趣爱好，对症下药，才能最根本地增强学习动力，激发学习兴趣。

　　我们班有个比较特殊的女孩，漂亮、聪明却很少学习，上课时大多数时间都在睡觉，偶尔难得的清醒时刻也是在自己的密码锁日记本中记录着自己的小心事。无论上课的老师怎样反复提醒甚至是没收日记本，都不能阻止她睡觉或者是写日记。我也跟她反复地谈过，但是都没有效果。一次偶然的机会我看到了她跟同学传的纸条，内容是她不想上高中，想去职业高中学习当空姐，但是家里不同意。看到了她的这个纸条我特别兴奋，因为我终于发现这个女孩的"软肋"了，于是我决定趁热打铁，一定要把她这匹脱了缰的小马拉到正轨上。在一次家长会上，通过与其家长的沟通我得知，女孩确实是想当空姐，但因为爸爸是飞行员，深知空乘人员的辛苦和危险，所以坚决反对女儿从事这个行业。经过与其家长的沟通，我跟家长讲明了学生兴趣的重要，且就该生目前的情况而言，她已经完全放弃了学习，并且还有破罐子破摔的趋势，如果继续发展下去，那么到高二的时候即使她改变了自己的想法，想回过头来学习了也来不及了，而且成绩会受到根本的影响。与其这样，不如随了女孩的心愿，让她为了自己的目标而努力，只要她能考上空乘学校，那么她的成绩也会满足很多其他学校的要求，这样到高三的时候即使她不改变自己的志愿，但是她还是存在着很多选择的可能。通过与家长的反复沟通，家长终于暂时同意了女儿的选择，但是对于这样的学生还远远不够。

所谓冰冻三尺非一日之寒，该生放弃学习的时间不是一天两天了，要想让她能够坐住板凳，形成持续的学习动力还必须强化她的兴趣，让她知道自己和自己的理想还有多远。于是，在女孩爸爸的帮助下，我们帮助学生查阅了全国所有招收空姐专业的学校，搜集到了这些学校历年在吉林省的招生情况及录取分数线，并且收集了相关学校的大量图片信息和就业信息，这样女孩才知道自己现在的努力程度是远远不够的，即使自己考上了普通的专科学校，但是毕业就等于失业，还是不能实现自己的空姐梦。或者自己考上了普通的本科学校，但是未必能进好的航空公司，这样是从安全性还是从工作环境的角度来讲都不能做她理想中的空姐。通过一系列的了解、分析，该生更加认识到了自己的不足，明确了努力方向，在学习上也形成了持久的学习动力。在之后的屡次考试中，她的成绩直线上升，现在已经是班级的第三名。

以上这名学生的例子只是我在教育工作中一个非常典型的例子，在更多的学生身上这种效果没有如此立竿见影，但是通过与家长的有效沟通，我们在实际的工作中正一点一点地帮助越来越多的学生明确自己的未来理想大学、理想专业和人生方向。家校合力可以助力学生职业生涯规划，并且这种规划能帮助学生改变目前的学习状态甚至是一生的人生轨迹。如果在实际的教育、教学中，我们的教育工作者能一点一滴地，一个学生一个学生地去攻坚，那么一定会收到很好的效果。家校沟通，不但是教师与家长就学生在校表现情况、学业情况的沟通，还应该是教师和家长对孩子的未来人生规划与设计的沟通。

浅谈如何进行家校沟通

刘禹含

如何做好家校沟通工作，对于班主任来说，的确是个难题。家庭是孩子的终身学校，父母是孩子的第一任老师，也是终身的老师，为了孩子们的健康成长，作为老师，特别是班主任老师，一定要重视并主动加强与家长的沟通，同时也要在学习中、实践中掌握沟通艺术，提高沟通能力。让家和学校共同配合，相互协作，为孩子的未来搭建一个美好的平台，让孩子们健康快乐的成长。

一、与家长沟通，了解学生家庭状况

父母是孩子的第一任教师，也是孩子的终身教师。一个学生在什么样的家庭环境中成长，就会有什么样的性格，这就是说每一个孩子都是其所在家庭或是其父母的缩影。这一点我在做班主任后深有体会。因此，了解学生家庭情况，了解学生父母职业、文化程度、家庭结构等，是班主任与家长沟通的

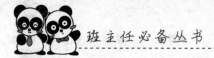

前提, 有助于我们与家长沟通时对症下药, 采取针对性的措施。

在与家长交流中, 对于素质比较高的家长, 我就坦率地将孩子在校的表现如实地向家长反映, 并主动地请他提出教育孩子的措施, 认真倾听他的意见和适时提出自己的看法, 共同做好学生的教育工作; 如果是那些比较溺爱孩子的家长, 我就首先肯定其孩子的长处, 给予真挚的赞赏和肯定, 然后再用婉转的方法指出其不足之处, 诚恳而耐心地说服家长采取更好的方式方法教育孩子。

我们班有这样一个学生, 因为是独生子, 自小家里就百般疼爱, 养成了骄横、任性、霸道的性格, 长大后表现出交往困难, 做什么事都由着自己的性子, 和同学的关系很不好, 大家都对他很反感, 甚至一味的孤立他, 致使这个孩子性格越来越怪僻, 经常和一些不三不四的人交往, 家长比较担心。面对这种情况, 我在跟家长沟通时, 首先对孩子想与同学交往的念头及家长的担心表示理解, 其次跟家长分析过度溺爱的坏处和培养孩子好性格的好处, 先说服了家长; 而在跟该学生交流时, 我先肯定他的优点, 循序渐进的引导他认识自己目前的弱点, 再与他一起分析这种弱点带来的危害性, 带他多参加集体活动, 体验到与别人合作的快乐。在我耐心的引导下, 孩子和家长都很配合, 经过一段时间的努力, 孩子终于改善了与同学的关系, 并且在各方面都有了很大进步, 家长很开心对老师表示感谢。

我一直告诉自己, 只要家长是重视孩子学习的, 那么我们就有沟通的机会和希望, 所以我在家长会上跟家长说: "孩子是你们的未来, 是你们这一生最重要的作品, 我们奋斗一辈子, 其实就是为了孩子, 在校时间我会尽心尽力地教育好孩子, 在家时间请你们尽力而为, 但你们一定要在思想上重视孩子的成长。"

所以很多家长都很积极主动的和我交流孩子的情况, 这样既增进了家长和老师的感情, 又调动了家长关心子女、教育子女的积极性和主动性。在他们的配合下, 我的班级的学生无论在学习上还是在生活上都在不断的进步。

二、与家长沟通，讲究语言艺术。

教师与家长沟通，需要讲究方法、技巧。要深入浅出，将大道理说小。同样一件事情，往往由于表达的方式不同，其效果就截然不同。因为学生来自不同的家庭，每个家长的文化水平、素质、教养不同，难免会遇到一些"护短"的粗鲁家长，所以老师在和家长沟通的时候一定要注意语言的表达，必须讲究方式。根据实际情况巧妙地运用语言艺术与不同类型的家长进行沟通。这样才能做到"沟通无限"，一些问题也就迎刃而解了。

有的时候我们会遇到一些对孩子放任不管，把责任推给学校和老师的家长，每次面对这样的家长的时候我就多报喜，少报忧，满足家长欣赏孩子优点的荣誉感，提高家长对孩子的期望值，从而吸引他们主动参与到教育孩子的活动中来，开始主动关心孩子，主动与子女沟通，与学校沟通，为学生创造一个良好的家庭环境。

我们班有一个学生，因父母离异寄居在爷爷奶奶家，孩子性格很孤僻，但是很懂事。高一整个一年我都没有见到她的家长来学校，开家长会时还是她爷爷拄着拐杖来参加的。面对这样的一种情况，为了能让这个学生从父母那里得到爱，为了让他能像正常孩子那样高高兴兴的做每一件事情，我绞尽脑汁想办法，最后终于联络上她的父母，经过几次交流、沟通，我终于说服了她的父母，希望他们可以为孩子做点什么，不要不管孩子，多多的关心孩子，让她能像其他孩子那样，拥有父母的爱。后来又多次和这个学生沟通，让她理解父母，多和父母交流，反反复复的做心里辅导，终于初见成效。他们一家三口虽然不在一起，但是每到节假日父母都会挤出时间来陪孩子。她的父母每次打电话都会说一堆感谢的话语。看到孩子在方方面面的进步，我的那种成就感也会油然而生。

以前最怕家长和我说"老师，我家孩子从小就这样，我管不了了，也不想管了，你帮我看严点吧，让他混到毕业就完事。"有的时候真有种冲动，家长都管不了，我一个老师又有什么办法，再说又不是我的孩子。可是老师的那份责任和义务又迫使我必须去管，而且一定要管好。所以对于后进生或是认为自己对孩子已经管不了的家长，我就尽量挖掘其孩子的闪光点和特长，让家长看到孩子的长处和进步，对孩子的缺点适时地每次说一点，语气委婉，并提出改正孩子缺点的措施，重新燃起家长对孩子的希望，使家长对孩子充满信心，只有这样，家长就会主动地与我交流孩子的情况，配合我共同教育好孩子的工作了。

对于有些气势汹汹蛮不讲理的家长，特别是对提出一些不符合教育行为及规律的观点和要求，或是不理解学校的一些工作安排的家长。遇到这种情况时我就沉住气，先让家长说完，发完脾气和牢骚，并对家长的这种心情表示理解，然后再耐心地以平静的语气与家长解释、分析事情的利弊和对错，以理服人并体现出自己的宽容大度，赢得家长的好感，从而得到家长对学校教育工作的理解和支持。

一直做班主任，经常和家长交流，我也从中学会了与家长沟通的技巧，尤其是语言方面的表达，让家长看到老师的真诚和真心，这样他们就会积极配合老师。有的时候家长担心的不是孩子犯下的错误，而是教师对于孩子所犯错误的认识与态度。因此在本来就心情紧张的家长面前，关键在于表达一种愿望，即让家长明白：谈论孩子的不足，目的是希望得到家长的支持，以便家校共同引导孩子形成良好的行为习惯。如果教师能够将自己心里的想法和盘托出，让家长领会，那么家长就能够和老师很好的合作，孩子的教育就能很好的进行。

三、与家长沟通，寻求多种渠道

最开始我和家长沟通交流，仅限于他们来学校。久而久之我发现有些家长因为忙或者干脆就以忙为借口不来了，于是我又开始想办法，寻对策，为了能够更好的将班级的孩子管好，我决定尝试其他一些和家长沟通的方式。

电话沟通最方便、最普遍的一种联络方式。如果能够善用，这一条线会成为拉近距离，凝聚力量的"感情专线"。在给家长打电话时，我会注意到以下几方面：

1. 利用电话促进家校沟通

采取多赞美，少批评的方式。孩子都是父母心目中的宝贝，没有一个家长喜欢听老师只诉说罪状。所以,我会多表扬孩子的优点、成就,例如:"你家孩子很懂事""挺聪明的",家长在听了这些好话后,自然就比较听得进去孩子的其他缺点,以及需要父母加强管教孩子的种种了。

另外注意电话中的语辞和声调。电话看不到对方表情,所有的感觉、印象都来自电话中的声音,不论家长的语气、言语如何?我都会控制自己的情绪。自始至终以亲切、自然、流畅的语调,心平气和地、耐心地与家长交谈。

还要注意发挥语言艺术的魅力。在家校交流中,难免会谈到孩子的缺点,一般我会避实就虚,不马上切入正题,而是待家长心情趋于平静的时候再自然引出主题。

2. 利用网络促进家校沟通

作为家长,谁不关心自己小孩在学校的一举一动?而家长想知道孩子的"详情",必须从老师的口中才能具体得知。给老师拨个电话吧,白天怕老师在上课不敢贸然打,晚上怕影响老师休息还是不敢"下手",一天下来总找不到适合的时间与老师沟通交流。在这样的情况下,网络是一种很好的联系方式,这学期我建立了班级QQ群,在QQ群的群空间发讨论贴,把孩子们在学校的表现写在讨论帖里,使家长能及时了解孩子们在学校的表现。我在论坛上可以听到一些家长的真实声音,家长也能及时了解学校的情况。

3. 适时进行家访

家访既是教师的一种教育手段,更是教师在教育教学中的一种感情投资,它可以加固家庭、学校之间的桥梁,缩短教师和家长的距离,拉紧教师、学生、家长间的关系,促进学校与家庭共同担负起培养学生成才的责任

4. 精心组织好家长会

组织家长会是家校教育过程中的必要环节,是班主任同家长沟通,凝聚教育合力的主要方式之一。学校通过家长会,向家长汇报学校教育教学的工作情况及今后工作计划,并向家长提出教育的具体要求,听取家长的意见,共同研究改进工作,从而协调学校教育与家庭教育的关系;家长通过家长会,不仅能了解到自己子女的学习成绩、思想表现,还能了解子女所

在班级其他学生的成绩与表现等，从而能更客观地了解自己子女发展水平在集体中的位置。这是对学生施以教育不可缺少的信息。因此，组织家长会是不容忽视的。

我们与家长的沟通联系要尽量做到经常性，不能只是在孩子犯错出了问题才跟家长联系。好的方面的表现哪怕是点滴进步，也要让家长知道，加以表扬和鼓励，这样能促使他更加努力，取得更大的进步。为了很好地与家长实现情感沟通，每当遇到节日，老师可在联系册上写上一句对孩子及家长的祝福语，这样家长看了会很感动，也会在联系本上写上祝福送给老师。这样既增进了家长与老师的感情，又调动了家长关心子女、教育子女的积极性和主动性。

四、与家长沟通，用真诚感染家长

对学生家长要像对待同事、朋友一样平等友好，和家长谈话，要注意礼节，不起高调，不发火。要有包容心，以平常心对待学生的冒失和错误与学生家长沟通，讲究一个"诚"字。只有诚心诚意，才能打动家长的心，使他愉快地与你合作，班主任应用诚心架起与家长沟通的桥梁。其实社会上谈教育理念的书和杂志很多，但是，家长们还是非常重视我们这些人的意见，因为毕竟是我们在天天教育他们的孩子。如果教师能够重视和尊重每位家长，在与家长交流中要本着向家长学习的态度，让他们感受到自己在教育孩子方面的重要性时，那么他们就会不遗余力的配合老师。比如，有一次在博客上见到一个孩子的母亲，我诚心诚意的告诉她：让孩子的父亲不要对孩子太严肃，这样会让孩子缺乏自信。后来，孩子的父亲就换到博客上来跟我交流情况，解释原因。我总是告诉孩子们学就要学的踏踏实实，玩就玩个痛痛快快，经常在大课间带孩子们在操场上做游戏，及时地把班级活动的照片发到博客上，让家长了解孩子在校的生活。

一个老师、一所学校的力量是很微弱的。我们这种沟通并无法促进教育方法和理念上的巨大变化。但是，我们认为，学校和家庭秉持两套完全不一样的教育观念，会严重影响孩子对学校的适应性，甚至影响他一辈子的学校生活。而这个问题完全是可以通过沟通得到妥善的解决。

经过频繁的沟通之后，我们的教育理念之间仍然千差万别，但是基本上能做到"和而不同"。我们期望通过有效的沟通，能建立更和谐的学校——家长关系，为孩子营造良好的教育环境。

总之，有效的家校沟通拉近了家庭和学校距离，极大地方便了家长、老师之间保持经常性的交流，及时准确地把握孩子成长的脉搏，渐渐形成了一股教育合力，从而有的放矢地教育孩子，引导孩子循着正确的人生轨迹良性发展，为促进学生全面发展、健康成长奠定了良好的基础。

家校携手，为孩子腾飞插上翅膀

陈思宇

随着社会的不断发展，教育形式以及教育目标的不断更新，教育已经变得越来越重要。而以父母教育为主的家庭教育作为学生接受时间最早、内容最广泛、影响最大的教育，在未成年人健康成长中具有重要的作用，但其作用却常常在与学校教育的权衡中受到一定程度上的忽视。要想办人民满意的教育，培养出优秀的未来接班人，家庭与学校两个教育主体之间必须唇齿相依，步调一致。只有将二者资源有机结合，才能最大化地发挥出教育的能力和功效。开展家校沟通工作对于所有的教师来说都是非常重要的教育方式，对于班主任来说更是如此。

一个班级几十个学生，上百个家长。要想让每一个学生都满意，让每一个家长都放心可谓是困难重重。所谓众口难调，不同的家长，不同的要求，使得很多时候班主任无论怎么努力，也很难让家长满意。长久下去，家长与班主任之间难免产生矛盾、积怨，甚至对立，这必然会影响班级工作的正常开展和家校关系的和谐。既然家校之间的问题作为一种事实的存在，这就要求我们班主任切实思考有效的应对方法,切实提高处理问题的能力,尽量将家校之间的隔阂最小化。以下是我作为班主任期间,在家校沟通中的几点感悟:

首先,家长是进行家校沟通的直接对象。我认为充分了解学生的家庭状况是做好家校沟通的前提。孙子兵法云:知己知彼,方能百战不殆。要想做好家校沟通工作,充分了解学生成长的环境和家长的状况是处理问题成功的关键。只有充分了解学生家庭状况,才能够在未来的沟通中,选择更为合理的沟通方式和内容。否则泛泛的沟通很难起到应有的效果。

每个家庭都是不一样的,每个家长的个性和修养也各不相同。因此在进行家校沟通时,充分了解学生家长的不同,能够更有针对性地解决问题。根据我的观察,家长的情况大致可以分为以下几种。

1. 知识型家长

这类家长大都接受过高等教育,自身具备较高的人文素养和知识修养。他们对自己孩子的教育状况特别关注,对于教育的发展有着自己独立的见解。如在我们班中就有好几个家长专门从事教育。在跟他们沟通中,在对学生的教育方式上经常出现分歧,因为他们比较固执己见,在沟通中求同存异是最好的选择。当然在沟通中他们不会出现无理取闹的情况。在跟他们沟通中,最好能够如实地将学生的情况反馈给家长,并试图寻求和家长教育理念的共鸣,并且家长也因自身较高的知识修养,可以帮助孩子进行拔高教育,使自己的孩子得到更大程度上的提升。

2. 溺爱型家长

此类家长大多是经济条件宽裕,但自身素质良莠不齐,他们在平日对孩子过于宠爱。在家长眼中,孩子就是一切的中心,是最优秀。此类家长喜欢教师对自己孩子的认同而不是批评,也很难接受自己孩子受挫折的事实。因此,我在与此类家长沟通时,在指出学生存在问题前,先要对孩子进行肯定性评价。使得家长能够理解我的苦心。同时我会家长对孩子的教育方式,但还会指出对孩子过于溺爱可能引发的问题,使其能够在未来的家庭教育中得到改进。

3. 暴躁型家长

此类家长在社会中存在的范围最广，他们的教育中，最注重孩子的成绩，家庭教育功利化倾向非常严重，他们很难接受自己孩子失败的状况。他们能够为自己的孩子学习创造最好的条件，但是却很少能够给予孩子足够的心理上的关怀。他们大多数人在沟通中，容易头脑发热，沟通方式欠妥当容易出现状况。因此作为班主任，我在跟这类家长进行沟通时，首先就是学会控制家长的情绪，使其能够在沟通中保持一颗平常心。如有一次，我们班一个孩子，学习成绩下降了10多个名次，家长得知孩子的学习成绩后，不仅回家打骂了孩子一顿，还给我打电话，愤怒地质问我们的教师教学质量问题。那次我过了好几天，等到家长心态稳定后，才进行沟通，不仅保证了沟通的正常进行，还使家长主动认识到自己的错误态度可能对孩子造成的伤害。合适的沟通方式化解了家长与孩子之间产生重大矛盾。

4. 放任型家长

此类家长大多是工作繁忙无暇顾及自己孩子的教育，或是对孩子的教育期望值很低，学校仅仅是一个平日收容孩子的场所。他们只把孩子的学习寄望于孩子的自觉和学校的教学。在我们班就有几个这样的家长，每次跟他们沟通，他们都不怎么有热情，都是敷衍我的话，他们不想管也管不了孩子。为了改变这种情况，我有事没事的就跟他们通报学生的学习情况，如果有人得了某个奖项，我会发荣誉证书给家长看，经过努力后，基本上，我们班所有的家长都能够正确地看待孩子的教育问题，也开始改变自己的教育思想，重新增加了对孩子的期望值，并开始抽出时间关注孩子自身的教育发展。

5. 后进生家长

此类家长从事的职业不一，但却拥有一个共同的问题——孩子的学习成绩不理想。他们对于孩子的学习成绩比较急切和失望，甚至有的已经放弃了对孩子的努力。每次开家长会，我都会重点跟这些家长进行沟通，我会选择性的将这些孩子的优点展示给他们的家长，让他们多增加对孩子的鼓励，减少对孩子的抱怨，并让家长学会对孩子进行全方位评价，重新恢复对孩子的

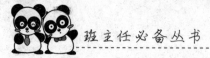

期望。尽管有的学生的学习成绩仍旧没有大的起色，但是他们却能够拥有健康积极的心态。

总之，只要家长能够重视孩子学习，那么我们就有良好沟通的机会和希望，我想说的是没有沟通不了的家长，只有不会沟通的班主任。

其次，在进行家校沟通中，尊重家长是沟通成功的第一原则。教育要倡导尊重，不仅对学生尊重，对家长也要保持尊重，教育中缺失了基本的尊重，师道尊严将会荡然无存，教育也将走进误区。教师不仅仅是我们的职业，更是我们的责任。学生就是我们的孩子，我们在工作的时候，一定要像对待自己孩子那样对待学生。我们和学生家长一样，对孩子有着共同的教育期待。因此我们要尊重家长，与家长携手，共同教育孩子。

教师是我们的职业角色，生活中我们也是孩子的家长，因此我们在工作的时候一定要学会换位思考。许多教师是爱学生的，但在"恨铁不成钢"的时候，说话会不选择用词，有的时候说出来的话很伤害家长的自尊心。"如果你想得到一个人的认同和好感就夸他的孩子吧；如果你想最大可能地伤害一个人，使你们的关系中止就责骂他的孩子吧。"这一句直白的话揭示了人际交往的原则。家长把孩子送到我们手里，不代表我们就是孩子和家长的主宰，就可以不尊重家长和孩子。我们在接受家长的信任时，更应该感到自己责任重大才是。

再次，班主任作为家校沟通的主体，要想完成良好的家校沟通，首先要自身具备较高的个人修养和沉着稳重的品质。班主任在进行沟通中，代表着学校的形象，因此在沟通中，要做到不卑不亢，勇于指出学生和家长教育中存在的问题，同时要学会根据不同的家长，制订不同的沟通方式。出现问题时，能够沉着稳重的解决，不应人为造成家长的恐慌。当家长对自己不理解时，要做到耐心讲解，礼数周全，平等对待，不能搞歧视活动。能够随时反省自己在家校沟通中的优缺点，做到尽善尽美。

最后，要以诚相待，架起沟通的桥梁，对待家长要像对待自己的同事、朋友一样友好，要有包容心，要讲究一个"诚"字。只有诚心诚意，才能打动家长的心，才能使他愉快地与你合作，从而架起沟通的桥梁。我认为家校联系要掌握好三个原则"真诚、及时、灵活"。

1. 真诚——架起心灵沟通的桥梁

教师和家长联系，并不是为了告状，而是要多方面地了解学生，采取更为有效的教育措施。所以教师首先要做一名真诚的聆听者。聆听家长心目中孩子的可爱形象，聆听家长心目中对孩子的美好憧憬，更要真诚地聆听家长的冲动和偏激，将家长对孩子的爱和期待慢慢地渗透到自己的心中。教师还要做一名真诚的慰问者。上学期，我们班有个孩子经常无故逃课，为此我经常打电话跟家长联系，告知家长情况，还多次去孩子家中把孩子接回到学校里，天气不好的时候，我也会时常将那个孩子带回我家去吃饭、休息，最终孩子改正了自己的毛病，重新投入到学习中，考试成绩也提高了好几个名次。

当然，教师也是一个平凡的人，也有自己的七情六欲，也有自己的喜怒哀乐，也会有冲动，也会有不理智的时候。当我们和家长有冲突的时候，当我们冷静以后要学会真诚地向家长道歉。只有当我们付出真心，才能赢得家长的信赖和托付。

2. 及时——急家长所急，想家长所想

家校联系要经常化，要让家长随时随地了解孩子在学校的情况，也让学校随时了解孩子在家的方方面面。在我自己做了家长后，当自己的孩子不在自己身边的时候，确实非常挂念孩子的生活和学习情况，可怜天下父母心，所有的家长对待自己的孩子应该都是时刻牵挂的。因此家校之间的密切联系，不仅可以使家长随时掌握孩子的情况，也能使家长感到放心，感受到学校的温暖。所以现在我作为一名班主任，习惯每隔一段时间就会及时主动与家长联系，急家长所急，想家长所想。汇报一下孩子在学校的表现，聆听一下孩子在家的表现，针对家长提出的问题，和家长一起探讨教育的方法。

而在天气不好的时候，我都会提前用飞信或短信的形式通知家长为自己的孩子准备好衣物等用品，以免家长临时担心自己的孩子。那些不能按时回家的，我都会陪着他们，等待家长来接送他们。我认为只有把学生当成自己的孩子，才能真正获得良好的家校沟通结果。

3. 灵活——创设多种活动，无声胜有声

我们熟知的家校联系的方式有打电话、实地家访、家校联系册的使用、开家长会等等。我特别注重家长会，它是一次跟家长沟通的最佳平台，而且众多的家长同时沟通，可以相互促进，共同帮助孩子成长。家长还可以参与学校组织的一些活动，如："家长开放日时"到班级听课，举办读书会、参与运动会、文艺演出或班级内的各种小比赛等等，增进家长与学校之间的联系。

此外对于一些背诵、阅读形式的作业，我习惯采取签字条这种反馈形式，既让家长监督了学生课后的学习状态，到校后也节省了检查作业的时间，提高了学习质量，家长的签字条起到了监管的作用，是一种非常有效的交流手段。对于学生在学习和生活中的点滴进步，都会用奖励卡或喜报的形式向家长汇报，这既增强了学生的信心，又带动了家长的积极性。

那么具体来说，如何进行有效的家校沟通呢？我在这方面做了一些大胆的尝试。

首先，采用现代化的信息技术，利用电话、飞信、短信等形式与家长进行沟通，这也是最方便、最普遍的一种联络方式。在给家长打电话时，我会注意到以下几方面：

（1）多赞美，少批评。孩子都是父母心目中的宝贝，没有一个家长喜欢听老师只诉说罪状。所以，我在与家长进行沟通时，首先会提一些孩子的优点、成就，例如："这孩子脑子很聪明或是很懂事"，家长在听了这些好话后，也就能比较自然地接受孩子的其他缺点，并会着重解决那些缺点。

（2）注意电话中的语辞和声调。电话看不到对方表情，所有的感觉、印象都来自电话中的声音，不论家长的语气、言语如何，或者是学生出了多大的问题，我都会试图控制自己的情绪，尽量以亲切的语调，心平气和地、耐心地与家长交谈。因为家长不是我们的出气筒，学生的问题不能全部归咎于家长之上。

此外，设立班级博客也是家校联系的一种新手段。我们班级的博客中设有"家教指南"这一专栏，这是专门为指导家长家教方法，与家长沟通家庭教育困惑的天地。各科老师把自己多年来所积累沉淀的关于家庭教育方面的心得毫无保留地介绍给家长。家长可以利用留言的方式向老师提出自己在家庭教育的困惑，而老师则可以针对家长的疑虑进行解答。网上的互动交流简洁、便利，这一沟通方式得到了师生与家长的喜爱。

其次，我也会适时对学生进行家访，这既是教师的一种教育手段，更是教师在教育教学中的一种感情投资，它可以加固家庭、学校之间的桥梁，缩短教师和家长的距离，拉近教师、学生、家长间的关系，促进学校与家庭共同担负起培养学生成才的责任。根据不同目的和内容，我家访主要有以下几种方式：

1. 沟通式

即学生在校内发生的事情及时和家长沟通，以共同商量教育措施。如：学生犯了错误，需要和家长沟通，我先让学生本人主动和家长讲，然后再和家长见面沟通。考虑到家长在得知孩子在学校里"闯祸"了，往往会忐忑不安，在刚与家长见面时，我先不渲染孩子的"错误"，而是谈一些其他的话题，家长就会减少心理顾虑。此时再与家长谈论孩子的缺点，与家长一同分析并找出原因，积极寻求解决的办法。

2. 谈心式

班主任和每位学生的家长都应是知心朋友，经常交流，征求意见。有时我与家长谈班级管理，请家长提出意见和建议；有时与家长谈学生本人的身体、智力、学习成绩、兴趣与爱好等，以便实施有的放矢的教育。有时与家长谈教育规律，共同探索科学的教育方法。在交谈中逐渐了解家长的性格特征、文化素质、教育水平与手段、家庭生活状况等，以便全面分析影响学生身心发展的因素。

3. 相助式

即学生本人或家庭出现什么矛盾对学生构成影响时，我会及时进行家庭走访，及时帮助解决问题。如有一段时间，我们班一个小女孩，平时都是上课很积极很踊跃的，但是最近一直情绪不好，课后我通过其他同学得知，从小待她很好的奶奶去世了。在得知这一情况后，我在一个周末，带了水果去她家里走访、慰问，主动跟孩子家长交流，共同帮助这个小女孩走出了奶奶离去的阴影，重新投入到学习中。

总之，有效的家校沟通能够拉近家庭和学校距离，极大地方便家长、老师之间的交流，能够及时准确地把握孩子成长的脉搏。在沟通中可以及时发现教育漏洞，及时弥补教学过程中的不足之处，自觉改进教学方法，提高教学水平。因此，我认为有计划、有目的地搞好家校联系工作，是全面提高教学成绩和改进班级工作的重要手段。可以引导孩子循着正确的人生轨迹良性发展，为促进学生全面发展、健康成长奠定良好的基础。